思想政治教育研究文库

——

新时期高校辅导员工作探索

魏金明　主编

光明日报出版社

图书在版编目（CIP）数据

新时期高校辅导员工作探索 / 魏金明主编 . -- 北京：
光明日报出版社，2021.6

ISBN 978 - 7 - 5194 - 5843 - 0

Ⅰ.①新… Ⅱ.①魏… Ⅲ.①高等学校—辅导员—工
作—研究 Ⅳ.①G645.1

中国版本图书馆 CIP 数据核字（2020）第 212254 号

新时期高校辅导员工作探索
XINSHIQI GAOXIAO FUDAOYUAN GONGZUO TANSUO

主　　编：魏金明

责任编辑：史　宁　　　　　　　　责任校对：傅泉泽
封面设计：中联华文　　　　　　　责任印制：曹　净

出版发行：光明日报出版社

地　　址：北京市西城区永安路 106 号，100050

电　　话：010 - 63169890（咨询），010 - 63131930（邮购）

传　　真：010 - 63131930

网　　址：http：//book. gmw. cn

E - mail：shining@ gmw. cn

法律顾问：北京德恒律师事务所龚柳方律师

印　　刷：三河市华东印刷有限公司

装　　订：三河市华东印刷有限公司

本书如有破损、缺页、装订错误，请与本社联系调换，电话：010-63131930

开　　本：170mm×240mm

字　　数：287 千字　　　　　　　印　　张：16.5

版　　次：2021 年 6 月第 1 版　　　印　　次：2021 年 6 月第 1 次印刷

书　　号：ISBN 978 - 7 - 5194 - 5843 - 0

定　　价：95.00 元

目 录
CONTENTS

第三篇　学业与就业指导

第四篇　危机事件应对

第五篇　大学生思想政治教育

第一篇

01

大学生日常事务管理

大学生"走进"与"走出"网络游戏的思考

一、案例概述

林××，男，高考高分进入城市规划专业学习。从大一下学期基本适应大学相对自由的学习生活后，开始通宵玩网络游戏。从起初只是偶尔旷课几次，发展到期末温书迎考期间几乎都在网吧玩游戏度过。大一下学期挂科多门，大二连续旷课，成天在寝室打网络游戏，不愿与人交流，甚至不与同寝室的同学交流，独来独往。

二、问题分析

本文通过某大学生由优转劣，再由劣变优的教育过程梳理，展现当代青年思想工作转化的艰难，从而证明，只要教育者能循循善诱，以高度的责任感和随机应变的教育方法来进行实践工作，就会取得显著的效果。

三、解决思路及解决方案

在思想上，做好谈心工作，掌握学生情况。该生因为学习上的失意，对大学生活和学习失去兴趣，所以沉溺于网络游戏来逃避现实。了解到这些情况，辅导员指出，在学习中偶尔的失意是很正常的，关键是不能轻言放弃，尤其是不能自己放弃自己，大学处于学校到社会的过渡阶段，作为当代大学生应该学会接受生活或学习中偶尔的失意，而不是放弃。通过经常走访该生寝室、定期将该生约到辅导员谈心谈话工作坊，真诚、耐心地沟通交流，帮助该生在心理上端正其大学生活与学习态度。

在学习上，安排两个同班同学进行帮助，尽量从课堂笔记到课后作业进行全面帮助，耐心讲解学习上的疑问。同时请相关的代课教师对其给予帮助，如在课堂上对他多一些提问，对其作业批改相对严格等。通过这些方式为该同学营造良好的学习氛围，无形中也加强了全系的学风建设，取得良好的效果。

在生活上，多给予其关心。比如，每天向班委了解该同学学习、生活情况，或是走进班级亲自询问情况。通过辅导员的关心和帮助，带动一批热心的同学，让他感受到集体的温暖。在近两个月的耐心开导与帮助下，该生重新找回自信，对学习充满了信心，不再沉溺于网络游戏，成绩也有了很大的起色，最终顺利毕业。

四、案例总结及经验启示

辅导员只有在学生工作中仔细分析每一位学生的个案，用心去体贴、感化自己的学生，用自己的爱心与耐心换来学生的认同，才能把高等院校的学生辅导工作做好。新形势下，高校教育工作的环境、内涵和对象也相应发生了一些新的变化，这给高校教育工作提出了更高的要求，原有的教育工作方法和手段已经出现了一定的不适应。而要做好新时期高等院校的教育工作，尤其在建设和谐校园的今天，要做好高等院校的学生教育、辅导工作，迫切需要探索高校教育工作的新途径、新方法。

当前，高校教育工作的变化主要呈现两个方面的特点。从教育工作的环境来看，由于受社会大环境的影响，教育工作外部环境更加复杂。市场经济在极大地解放生产力的同时，也给人们的生活领域和认知领域带来一些负面影响。从教育工作的对象来看，当代大学生同以前相比，具有较高的文化素质，思想活跃。他们获取各种信息的渠道更复杂、信息量更大，但他们的世界观、人生观、价值观还处在形成时期，不够成熟，故而极易受到不良思想、信息的影响。而应对这些变化，高校辅导员应在深入、耐心了解学生真实情况的前期基础工作上，以真诚和恰当的方式作为新时期高校大学生教育工作的重要切入点，扎实推进高校教育工作。

第一，做到对学生真实情况的深入、耐心的了解。长期以来，高校辅导员一直十分重视大学生各个方面的发展，但有时存在教育方式的不甚恰当，或是耐心程度不够，较多地停留在召开全体同学的班会上。事实证明这些沟通方式收效不好，个别需要帮助的学生并未得到切实的帮助或是某一方面的进步和提高。因此，在思想政治教育过程中需要落实、落细、落微。

第二，落实辅导环节，更多侧重于一对一的帮助。比如，了解到某一位同学生活或学习中存在困难，作为辅导员，应主动找到该位同学，真诚去帮助他，同时调动班委成员，为其提供生活、学习上的帮助。通过与学生进行平等沟通，一对一地帮助学生解决实际问题，这样不仅有利于赢得同学们的信任，也有助于问题的解决。

第三，认真分析学生个案，并总结学生个案中的问题与解决过程中的经验。很多学生问题并不是只存在于个别同学身上，而可能会是一部分学生遇到的问题。作为辅导员很有必要认真分析出现的学生个案，其问题出现的原因，在深入、耐心了解学生真实情况的前期基础工作上，尽量避免同类学生个案再度发生。同时认真分析个案中存在的问题与解决过程中的经验、教训，以在此后的大学生辅导工作中提供经验与方法。

通过以上分析，我们不难看出做学生思想工作的效果，与前期基础工作的细致程度密切相关，只有深入、耐心地去了解学生的真实情况，同时带动周围的同学互帮互助，才能"对症下药"，营造出良好的校风、学风。

（权斌）

深播信任种子，灌溉法制安全校园

一、案例概述及问题本质

（一）案例概述

某高校一宿舍楼连续发生多起笔记本电脑被盗事件，致使学生人心惶惶，保卫部门介入调查。学生群体中有人怀疑是住在同一宿舍楼的 A 同学所为，并纷纷传开，A 同学知道后非常愤怒、伤心。

（二）问题本质

校园内的偷盗事件时有发生，如果宿舍内的偷盗情况属实，则可能是学生本人人格扭曲造成，也是学生人格障碍的体现。这种情况的危害程度，离开校园后将会被社会其他事宜扩大，影响程度也会进一步加深。但如果偷盗情况不属实，仅是同学怀疑，则是同学之间信任和日常相处习惯的问题。此案例在处理过程中，涉及了舆情控制、学生情绪处理以及学生日常安全教育问题。

二、解决思路及解决方案

（一）解决思路

高校学生钱物被盗案件屡屡发生，严重地扰乱了学校的正常秩序，给社会、学生本人造成了很坏的影响，广大师生深恶痛绝。对此案例而言，作为教师要全方面了解事情发生的始末，做到心中有数。一方面要引起重视，尽量侦破；另一方面不能胡乱猜疑，轻率处理，尤其这关系到一个学生一生的名誉。即使掌握了确切证据，查证属实，也不能简单处理，一定要尊重学生，找学生谈话，促使学生从内心、从思想上认识到自己的错误，切不可一味地批评，应尊重学生的人格，鼓励学生知错就改。同时，认识到思想道德教育的薄弱环节，加强学生日常安全、防盗防骗教育。

（二）解决方案

1. 全方面了解情况，配合保卫部门调查。作为高校辅导员，在处理任何突发状况之前，自己均要对事件本身做到心中有数。辅导员应第一时间找电脑被盗宿舍的同学，了解被盗的时间以及当时宿舍的安全状况，其次，找保卫部门了解保卫部门介入后案件具体的进展情况，调取宿舍走廊的监控视频，寻找相关已有证据，以便做到自己内心有个初始的判断。

2. 安抚学生心理，避免事态严重化。首先，安抚 A 同学心理，主动找 A 同学谈话。在调查结果没有出来之前，作为辅导员要充分相信自己的学生。一方面，表达对 A 同学的肯定，如果情况不属实，A 同学会因为教师的肯定而感到一丝温暖。另一方面，指出自己了解到的 A 同学日常与同学相处中的问题，让 A 同学认识到同学们之所以会怀疑其的原因，并提醒其在以后的生活中在与同学相处方面要加以改正。其次，安抚被盗学生心理。对于电脑被盗学生，除了对 A 同学的怀疑，还有更多沮丧以及不知如何对家长交代的无措。作为辅导员，要及时和学生谈话，告知大家在没有确切的证据之前，不要轻易地将怀疑传播成事实，否则就是对自己的不负责任，更是对被怀疑同学的不负责任，小范围内可以找教师诉说自己的怀疑，请教师协助判断。另外辅导员尽可能向学院为被盗同学申请一定的经费补助，并且和学生家长沟通。

3. 控制舆论，避免事态扩大化。偷盗事件的发生，对于辅导员而言意义非同寻常，如果处理不当可能会影响一个学生的前途。被盗学生会觉得在学校没有安全感，被怀疑学生则伴随一生的臭名和阴影。所以，辅导员一方面要安慰被盗学生不要惊慌，要冷静观察，相信调查结果，留意与自己特别熟悉的人的平日行为，有情况及时向辅导员教师反映；另一方面控制舆论，提醒大家不可凭空猜测，不要随便怀疑室友或其他人。

4. 暗中调查。从客观方面来说，大学宿舍是集体场所，属于半开放场所，人员流动性较大，因此个人私密性并不强；从主观方面来说，当今大学生大多缺乏管理自身财务的能力，防范意识不强，贵重物品随意存放、不锁抽屉，让作案者的偷盗行为处于一种无障碍的状态。作为辅导员在走访宿舍的过程中，要观察同学们日常的宿舍安全状况，暗中记录同学们存在的宿舍安全隐患和财务管理疏漏的地方，过后以日常聊天和年段会的形式提醒大家。同时与班级的班委干部聊天谈话，了解 A 同学日常与学生相处的情况，A 同学平时与同学相处是否融洽，是否有其他事件使得 A 同学会被怀疑。

5. 召开班会年段会，提高学生安全意识。这件事情发生后，辅导员要提醒学生日常防盗，注意保管自己的财产，因为东西被盗很大程度上在于学生自己没有提高安全防范意识，出入不将柜子上锁等，告知学生一定要吸取教训，以免再次受到损失；如果东西被盗，不能采取隐蔽报复被怀疑者的做法，即"你偷了我的，我也偷你的，看你下次还偷不偷"。倘若发现盗窃者是学校内部管理者，应及时反映给学校领导及有关部门。

6. 更新案件最新状况。偷盗事件在没有调查结果之前，难免互相猜忌、人心惶惶，辅导员要利用 QQ 群和微信群，一旦案情有新的进展，及时告知大家，消除大家内心疑虑。

三、案例总结及经验启示

1. 慎重处理寝室内盗事件，疏导学生情绪。辅导员在遇到学生偷盗事件的时候，不应该拘泥于偷盗本身，而应该把这件事情的处理与学生的前途联系在一起，冷静、客观地处理问题。尤其要特别注意控制事态的发展，不能让事情闹得沸沸扬扬，导致学生互相猜疑，而是应该调查真相，通过一视同仁地与学生谈心的方式来分析事情的严重性，通过"心与心"的交流，让学生自己"醒悟和悔过"。这样做既有助于学生之间的团结，也给了犯"错误"学生改过自新的机会。

2. 注重学生人格的塑造和道德品质的提高。教育的任务是使受教育者能够明晓正面的品德，实现道德的完善，最终在行为上达到至善的境界。从"明德、至善"这个意思上来说，大学不仅要培养学生如何"做事"，更要培养学生如何"做人"。大学阶段是青年学生人生观、价值观形成的重要时期，也是他们极容易出现心理问题的时期，在这个时期通过思想政治教育和日常管理进行正确的指导和引导显得尤为重要。大学辅导员是高校对学生进行思想政治教育和管理工作的重要力量，辅导员要致力于塑造当代大学生的健康人格，对学生加强消费伦理引导，注重人文精神的提升，加强对大学生心理健康的引导，切实提高当代大学生的道德素质。

3. 注重日常法制教育。当今社会，犯罪的平均年龄越来越小，这和犯罪者家庭的溺爱与无底线的包容有关，也和其受到的法制教育有一定的关系。学生由于法律意识薄弱，没有把所谓"顺手拿别人的东西"当作一种犯罪，没有认识到事态的严重程度。在高校这个传播文明的摇篮中，应把法制教育落到实处，深入进行法制教育以及开设相关的课程，从根本上扭转内盗案件的上升趋势。

（朱振宁）

"畏惧"与"信任"

——一个利用有关身份进行电信诈骗的案例

一、案例概述及问题本质

（一）案例概述

某高校接连发生多起新生被骗的类似案例。骗子在电话中直呼学生的名字，自称是新生的领导或者教师，并以请客吃饭或送礼钱不够为由向学生借三五千元，承诺第二天就还给学生，请学生帮忙救急，受骗学生基于对领导和教师的信任与"畏惧"心理，将钱转到领导或教师账户之后，所谓领导和教师的电话就变成空号了。受骗同学所转出部分金额还是学费，知道事情真相后伤心难过。

（二）问题本质

校园内的电话诈骗事件时有发生，骗子充分利用刚上大学的新生社会经验不足，也利用学生对领导和教师的信任心理，突破了学生防骗的心理防线，谎称自己是学生的领导或教师，最终使学生受骗。可见，学生应该加强对基本安全和防骗的理性判断，同时对于校园内常见的骗局要有甄别意识。

二、解决思路及解决方案

（一）解决思路

高校学生钱物被骗案件的屡屡发生，严重地扰乱了学校的正常秩序，给学校、学生本人造成了很坏的影响，广大师生深恶痛绝。首先对案件本身而言，作为教师要全方面了解事情发生的始末，做到心中有数。一方面一定要引起重视，尽量侦破；另一方面不能报案之后不了了之，轻率处理，这关系到一个学生的学费，特别对家庭比较贫困的同学来说，这是一笔不小的数目，可能对其心理和精神产生极大的压力。因此在宣传此类实例时，教师要注意方式方法，尊重他人隐私，以免给受骗学生造成二次伤害。另外，教师要将最新掌握的诈骗案例及时分享给学生，加强学生日常安全及防盗防骗教育。

（二）解决方案

1. 全方面了解情况，配合保卫部门调查。作为高校辅导员，在系统处理任何突发状况之前，自己均要对于事件本身做到心中有数。第一时间找到被骗同学，了解被骗的时间以及当时事情发生的状况，其次，找保卫部门了解保卫部门、警方介入后案件具体的进展情况，让保卫部门、警方协助请银行尽快冻结对方的账号，尽量减少被骗学生的损失。

2. 安抚学生心理，避免事态严重化。作为被骗学生，除了对自己的懊悔，还有更多沮丧以及不知如何对家长交代的无措。作为辅导员，要及时和学生谈话，告诉他应该如何识别一些常见的骗局，以及在重大事情面前应该多和辅导员、教师确认。同时，辅导员尽可能向学院为被骗同学申请一定的经费补助，并且和学生家长沟通。

3. 控制舆论，避免事态扩大化。被骗事件的发生，对辅导员而言意义重大，如果处理不当可能会影响一个学生的学习和生活。被骗学生会觉得在学校没有安全感。一方面被骗学生不要惊慌，要冷静观察，相信调查结果，有情况及时向辅导员反映。同时，辅导员在讲此类案件时注意隐去名字，尊重个人隐私，以免学生受到他人的非议，带来舆论的二次伤害。

4. 召开班会年段会，提高学生防骗意识。事情发生后，辅导员要提醒学生们注意日常防骗，提高自己的防骗意识，钱财被骗很大程度上在于学生自己没有安全防范意识，对于常见的骗局不了解，学生不要随意泄露个人信息，一定要吸取教训，以免再次受到损失。倘若发现诈骗者是学校内部管理者，应及时反映给学校领导及有关部门。

5. 更新案件最新状况。诈骗事件在没有调查结果之前，学生难免猜忌、人心惶惶，辅导员要利用 QQ 群和微信群，一旦案情有新的进展，及时告知大家，消除大家内心疑虑。

三、案例总结及经验启示

1. 加强对大学生个人财物安全防范教育，提升大学生的应变技能和安全意识。辅导员要通过一对一谈心谈话、班会、年级会等形式开展大学生的安全教育，培养学生的自我保护能力，加强自我保护意识。

2. 建立健全学生信息数据库，及时掌握更新学生动态，疏导学生不稳定情绪。辅导员应从多方面、多渠道了解发生类似经历的学生，关注他们的情绪波动，在平时的生活中，给予他们适当的关怀，多与他们沟通，帮助他们尽快从不良的情绪中走出来，甚至可以通过心理健康教育或者心理咨询等适当的方式，引导、帮助他们。

3. 创新高校新生入学教育，真正使新生学到安全防护技能。现阶段的大学生新生入学安全教育，基本上是通过讲座、开会、观看视频等形式开展，这种传统的安全教育模式只是一个简单的外力推动，很难从新生的内心激发其学习技能的动力。可在现有的安全教育模式基础上，适当增加一些实践类、创新类的环节，让新生亲身经历一些模拟场景，加深他们的印象，达到增强防范意识的目的。

总之，防骗安全教育一直是各大高校思想政治教育工作的一个重点，同时也是大学生在校期间乃至走上社会所需要的知识储备中不能缺失的一个重要部分。所以，加强大学新生的入学安全教育、防诈骗教育，对于提升各大高校的日常管理，维护学校的正常教学、科研及生活秩序，保障学生人身和财物安全，促进学生健康心理的形成等，都具有十分重要的现实意义和战略意义。

（董晨燕）

勿让"校园贷""贷"走学生的未来

一、案例概述及问题本质

(一)案例概述

小华(化名),2016级本科生,大二时出现学业预警问题。在与该生舍友的一次谈话中,该生舍友说小华经常在宿舍谈论自己不想读书,想要休学创业。了解情况后,辅导员立即找到学生谈心谈话,通过进一步了解,发现该生在多个网络平台贷款,借款主要用于购置手机、电脑等电子产品及出于同学情谊借给自己的"好朋友"。截至谈话时,该生贷款数额已经超过1万元。至此,学生想要休学创业的主要目的已经明晰,即为偿还贷款。该生还款主要通过两个途径,一是兼职家教赚取费用,二是从网络借款偿还贷款。贷款初期学生尚能每月还款,但随着经济压力日益加重,学生个人已无力支撑还款费用,学业受到严重影响,家中父母均不知情。因与父母关系淡漠,学生不愿意将此事告诉父母,给他们"添麻烦"。

(二)问题本质

本案例从表面上看,是"休学创业"引发的学业问题,本质上则是学生不正确的消费观念导致学生陷入"校园贷",并陷入还贷及学业危机的一系列循环问题。这是一起学生因学习目标迷茫、不正确的消费观、家庭教育的缺失及亲情支持的缺位,受网络贷款诱惑导致的学生"校园贷"及学业问题个案。如果处理不当,可能将导致更加严重的后果。

二、解决思路及解决方案

(一)解决思路

对此事件,应本着发现思想问题和解决实际问题相结合的原则开展工作。一是立足当下,帮助学生迅速缓解"校园贷"危机,防止因"校园贷"问题引发其他矛盾冲突，导致事情进一步恶化；二是抓住关键，解决学生的消费观、"校园贷"还款和学业帮扶三个关键问题；三是放眼未来，帮助学生树立正确的消费观念，扣好人生的第一颗扣子，防止"校园贷"问题再次出现。

（二）解决方案

1. 详细了解情况，汇报分管领导。一是多次谈心谈话，与学生建立较为良好的师生关系，获取小华的信任。二是循序渐进，了解学生家庭情况，并引导学生逐渐还原校园贷款全过程。三是了解贷款实际情况。在建立了信任关系以后，要求学生在谈话时将每一个有校园贷款记录的 App 翔实写出，并将借款金额、所需还款金额一一罗列。截至第二次谈话，了解到小华共欠款 1 万多元。四是梳理情况，汇报领导。校园贷款如果没有得到合理处理，将会导致严重后果，通过将相关情况进行梳理，与分管领导进行汇报，并对小华贷款的网络平台查询确认，未涉及恶意贷款、涉嫌违法的问题后，形成初步处理方案。

2. 密切家校联系，及时妥善处理。因为小华本身并不希望父母知道其欠款情况，在与小华做好沟通的情况下，先与其姐姐进行联系，说明情况。小华的姐姐与小华进行交流，说明事态严重，并及时与母亲取得联系。小华家长知道此事后，第一时间买了机票来校。第二天，其母亲与小华一起到学院办公室。为了确保小华将所有欠款还清，其母亲与小华一同在学院办公室完成还款，并对小华进行教育。当所有欠款还清之后，小华之前的满脸愁容顿时烟消云散。

3. 进行思想引导，树立正确的消费观念。小华校园贷款产生的根本原因在于其没有树立正确的消费观念。一年前，小华家境尚可，因家庭发生变故，家庭条件大不如前，但小华的消费方式没有因此转变。在小华的校园贷欠款问题基本解决之后，应对小华进行批评教育，并帮助其分析自身经济情况，不做超出自己实际支付能力以外的事情，纠正错误的消费观念。

4. 及时跟进，做好学业帮扶工作。虽然之前落下的功课较多，但因为校园贷款问题的解决，小华的个人状态逐步好转。与小华一直保持比较密切的联系，对小华的学习、生活不断给予关注。时至大三上学期，小华在学业上有了比较明显的进步。

5. 由点及面，做好全面摸排。小华的事情表明，学生当中可能还有类似的情况没有被发现。因此，通过学生干部摸排学生当中是否还有学生可能存在校园网络贷款，并且通过年级 QQ 群、年段会等多种形式对学生进行教育引导，倡导正确的消费观念。

三、案例总结及经验启示

（一）案例总结

这是一起在与学生多方谈话，解决学业预警危机中发现的学生陷入"校园贷"的案例。在辅导员和学院领导的及时介入下，在家校的密切配合下，该生的学业问题、消费观问题及"校园贷"问题得到及时妥善解决，并扭转学生的学业预警。要及时发现并妥善处理学生的"校园贷"问题，勿让"校园贷""贷"走学生的未来。

（二）经验启示

1. 围绕学生，及时跟踪发现解决问题。首先，从成绩入手，发现问题。学生的成绩有的时候更像是学生的"晴雨表"，反映了学生的心理状态、生活状态等多个维度问题，因此，关注学生学习，不仅是关注学生的日常学习成绩，更重要的是关注学生学习成绩高低背后潜在的影响因素。其次，抓住和学生谈心谈话的契机，了解、发现学生存在的问题。与学生谈心谈话，不仅是谈谈学生当下的问题，也是谈谈学生的人际关系，谈谈学生的人生规划，乃至能够从谈话中，了解谈话学生的班级总体情况，从而延伸和拓展辅导员的信息来源渠道。

2. 预防为主，扎实做好日常思想政治教育工作。"互联网+"时代，学生的思想、行为往往易受网络大环境的影响。提前通过线上线下两种宣传方式做好思想引导，加强金融知识教育，增强学生风险意识。同时通过实践育人，帮助学生树立正确的消费观念。以学生干部为主体，建立完善校园贷款预防和预警机制，及时排查、发现消费观念存在偏差的学生，提前做好预防工作，防患于未然。

3. 分类指导，具体问题具体分析。当代大学生可爱、可信、可为，具有自己的鲜明特点，往往个性十分突出。在思想政治教育工作中，面对不同的学生，需要因人而异开展工作，切忌"一刀切"。案例中小华属于不容易相信他人的学生，在与其接触中，要特别注意循序渐进开展工作，才能使思想政治教育工作真正落到实处。

（陈睿莹）

高校学生与后勤人员物权纠纷的调解和反思

一、案例概述及问题本质

某学期开学初，学生负责人刘某（2 班学生）向辅导员反映图书馆新领书本丢失（总价约 1500 元）一事。

开学初，刘某与戴某（4 班学生）率年级四个班级部分同学前往图书馆领取新学期课本，并于当天发放给学生。学生领取新书后，刘某和戴某发现剩余部分新书（英语二、英语三）无人领取，根据班干部反映学生无漏领情况，遂将书暂放于宿舍楼一楼大厅空地上。次日，刘某将无人领取的新书整理捆扎，放在一楼楼梯拐弯处架空层空地上。事后，图书馆工作人员向刘某催要这部分新书，刘某才发现新书丢失，遂咨询楼管和保洁人员。保洁人员方某告知，她和老母亲打扫卫生时，以为是垃圾，已经当作废纸卖给收购站，且新书无法找回。

这件事情的本质：一是高校学生物品丢失与后勤服务人员工作的矛盾，二是教育学生如何保管私人或者公共财产。

二、解决思路和解决方案

辅导员得知此事后，召集刘某、戴某和四个班长在活动室开会进一步了解详情，同时约保洁人员方某一起参加。保洁人员方某告知辅导员，学生反映的情况属实。开学初，学校要求整理宿舍楼卫生，每学期这个时候工作量很大，方某请其母亲（73 岁）协助。当天，该楼卫生由其母亲代为打扫，其母亲是文盲，不知道新书旧书。会议当场形成记录，与会人员在会议记录上签字。签字后，辅导员告知方某，这部分新书的丢失在法律上应由方某承担全部损失。但考虑到学生没有妥善保管至宿舍或活动室，情理上，学生要承担部分损失。尚未商谈损失赔偿比例时，方某突然抢夺会议记录并撕毁，开始哭啼诉冤。辅导员安抚其情绪，邀请其一起到后勤集团经理处协商处理。

辅导员带学生刘某、保洁人员方某到后勤服务中心，找到经理，双方坐下商谈。谈话中，辅导员向经理陈述事件经过及会议经过，学生刘某做证。方某对事实无异议，但声称绝对不赔偿，并称出于同情心愿意给 100 元作为补偿。辅导员向经理陈述了方某应当承担主要责任甚至全部责任的理由。第一，方某的母亲不是后勤与方某保洁合同的相对人，没有权限或义务清理该楼的垃圾或其他物品。学校的垃圾统一处理，方某及其母亲不得在合同外私下贩卖盈利。第二，学生将剩余新书捆扎放在架空层，明显不是垃圾，且这部分新书在法律上属于有主物。单独捆扎整理摆放，明显没有丢弃的意思，不能适应善意取得（就是不能说，谁捡到就是谁的）。第三，方某对上述事实并没有异议，但就是不赔偿，这明显是要赖行径。说完，方某又当场撒泼，经理对她说该赔就要赔。后勤集团经理认为应当调取监控，辅导员认为方某承认事实，有无监控意义不大。言毕，方某当场不承认所有事实。次日，经理告知辅导员，监控已超期，找不到了。还说过几天是方某儿子结婚，昨晚方某儿子和儿媳妇也到后勤吵闹，陈述方某工资低（月薪 2000），没文化，且学校没有相关前例和专门培训等，此事能不能算了。

辅导员告知学生如果愿意原谅方某，自己承担损失，辅导员可以私下支持 500 元，学生干部表示接受并给予理解。首先，学生了解了事情的经过、处理方法，法律上的焦点和法律后果，这是一次处理纠纷的经验。其次，大家的时间宝贵，主要精力应放在学习上面。最后，方某确属认识不到位，大家秉持忠恕和宽容的心态，积极化解矛盾。

三、案例总结及经验启示

（一）化解高校学生物品丢失与后勤服务人员工作的矛盾

随着物权法等法律法规逐渐深入人心，学生逐渐使用法律思维看待身边发生的纠纷，当涉及自身财产安全和生命健康的时候尤为敏感。高校依法治校的前提就是要转变传统管制型思维，学习法治理念。该案例主要就是反映了学校后勤部门法治观念差和学生维权的矛盾。

高校后勤管理的范围较广，主要包括教育物资的采购、校园的建设维修、食堂宿舍的安全管理等。由于高校一直把教育发展作为管理重点，对于后勤工作比较忽视，且后勤管理人员大多是文化素质较低和管理经验较少的人群，因此他们的法律意识较为薄弱。后勤管理属于服务部门，如果选择管理人员时只重视组织能力和服务意识，不重视责任意识、文化程度、法律意识，会造成管理人员缺乏法律意识。受传统的影响，很多事情经常会陷于情法之间难以决断，在高校后勤管理中也是如此。例如，本案例方某的自身条件和学校服务要求存在差距。现在高校中普遍存在情大于法的现象，会造成学生和管理人员对立，规章制度很难有效执行，严重影响高校的文化建设和管理队伍建设。因此要不断加强管理人员的法律意识，不断提高管理人员的规范化管理。

高校发展的重要保障力量是后勤部门，而后勤部门的运行方式和管理模式都会给师生生活与发展造成很大影响，由于他们的法律意识和文化素质在高校管理和文化建设中的作用非常重要，因此要重视管理人员的选择。后勤管理中人员分工不同，其职责也不相同，要促进后勤管理的制度化就要把职责细化。因此管理过程中要确保管理的程序化、制度化、规范化，从而促进管理制度的健全和发展。只有管理部门确定了相应的岗位责任，学生在出现问题时才能迅速找到有关负责人解决问题。明确管理部门的分工时可以采取学生的意见，后勤管理不仅需要师生的共同参与，还需要联系教育发展的实际状况，这样才能实现各个程序的紧密相扣，才能把责任明确到具体的负责人，从而有效促进高校的后勤管理。

（二）实践教育学生妥善保管私人或者公共财产

教育学生妥善管理私人和公共财产，涉及三方面问题。首先，对学生进行财产安全知识的宣传。其次，使学生提高防范意识，避免财物的丢失。最后，在发生一些突发状况时应该如何应对，把损失降低到最低。

财产安全教育是高等院校大学生思想政治教育的重要内容之一，是大学生知识体系不可缺少的重要组成部分。纵观国内，各高校近年来都在加强对大学生的财产安全教育，充实安全教育体系内容，完善安全教育的制度保障，更新安全教育的方式和途径。正处于社会转型期的当代大学生，自身的安全意识淡薄，其中也包括个人财产安全意识。主要表现在两方面：一是大学生的主要生活圈为学校和家庭，真正身处社会环境中的机会很少，对社会的认知也较少，对社会现象多仅停留在感性认识上，没有实际经历，也没有防盗窃、防抢劫、防诈骗等观念，缺乏实用性强的个人财产安全防范意识；二是多数大学生对法律知识知之较少，在个人利益受到侵害时不知如何运用法律知识，不知如何寻求法律保护、社会保护，甚至对法律缺乏信心。

实践是教育的重要环节，通过实践，更容易让学生把知识点记住、记牢，并切实掌握。因而，在传授对个人财产保护措施时，应注重学生的参与和实践。

如本案，让学生全程参与并自主决策，在财产安全教育的过程中，要避免枯燥的理论传授，应结合大学生的兴趣特点和智力特点，多结合实际案例，以事例的形式吸引学生的眼球，让大学生在对案例的分享中主动总结归纳财产安全教育的知识，从而提高大学生对财产安全事故的应变和处理能力，提高大学生对财产安全防范的自觉性、主动性。

（黄真）

不让不良"校园贷""贷"走学生

一、案例概述及问题本质

（一）案例概述

学生小林是一位大三的贫困学生，通过高中同学介绍接触"校园贷"并借贷 3000 元。一个月后，网贷平台催债，高额利息使小林无法偿还，他只好通过另一家校园网贷再次借贷 5000 元偿还原来的债务。网贷的高额利息使得小林的债务每天"滚雪球"似的增加，不断上涨的债务、每天经受的催债困扰以及不敢告诉家人的心理负担，使得小林产生了轻生的念头。

（二）问题本质

随着网络借贷的快速发展，一些 P2P 网络借贷平台不断向高校拓展业务，部分不良网络借贷平台采取虚假宣传的方式和降低贷款门槛、隐瞒实际资费标准等手段，诱导学生过度消费，甚至骗其陷入"高利贷"陷阱，侵犯学生合法权益，造成不良影响。

二、解决思路及解决方案

1. 及时发现异常情况。小林因为不堪忍受"校园贷"高额债务的困扰，在 QQ 签名里表达了轻生绝望的念头。小林宿舍同学发现之后于当天晚上 11：30 及时告知辅导员，得知情况后辅导员第一时间赶到小林宿舍。

2. 第一时间及时处理。当辅导员赶到宿舍，发现小林躺在床上，拒绝和任何人沟通，辅导员第一时间联系其家人告知具体情况，之后及时向学院分管领导汇报情况，同时安排班上的主要学生干部、宿舍成员轮流陪护避免其独处，如果有紧急情况应第一时间告知辅导员。

3. 家校联动共同应对。第二天凌晨小林的家人赶到学校，辅导员陪同他们来到小林的宿舍，首先安抚住了小林的情绪，在他情绪平稳之后，通过案例讲解"校园贷"的陷阱和危害，让他意识到自己的错误，同时鼓励他只要肯改正，从此不再碰网络贷，一定可以有很好的办法。在辅导员和小林家人的开导之下，小林慢慢道出整个事件的过程。

4. 及时汇报多方助力。在事件发生的第一时间，辅导员向学院分管学生工作的副书记打电话汇报情况，之后多次汇报事情进展并形成事件处理报告，学院相关领导高度重视这一事件，协同学生工作部、保卫部介入事件调查，多方合力帮助解决。

5. 后期跟进帮扶成才。首先，及时进行心理调适和温情关怀。后期辅导员帮助小林预约了学校心理中心的心理咨询师进行心理咨询，同时鼓励他积极融入集体生活，参加班级活动，感受集体的温暖，增加正面情绪提振正能量，让他慢慢走出心理阴影。其次，加强学习帮扶，提升信心。安排班级学习优秀的党员同学与他搭档，"一带一"进行学习结对帮扶，鼓励他把更多的注意力放在专业学习上，通过加强专业知识的学习增强对未来学习工作生活的信心。再次，主动寻找助力，解决经济困难。辅导员为小林联系企业进行暑期打工实习赚取工资，鼓励他积极通过自己的劳动付出、国家的相关资助政策帮扶以及寻求家人亲友的帮助来解决经济困难。

三、案例总结及经验启示

（一）案例总结

这是一起典型的非法"校园贷"引起的危机干预事件。非法校园网贷存在的原因主要在于在校大学生和网贷运营监管两方面。

首先，在校大学生方面存在的问题。在校大学生信用知识匮乏，信用意识淡薄；在校大学生生活开销没有规划，消费易冲动。在校大学生对生活预算没有明确的规划，不能合理地设置每月支出限额、合理利用每月的盈余，也没有记录资金去向的习惯。在校大学生自控能力弱、攀比心强。现在的大学生多为独生子女，大多从小娇生惯养，贪图享受、寻求刺激、跟风攀比的心理普遍存在，面对网络借贷平台伸出的"橄榄枝"，经不起诱惑。在校大学生风险意识薄弱，防范能力低。碍于情面，在校大学生对于同学借用个人私有信息不敏感，亦缺乏防范意识。在校大学生社会经验缺乏，防范能力低，易上当受骗。即使是存在这方面的事实，也不愿意承认自己被骗。在校大学生责任心不强，缺乏担当。责任心要求行为人有预见性，能清楚自己的行为后果，并承担全部责任。在校大学生在不能按期清偿债务时往往抱有侥幸心理，隐瞒事实真相，转移风险，甚有放弃生命，把责任留给他人。

其次，网贷平台运营监管存在的问题。校园网贷平台良莠不齐，鱼龙混杂，为了谋取最大化利益，制作、发布诱惑力和煽动性极强的广告，过分宣扬和强调物质消费和享受，极大地影响了自制力本来就不强的大学生的消费观念和消费行为。校园网贷行业既没有自律公约，也没有统一的行业规则，各平台为争夺客户，或降低贷款条件，或简化审核程序，或放宽信贷额度，甚至唆使学生同时在多个平台借贷或诱骗女学生通过"裸持"提高贷款额度。部分网贷平台偏离信息中介定位，异化为信用中介，存在自融自保、违规放贷、设立资金池、期限拆分、大量线下营销等违规行为。部分校园网贷平台提供贷款时只要求学生提供担保人相应联系方式并不需要担保人的书面许可。对于贷款的用途，贷款平台并不加以跟踪，大大增加了在校大学生获得网络贷款的机会。校园网贷平台对于逾期贷款采用上门、电话、短信和联系家长等追债方式进行催收。校园网贷平台采用各种方式进行逾期催收，给所有贷款学生群发 QQ 通知逾期，一旦逾期，就进行声誉绑架。更有一些平台采取骚扰、胁迫等催款方式，甚至包括某些更加极端的手段，迫使借款者不得不举新债还旧债步入平台运营者设计好的圈套，极大地威胁了借款者的人身自由和安全。

针对以上因不良"校园贷"引发的问题，教育部等部委下发了相关整治措施，但是不法分子没有轻易放弃校园市场这块"肥肉"，不能光明正大，他们便选择旁门左道。据媒体报道，经过一系列整治，"校园贷"得到了遏制，但部分网贷平台换上"马甲"，将小额现金贷款业务包装成回租贷、培训贷、创业贷等名目，通过社交软件等渠道，继续"坑害"大学生，一些大学生上当受骗，身心和财产受到了侵害。由此可见，非法校园贷花样翻新，要想保卫校园净土，除了加大监管措施的力度之外，还要保持政策的长期持久，并且根据情况变化实时更新。

（二）经验启示

1. 加强对学生的引导教育，重视金融素养的培养。学校要积极开展常态化的、丰富多彩的消费观、金融理财知识及法律法规常识教育，加强对大学生群体的理财教育、网贷警示教育、校园金融安全教育和消费引导，在平时的教学环节中开设金融安全相关课程，同时利用学校媒体、微信、微博等载体，大力开展金融安全宣传活动，引导学生树立金融理财观念和金融安全观念，提倡学生适度消费、合理消费。学校应向每一名学生发放"校园贷"风险告知书并签字确认，每学期至少集中开展一次"校园贷"专项宣传教育活动，加强典型案例通报警示教育，让学生深刻认识不良"校园贷"的危害，提醒学生远离不良"校园贷"。

2. 加强校园不良网贷风险防范机制，及时处理潜在危机。学校要密切关注学生异常消费行为，及时发现学生在消费中存在的问题。建立校园不良网络借贷实时预警机制。加大不良网贷的排查力度，建立校园网贷情况月报制度，增强学生对网贷风险的理解和认识，提高对不良网贷的甄别抵制能力。及时发现校园不良网络借贷苗头性、倾向性、普遍性问题，及时分析评估校园不良网络借贷潜在的风险。建立校园不良网络借贷应对处置机制。制订完善各项应对处置预案，对侵犯学生合法权益、存在安全风险隐患、未经学校批准在校园内宣传推广信贷业务的不良网络借贷平台和个人，第一时间报请公安等部门依法处置。

3. 密切家校联系，关注家长对孩子的理财教育，帮助培养良好的消费习惯。父母是孩子最好的老师，学校要加强与家长的沟通与联系，合理支持、适当控制学生的消费支出。首先，家长应及早入手进行教育，并以身作则，教育孩子不攀比、不虚荣，帮助他们培养良好的消费习惯，为他们上好人生的消费课。其次，家长要注重与孩子的沟通交流，关注孩子的日常，让孩子在遇到问题的时候愿意主动寻求家长的帮助，尽早解决问题。最后，家长要鼓励学生利用业余时间开展勤工俭学，通过诚实合法劳动创造财富，培养节俭自立意识。

4. 加大学生资助信贷体系建设力度，切实做好学生资助工作。加强对学生资助工作的科学管理和制度支撑，切实提高学生资助工作水平，保障国家各项资助政策落到实处，满足家庭经济困难学生学费、生活费等保障性需求。帮助每一名家庭经济困难学生解决好学费、住宿费和基本生活费等方面困难。充分挖掘校内外资源，筹集专项基金，作为国家资助政策体系的有益补充，建立健全既有共性需求又能体现个体差异的资助模式，满足学生拓展学习、创新创业等发展性需求。与金融机构合作，积极探索建设和发展校园社区银行，为学生提供渠道畅通、手续便捷、利率合理的金融借贷服务，满足学生临时性需求。

5. 加强学生自身建设，建立理性、科学的消费观。大学生应该端正自己的消费心理，不虚荣、不攀比，建立理性、科学的消费观。消费之前进行自我审视，预估消费能力，在进行过度消费的时候一定要思考是否真的有必要购买。同时在日常开销当中，适当进行记录，做好自己的预算，做到理性消费。

6. 金融监管部门应加大国内校园贷平台的监管抽查。网络不是法外之地，对于网贷平台更应该加强监察力度，出台相应的法律法规规范校园贷的宣传、营销方式，加强对贷款人的信息保护。同时监管部门应杜绝仅凭学生证、身份证就发放贷款这一情况，要切实分析大学生的消费需求和还款能力，控制风险。

甄别和防范不良校园贷需要群策群力，监管部门要加强管理，学校方面要做好教育引导，大学生要改变消费观念，家长要做好消费引导。唯其如此，才能让非法金融活动远离校园，为大学校园营造一个安全有序的消费环境。

（齐朝阳）

不能"走捷径"要高分

一、案例概述

期末进入温书迎考,负责的班级中,有任课教师反映,班上有学业成绩较好的学生私下向教师讨要高分,原因是为了保研和出国。

二、问题本质

这个案例是广大保研和出国的学生经常会面临的问题。究其根本,是学生本身对于高分成绩的获取认识不够正确,认为成绩好可以索取更多,没有认识到考试的公平性。另外,由于考研、出国评审和学校成绩挂钩,出国申请读研,一看托福、雅思成绩,二看 GPA(Grade Point Average,平均成绩点数,又称本科在校成绩)。GPA 成绩与每门课程的成绩相关,一门 2 个学分的课程,1 分之差就能使学生在 GPA 上落后 0.2 分。学校一门课的分数通常由两部分构成:平时成绩和期末成绩。相对来说,期末考试成绩可变化的空间不多,而平时成绩"掌握"在教师手里,存在"改分和操作"的空间。一些学生因为成绩单"不太好看"而输在了起跑线上,为了自己的未来,他们不得不用"走捷径"的方法获得高分。

三、解决思路及解决方案

作为辅导员,万事以了解实际情况为基础,应尽快联系自己的学生,当面了解情况。首先,了解情况属实后,摆明自己不支持以私下求情获得高分数的态度,利用真实事例,告诉学生,要认识到"公平"二字的含义,无论如何,找教师要分数都是不对的。学生的首要任务就是学习,教师若因此给予高分,有违考试的公平性,考试并不仅仅针对个别人,索要成绩的行为,是对他人的不公平。要让学生明白,"好"成绩并不是讨要东西的筹码,自己努力付出而换来的好成绩，已经为自己赢得了奖学金等其他荣誉，并不能再作为筹码来要求教师。结合有些已毕业的高分低能同学的实际告诫他们，有的时候分数要来了，但专业能力没有提高，到了工作岗位只能从头学起，还给用人单位留下不好的印象，反而得不偿失。分数要实打实，能力才能实打实。其次，在批评教育过后，对学生想出国留学的心情表示充分理解，教育他们高分的获取，可以通过上课积极发言，课后认真完成作业，让自己的各个方面表现突出，课后多和教师联系等方式提高自己的平时成绩。最后，辅导员要和教师沟通，希望教师以后在上课开始就明确提出要求，学生若想拿高分就要按照要求去做。很多教师在教学中也曾遇到过有学生索要"感情分"的情况，对于此类请求，应该一律拒绝，一碗水端平，让学生从根本上明白希望不劳而获得高分是不可能的。

四、案例总结及经验启示

1. 学生犯错要注重批评教育和思想引领相结合。学生犯错，首先要指出学生错误的根本，身为思想政治辅导员，摆明自己的态度，不模棱两可地既支持又反对；不小看每一点小错误，应以小见大，从小的错误进行批评教育，以实际案例使学生洞察到问题本身的重要性和严重性。

2. 开辟学生教育新途径。很多学生惯性地认为，辅导员是教师，交流会有一定的距离感，为了了解学生真实心理情况，要学会应用网络平台。网络是思想教育的新途径，现在的学生多为95后甚至是00后，他们对网络的利用率很高，同时现在学生的自尊心很强，很难主动找教师当面沟通。为了满足同学适时与教师交流的愿望，又免除学生当面找教师的尴尬，辅导员要充分利用网络，向学生提供自己的相关联系方式或社交账号，利用博客、论坛等，充分了解学生思想状况。

3. 注重学生"三观"的培养。大学阶段是人的世界观、人生观和价值观形成的关键时期。大学生认识接受事物的能力较强，但是对复杂的社会生活缺乏必要的亲身体验和心理准备，在复杂的事物面前是非不明、善恶不分，所以特别需要用马克思主义理论来武装、塑造和指导。历史和社会实践告诉我们：马克思主义世界观、人生观、价值观不可能自发产生，"只能从外部灌输进去"，灌输原则是马克思主义的一个重要观点。大学生缺乏正确的世界观、人生观和价值观的理论修养，通过"三观"教育能帮助他们把人生的理想追求同建设中国特色的社会主义的伟大事业统一起来，把坚定社会主义方向的信念建立在科学的理解和认识基础上，提高他们认识和鉴别是非、善恶的能力，使他们健康成长、顺利成才。

（黄寿泰）

诚信申请奖学金

一、案例概述及问题本质

（一）案例概述

某学院综合奖学金公示期间，不少学生提出意见，主要反映了以下几个问题：学生甲为综合测评的经办干部，其德育测评分"水分"大，不少属于他职责范围内的活动，获得了双重加分，使得专业学习成绩中下游的他获得二等奖学金；学生乙提供的征文获奖证书是虚假的，事实上这一征文活动子虚乌有；学生丙在大学物理课程考试中夹带小抄，且反映该情况的学生提出可以回看监控视频查证。

（二）问题本质

本案例所述问题主要是关于在综合奖学金评定过程中，学生因个人利益问题而存在"加分"造假、掺杂水分的现象，以及在课程考试中存在违纪行为被学生举报的问题。其中学生甲擅自利用职权为自己谋取"双重加分"，学生乙提供虚假的证书，学生丙在大学物理课程考试中夹带小抄。

上述问题的本质在于学生丢失"诚信"二字，为了取得高绩点、高综测而存在作弊"乱加分"的行为。

二、解决思路及解决方案

为塑造"诚信"的良好学风，本着"教育为主，惩罚为辅"的理念，上述事件宜私下调查。可第一时间与当事人进行面谈，倘若当事人未承认存在此事以及有其他缘由，则深入调查上述事件。待事件查清后，如为虚假，则公布结果，以正清白；如确有作弊、虚假综测等行为，宜与当事学生深入交流，使其认识到事情的严重性并写下检讨书，奖学金评比按实际情况评比。

倘若在第一时间交谈过程中，当事人主动承认错误，则按照学校相关规定进行处理。三位学生应写相应检讨，充分认识自身存在的错误。对于学生甲应扣除多余的加分项目，并予以"警告"处分；学生乙未予以加分，并予以"警告"处分；学生丙予以"留校察看"处分。

倘若在第一时间交谈过程中，当事人未主动承认错误，则需进行深入调查。对于学生甲可组织 2~3 人的小组针对其加分项目进行核查，核查是否存在双重加分，如为实则扣除相应分数，并予以"警告"处分；对于学生乙应要求其提供奖状落款单位的参赛获奖证明，如为虚假则扣除相应分数，并予以"警告"处分；对于学生丙则调取监控视频进行查证，如为实，予以"留校察看"处分。

在事情处理完第一时间，对调查结果进行公示，告诫学生应树立诚信意识，不因个人利益而出现考试作弊、加分造假的现象，并以此为契机开展一次以诚信为主题的教育活动，让学生们认识到诚信的重要性。

三、案例总结及经验启示

上述案例主要是学生主体"诚信"观念淡化，综测加分审核不严格、考场考试监督不严格等客观因素促使学生冒风险进行违纪。针对此现象，辅导员应加强教育，号召学生树立诚信理念。例如，上述的案例中考试作弊现象，除了应在考试月来临前加强诚信考试教育，辅导员更应在相应班级考试期间深入考场，进行相应的巡视监考，对平时学习不认真的同学予以重点关注。而针对上述案例中综测加分造假的现象，应在每学期按照月份进行当月综测加分项目汇总，并在第一时间公示，每月公示期间收集相应意见并第一时间进行处理；对于个别特殊奖项应要求其出示参赛等证明。在综测统计分数阶段，组成 2~3 人的小组进行综测加分项目核对，组员间相互监督各自的加分项目。

（蓝荣聪）

处理大学生发表不当网络言论的探索

一、案例概述

A同学认为学校晚点查寝制度非常不合理，在社交媒体上"吐槽"相关纪律，发表不满言论，认为自己已经是成年人，学校没必要如此严格管理，这样做限制了他的人身自由，侵犯了他的人权。在经过辅导员初次劝阻之后，认为辅导员让其删除相关言论的行为限制了他的言论自由，内心十分反感并对辅导员设置了浏览权限。辅导员及时向分管领导汇报情况之后，适时营造轻松愉悦的氛围，深入与该同学进行谈心交流，利用倾听、设问、引导等方法化解A同学心中的疑惑和逆反情绪，并总结案例经验，形成切实有效的网络安全监控机制。过后利用恰当时机召开主题段会，避免同样情况再次发生。

二、案例分析

（一）分析思路

此案例有几个关键点：学生认为大学应该崇尚自由，不想"被约束""被禁止"，要求行动自由和言论自由；学生极力主张个人民主权利，又有曲解学校意图的反叛心理；学生极易接受一些极端自我主义思想的影响，片面地相信这些歪曲的"事实"；学生以自我为中心，只要有要求未能得到满足就开始抱怨，甚至言语上攻击校方和教师；学生在受到辅导员的提醒后，不思主观错误，反而产生不良情绪，甚至屏蔽辅导员。

（二）解决途径

解决途径通过两个层面：一是针对发表不当言论和设置浏览权限的表象问题，要通过思想教育和制度管理相结合，线上和线下相结合，辅导员渠道和同学渠道相结合；二是针对深层原因，要通过解决思想问题和实际问题相结合。

（三）具体执行

1. 深入交流，畅通信息。大学生处于思想活跃期，对新鲜事物接受力强，也易受外界影响，对于他们发表不当言论的行为，既不能小题大做，也不能置若罔闻。这样的行为绝大多数只是因为信息不畅通，初犯可通过谈心谈话，耐心向其介绍相关纪律，引导他换位思考，以此来促成双方相互理解的可能性。

2. 重点解决，引导纠偏。在谈话前查找大量相关资料，对其发表的言论进行设问，了解学生真实想法与内心诉求，引导学生在找寻问题的过程中发现之前观点的漏洞，将谈话焦点集中在其思想错误的核心问题上。

3. 严肃纪律，法治育人。明确告知在网络上发布不当言论，利用信息网络辱骂、恐吓他人，或编造、散布虚假信息并造成不良后果的行为，需要负相关责任，情节严重的可能会影响学业完成，甚至会以寻衅滋事罪被定罪。

4. 加强互动，换位思考。对于这些思想活跃、追求民主自由权利的学生，利用体验式互动的理念，交给他们设计互动环节，完成指定任务，让他们换位思考，真正体会到学校办学宗旨及管理模式，从被动教育转为主动教育、自我教育。

三、经验启示

该案例产生的原因在于学生心理和价值观尚未健全，易受言论诱导，产生对自由和民主观念的片面理解和错误认识。问题的本质是大学生的思想政治教育问题，关键在于科学、合理的思想政治教育引导工作。

（廖加炜）

如何应对和处置学生宿舍发生偷盗事件

一、案例概述

某日，同一寝室的两个男生反映，他们放在宿舍内的物品在上体育课时无缘无故丢失，包括放在柜子里的钱、手机等，怀疑是本班的王某所为。

二、案例分析及解决措施

1. 安抚学生情绪，避免事态扩大。在该事件发生之后，身为该学生的辅导员，深知此事重大，如果处理不当可能会影响一个学生的前途。对此辅导员积极采取一系列应对措施和处置方案，一方面要求被盗学生不要惊慌，要冷静观察，留意收集证据，有情况及时向辅导员反映；另一方面告诉大家不可凭空猜测，随便怀疑室友或其他人，法律需要明确的证据，没有证据就是诽谤，而且伤害同学之间感情。

2. 深入分析，暗中调查。大学生宿舍失窃是各高校普遍存在的问题。从客观方面来说，大学宿舍是集体场所，一个宿舍四个人，属于半开放场所，人员流动性较大，因此个人私密性并不强；从主观方面来说，当今大学生大多缺乏管理自身财务的能力，防范意识不强，表现为贵重物品随意存放、不锁抽屉、房间无人时不关门窗等，让作案者的偷盗行为处于一种无障碍的状态。认真分析学生反映的情况后，辅导员通过深入该学生宿舍查看他们的物品摆放情况，以及和该宿舍四名同学分别谈话等方式，进行摸底调查，发现了以下事实。

（1）该宿舍的钥匙从未外借，成员离开宿舍后及时锁门，而且所丢失的钱财都是在抽屉和柜子里，失窃后门窗依然完好，因此内盗的可能性存在。但随着进一步调查发现，被盗宿舍为最顶层，宿舍上面有一个天台，而且靠近天台一侧为阳台和卫生间，卫生间窗户有爬行痕迹，但不仔细察看很难发觉。可以由此推断确定，此盗窃为入室盗窃。

（2）据该班同学反映，王某常常独自待在宿舍，并且把门反锁，室友敲门很久才把门打开。他性格内向，很少与同学交往，自入校以来，一直住在外系的宿舍，去年3月才调整至目前所在的宿舍。外系辅导员反映王某原来所在的宿舍未发生过丢失物品的现象。

（3）事情发生后，辅导员教育学生要正确对待宿舍的偷盗事件：如果发生内盗，同学们一定要吸取教训，注意保管好钱物，以免再次受到损失；如果当场抓到盗窃者，不可采取"私了"的办法，更不可采取过激行为对其进行殴打、捆绑、拷问，而要将其送到学校保卫部门处理；如果自己的东西被盗，不能采取隐蔽的报复被怀疑者的做法，即"你偷了我的，我也偷你的，看你下次还偷不偷"，倘若发现盗窃者是学校内部管理者，应及时反映给学校领导及有关部门，如果当场发现偷盗者，应该及时报警处理，不宜采取过激行为，防范小偷伤害他人及自身。

（4）事情发生后，辅导员教育学生要正确处理同学之间的关系，同学之间要互相信任，多沟通理解，特别是对少数有性格差异同学，不能随意猜测，要尊重他人。

三、案例思路和建议

1. 慎重处理寝室内盗事件，疏导学生情绪。辅导员在遇到学生偷盗事件的时候，不应该拘泥于偷盗本身，而应该把这件事情的处理与学生的前途联系在一起，冷静、客观地处理问题。尤其要特别注意的是，要控制事态的发展，不能让事情闹得沸沸扬扬导致学生互相猜疑，而应该先调查真相，普及法律意识和法律知识。

2. 注重大学生健康人格的塑造和道德品质的提高。"大学之道，在明明德，在亲民，在止于至善。"教育的任务是使受教育者能够明晓正面的品德，实现道德的完善，最终在行为上达到至善的境界。从"明德、至善"这个意思上来说，大学不仅要培养学生如何"做事"，更要培养学生如何"做人"。因此在人才培养这个问题上，大学首先培养的是"人"，然后才是"才"。大学阶段是青年学生人生观、价值观形成的重要时期，也是他们极容易出现心理问题的时期，在这个时期通过思想政治教育和日常管理对大学生进行正确的指导和引导显得尤为重要。大学辅导员是高校对学生进行思想政治教育和管理工作的重要力量，可以说是青年学生在大学阶段的重要导师之一。因此辅导员要致力于塑造当代大学生的健康人格，对学生加强消费伦理引导，注重人文精神的提升，加强对大学生心理健康的引导，切实提高当代大学生的道德素质。

四、案例思考

高校是传播文明和播撒知识种子的场所，但是学生宿舍盗窃现象已经成为困扰高校治安秩序稳定的一个突出问题。学生宿舍间同学关系影响学生成长、成才。健康的人际关系才能培养健康的人才，在实际工作中，教师在灌输政治理论知识的同时，要加强人文精神的关怀。

（方德汕）

第二篇 **02**

心理健康教育与辅导

高校辅导员在工作中如何帮助
学生"重述自我"
——以叙事疗法为例

一、案例概述及问题本质

（一）案例概述

小郑，男，来自农村的研二学生。辅导员在走访学生宿舍过程中，发现其精神状态不佳。询问得知，小郑平时沉默寡言，与舍友沟通交流甚少，存在一定的人际交往障碍。受到舍友因学业问题退学的影响，加之临近期末考试压力较大，小郑出现失眠、精神萎靡、紧张、焦虑等症状。小郑主动向辅导员坦言，自己感到自卑，虽然学业成绩不错，但面临考试仍缺乏自信；与舍友关系冷淡，感觉孤独、无助，不知该如何改变现状。辅导员经过深入调查了解得知，该生除了上课、做实验、吃饭，其他时间均是一个人在宿舍，不愿参加集体活动，与外界沟通较少。

（二）问题本质

该案例表面上看是因考试压力而引发的心理问题，深层次看则是由学生原生家庭背景所致的性格缺陷。诱发该生问题的原因可以概括为三个方面。其一，原生家庭所致的性格缺陷。小郑成长过程中家境一般，父母以种地为生，节俭度日。父母不懂教育，与子女沟通甚少，该生在交际过程中出现自卑、内向、寡言、孤立、易受外界事物影响等特点。其二，负重前行，压力过大。该生背负着"改变家庭命运"的重任，加之周遭研究生同学综合素质较高、科研水平突出以及良好的家庭背景，使其压力感倍增。其三，心理基础知识和疏解压力有效方法欠缺。外校生源研究生，其本科期间专注于考研，不曾接触过心理健康教育知识，缺乏基本的心理常识和有效排解不良情绪的方法。

二、解决思路及解决方案

（一）解决思路

因小郑有主动求助及强烈的改变意愿，经心理评估，其问题属于一般心理问题，主张采用心理咨询技术的叙事疗法及其他帮扶措施，帮助小郑化解心理问题。

1. 引入叙事疗法，通过运用外化、解构、重写、重塑成员的对话方式，引导学生发现生命中正向积极的事件，看到自身的积极力量，帮助其挑战压抑的生活方式，重新塑造自己的生活。并通过进一步对话使积极力量得以在学生内心世界得到强化，以期帮助小郑构建较为合理的自我认同，唤醒改变的内驱力，使其心理得到成长。

2. 多方力量协同配合，助力学生走出困境。导师是研究生培养的第一责任人，辅导员应合理协同学生导师、舍友、课题组同学和家长等多方力量，给予该生在生活、学业、人际交往以及压力疏解等方面的帮助，发挥家庭教育的重要作用，使其感受到来自家庭、师生的爱与温暖，重拾自信的力量源泉。

3. 强化正向行为，引导融入研究生生活。来自师生等方面的外界鼓励与夸奖，是帮助学生发现自身优点，直面自卑、树立自信，强化其正向行为的重要途径；同时，积极引导学生参与学院研究生科研论坛、学术沙龙以及各种文体活动，不仅能使其更好地适应研究生生活，也是缓解学业压力和排解郁闷心情的有效方式。

（二）解决方案

综合小郑实际情况和对案例问题本质的界定，可采取以下措施以提供及时、有效的帮助。

1. 高度重视，全面了解，综合研判。通过查阅纸质档案、研究生信息系统、导师、舍友、课题组同学、家长等多渠道全方位把握小郑的整体情况，过程中注意方式方法，保护隐私。同时，向上级分管领导汇报，向导师通报学生当前心理状况，协商解决办法。最后，基于档案信息、导师和同学三方面的情况收集，与学生本人进行深入交谈，剖析复杂问题背后的深层原因，找出诱发学生出现当前状况的原因。

2. 运用叙事疗法，解决心理问题。基于笔者在心理咨询中积累的一定理论与实操基础，在全方面了解学生情况的前提下，选用叙事疗法，以多次面谈（营造叙事环境、引导学生讲自己的故事、捕捉和重组支线故事、重塑成员间的对话等方法），力求将心理咨询与思想政治教育融入解决学生实际问题当中。

3. 发挥家庭教育重要作用，搭建家校沟通平台。原生家庭的影响是深远的、持久的，重视家庭教育的作用，加强家校沟通联系，让家长更好地配合学校工作，不仅能够及时掌握学生在校情况，也能促进家庭关系融洽，为学生成长提供驱动力。

4. 协同导师，共同育人。导师是研究生在校期间的第一责任人，与其关系极为紧密，在学业、科研和生活上都与学生相处的时间更多，同时也更能够了解学生情况。所以，作为辅导员应加强与导师间的信息畅通，协同导师一同帮助学生有针对性地解决问题，并走出困境。

5. 发动同学互助，促进集体融入。研究生期间，舍友和课题组同学是在校相处时间最长的人，应积极发挥同学间的力量，提醒舍友、课题组同学给予小郑更多鼓励和关心，让其能够更好地融入集体生活，感受温暖。

6. 鼓励参与科研、文体活动，培养个人兴趣爱好。通过举办学术沙龙、艺术节、趣味运动会等多彩的集体活动，帮助学生找到科研灵感及放松心情。同时，引导学生发掘个人兴趣爱好，找到疏解压力的适当方式。

7. 建立特别关注学生心理档案，长期跟踪，形成闭环。问题的解决不是一蹴而就的，特别是受心理问题困扰的学生。将学生纳入心理特别关注对象，建立心理档案，记录其成长轨迹，不仅能够实现全过程把控，还能及时发现问题，做到早发现、早干预，防患于未然。

（三）处理成效

通过开展上述工作，小郑感受到了来自多方面的关爱和鼓励，自信心逐渐增强，开始乐于与人交流并参与集体活动，家庭关系也变得更加亲密，而且已初步掌握疏解压力的方法。

某天上午，辅导员收到小郑的短信："感谢老师这段时间对我的帮助和厚爱，让我感受到了来自这么多人的关心，您说得对，遇事要积极面对而不是把自己封闭起来，我现在感觉好多了。"看到后，辅导员也立即回复了他："很荣幸你愿意与我分享你的内心世界，能够得到你的信任我很高兴，这段时间来你自信了、爱笑了，也开朗了，老师很为你感到开心，继续保持下去，你可以的！"

三、案例总结及经验启示

1. 研究生心理健康教育亟待加强。以往我们把很多精力集中在本科生身上，而忽略了对研究生心理健康的关注。随着高校研究生人数的不断增加，研究生心理问题愈加凸显，加强研究生心理健康教育显得尤为重要。研究生心理健康常识、常见心理问题疏解等知识需要普及宣传和推广。

2. 完善学生心理健康预警防控体系。案例中，学生心理问题是在辅导员走访宿舍时得知的，而与其日常相处的学生导师、舍友、课题组成员等没有第一时间发现。所以，应针对研究生群体的特殊性，建立学校、学院、课题组、宿舍"四级"预警防控体系，做到及时发现、及时上报、及时处理。

3. 导师、辅导员等应掌握必要的心理知识。随着 95 后研究生，乃至 00 后研究生的到来，更多的独生子女进入研究生学习阶段，教育和管理这些学生时，导师和辅导员应掌握一定的心理知识，帮助更好地解决学生突发心理问题，也是做好心理育人的基础。

（陶亮）

一个因情感问题引发的心理问题案例分析

一、案例概述及问题本质

（一）案例概述

学生 L，男，理工类硕士一年级在读。L 入学后开始与同实验室的女同学 R 交往。此段感情经历为 L 的初恋，两个人仅交往一个月后即分手，原因为情侣间争吵，后 L 赌气提出分手。分手当天 R 即与前男友复合，待 L 后悔提出复合时，R 称自己已与前男友复合，请 L 不要再行打扰。但分手后，R 仍然经常指使 L 做事情，情绪不佳时亦会找 L 发泄，导致 L 情绪随之波动，出现多次轻度自残行为。后 L 主动联系校心理中心进行心理咨询；六期咨询结束后，辅导员继续关注。

（二）问题本质

该事件的性质是学生因情感纠葛而产生自我伤害的行为。

二、解决方案

1. 形成合力，发动导师力量。第一时间与 L 的导师进行联系，及时了解 L 近期的状态。其中，导师表示并不知情，也未感觉出 L 有任何异常，但导师表示会加强对 L 在科研和生活上的关注和关心，导师还表示会适当增加一些科研任务给 L，客观上使 L 将更多的时间和精力投放在科研当中，以分开情感注意力。辅导员叮嘱导师一定要密切配合，形成合力，春风化雨般共同帮助 L 度过这段情感纠葛的时光。

2. 人文关怀，发动室友力量。通过与 L 的舍友联系，舍友反馈能感觉到 L 在感情当中受到挫折而导致情绪有些低落，但并未感觉情况十分严重，且对 L 在宿舍当中多次实施了一定程度的自残行为更是毫不知情。另外，据该舍友介绍，平时 L 的状态都很好，但两个人分手后 R 总是与 L 纠缠不清，虽已分手，却总让 L 帮自己做事情，一些负面情绪也总无故向 L 发泄，L 的状态完全由 R 牵着走。辅导员请该同学协助，密切关注 L 的情绪状态，并给予 L 更多的同学关爱。

3. 直击源头。由于 L 在同学面前有掩饰性，因此六期咨询结束后，L 的真实情况无法很好地把控，又为了尽量不引起 L 对咨询师的疑心，心理咨询结束两周后，辅导员才找 R 进行谈心，希望 R 能适当调整自己的行为，减少对 L 情绪上的刺激，避免一系列连锁反应，以免悲剧的发生。R 全程态度极好，也承诺不将此次谈心告知 L，更不会因此迁怒于 L。尽管辅导员并未对 R 有任何批评和责怪，可此番谈心之后，R 仍然认为，个人感情纠葛这种较为隐私的事情被辅导员知道之后对自己影响不好，甚至认为会影响到自己日后毕业，并认为这都是 L 导致的，遂向 L 大发脾气，引发 L 情绪失控。

3. 峰回路转。正当辅导员想要正面切入此事，直接找 L 之际，L 却主动找到辅导员，感谢了辅导员默默对他的关心，也希望辅导员不要为难 R（事实上没有任何为难 R，但是 R 单方面认为个人的情感纠葛被辅导员知道了有损形象，甚至认为辅导员有可能因为此事而为难她进而导致她无法顺利毕业）。至此，辅导员在此次事件当中正式从幕后走到台前，开始正面介入此事与 L 接触。辅导员与 L 互加微信好友，通过日常聊天、偶尔约饭等朋友间相处的方式，建立起师生间良好的信任关系，意在此过程中不着痕迹地帮助 L 逐步建立起正确的情感观和自我认知。

4. 规划学生成长。定期沟通交流，鼓励 L 合理规划研究生阶段学习生活，重点规划学业和科研，鼓励 L 正视并发挥自己的优点，培养时间规划和管理能力。同时，帮助 L 将人际关系的关注点更多地转向家人、导师、同学、朋友，不要仅局限于情感。

三、案例总结

1. 帮助学生树立正确的生命观，对大学生进行生命教育。虽然本案是由心理中心率先发现学生有自残行为再告知辅导员，但正是由于辅导员在入学教育和日常教育中反复对学生进行生命教育，使学生树立起尊重生命、爱护生命、敬畏生命的意识，让学生懂得正确化解自我危机，使他们掌握自我心理调整、自我情绪控制的方法，在出现严重情绪异常甚至心理问题又无法自我化解的时候，能够通过正确、有效的方式和渠道寻求外部专业的帮助，所以才使得本案当中学生能够主动到心理中心进行心理咨询，懂得"必要的求助是强者的行为"

这一道理进而进行"自救",从而没有做出危害他人、危害社会以及危害自身的行为。

2. 帮助学生形成健康的恋爱观,对大学生进行情感教育。高校学生仍然处在成长阶段,其生理成熟而心理尚未成熟,其爱情观尚不平衡、不稳定,时常处于波动、迷茫、抉择中,不善于控制和支配自己的情感。增设相应课程、增开相关专题讲座,适当开展交流指导是必要的。

3. 关注个体特点、关心个人成长,进行贴心的量身辅导。教育者通过情感交流触发学生积极的情感体验,调动其自我教育的主动性。一方面,准确把握个体的个性特征,为个体量身定制成长方案;另一方面,通过走进学生内心,调动其本身的自主性,从而积极配合实施方案,甚至能主动地对方案进行调整。

（刘闻滔）

一个大学生因压力应对不当引发
心理危机的案例

一、案例概述及问题本质

（一）案例概述

小琴，女，工学专业。该生平时学习非常认真，精益求精，多次获得奖学金，并担任过班导、班级副班长等职务。进入大四，该生目标非常明确，进入与学院有深度合作的 R 公司。面对激烈的竞争，该生非常努力，并顺利通过笔试、面试，从两百多人中脱颖而出，成为 R 公司的一名实习生。

某日早上，同学反映小琴一大早把他们都叫起来，说要集合军训，学生表示很疑惑。并且小琴说话前言不搭后语，言行有些奇怪。放下电话后，辅导员第一时间赶到了现场，让其他同学离开后，与小琴同学进行了谈话，发现该生说话有的时候能够正常交流，有时缺少逻辑、缺乏对自己的自知力。经过约 1 小时的谈话，辅导员在该生的描述中梳理出三条信息：一是，小琴为了通过 R 公司的笔试、面试，常常熬夜通宵学习，每天休息时间不超过 4 小时；二是，小琴觉得自己又矮又黑，家庭经济困难，没人喜欢也没人在意，所以一定要努力做得比别人更好；三是，小琴觉得自己很孤独，没有什么真正的朋友。

（二）问题本质

本案例主要阐述的问题是大学生因压力应对不当引发的心理危机。

二、解决过程

作为辅导员，面对这种突发性的心理危机，应该及时应对，并通过有效的途径对其进行干预，使学生能尽快调整自己、恢复正常的状态，及时回到积极、健康的学习生活当中来。

1. 辅导员通过与小琴所在班级的主要班委、小琴的舍友取得联系，了解到小琴加入 R 公司之后自身压力很大，经常睡不着，害怕无法通过实习考试。舍友曾经劝她去医院看看，但是她拒绝了。她前一天晚上在晚点名后自己到活动室学习，一直到天亮。

2. 辅导员及时将已了解到的情况、初步判断和解决问题的思路向学院领导、校心理中心汇报。在学院领导的指导下，学院立即启动心理危机应急预案。

3. 为避免小琴有其他意外情况发生，辅导员安排班干部、舍友密切关注该生动态，并确保做到 24 小时陪伴，让她感觉到自己是被爱护、被关心的，缓解她的孤独感，避免该生因一时冲动做出伤害自己或者伤害他人的事情。同时，对班干部和舍友只说该生是因为家里有事，最近心情不太好，以避免引起不必要的恐慌，这也是体现心理危机干预中的保密原则。

4. 在学院的安排下，辅导员立即与小琴的家长取得联系，一方面进一步深入了解小琴的生活经历，一方面将小琴的情况简单地与家长沟通，要求家长立即到校协商解决问题，并提醒家长将要来学校的事情对小琴保密。因该生家庭经济困难，在取得学院领导的支持后，为家长购买车票、安排住宿。

5. 小琴家长抵达学校后，辅导员将小琴的情况详细地与家长进行了沟通，指出其问题的严重性——严重的失眠和疑似的心理问题可能会伤害小琴自己的身体，甚至危及她和周边同学的生命。该生家长对学院的工作表示感谢，并同意立即带小琴前往医院治疗。

6. 辅导员与该生舍友一起陪同家长将小琴送到医院。医生诊断后认为小琴因高度的压力引发重度失眠，导致出现精神分裂症的部分症状，通过住院和药物能够控制。随后小琴办理了住院手续。辅导员在该生尚有自知力的情况下，叮嘱其遵照医生的要求，积极治疗失眠（未告诉她有精神分裂症的部分症状），让她放轻松，并表示会等她顺利出院，给予其希望。

7. 住院期间，辅导员与同学多次到医院看望，了解治疗进展情况，并与 R 公司联系，给小琴预留实习生的岗位。小琴得知这个消息后更加安心，积极配合治疗。

8. 经过一个多月的治疗，小琴的失眠症状有了明显的好转，自知力基本恢复正常，顺利出院。在通过专业机构医生的心理测试后，学院同意让她回到学校。为了督促她坚持吃药，辅导员安排了班干部和舍友每日进行关心和督促。

9. 为了让她感受到学院师生的温暖，辅导员还有效运用学校的各项资助政策，在经济上帮助小琴，为她排忧解难，缓解因吃药治病引发的经济困难。

通过这一系列措施，小琴最终顺利毕业进入 R 公司工作，并未再发生过类似的情况。

三、案例分析及经验启示

首先，在实际处理过程中，辅导员认为该案例主要面临以下几方面的难题。

1. 该生存在疑似精神分裂症状，随时有可能恶化并有伤己伤人的危险。因此必须高度重视，并立即启动紧急预案24小时关注，确保该生及身边同学的人身安全。

2. 该生的状况已经超出了单纯靠思想政治教育和心理咨询所能解决的范畴。因此，及时转介专业正规医院进行治疗十分必要。

3. 该生家庭经济存在困难，在没有外界帮助的情况下，医疗费用和家长在福州的生活费用都是问题。在日常工作中要灵活运用学校的各项资助政策，帮助学生解决实际困难。

4. 虽然整个案例最终的结果让人高兴，但仔细分析，辅导员仍然可以在以下两个方面进行改进。一方面，发现的时间可以更早一些。在之前的例行家庭经济困难学生谈话和走访宿舍中，辅导员已经发现该生存在着极度自尊又极度自卑的问题，但重视程度还不够，仅仅安排心保员重点关注。如果能够提早介入并安排其接受心理咨询，该生的问题可以及早发现并得到处理。另一方面，班干部和舍友们的心理知识储备不足，对心理问题的识别能力还需要提高。本案例中，班干部和舍友们都单纯以为小琴只是因身体原因失眠，而忽视了她心理方面存在的问题。

另外，该案例带给我们以下几点启示。

1. 心理危机干预对辅导员提出了更高的要求，主要包括三个方面。第一，危机干预要求辅导员应具有丰富的生活、工作经验。在学生和家长面前，辅导员应表现出成熟、乐观和坚强，用自信、冷静感染学生，稳定学生与家长的情绪，以便更好地帮助发生危机的学生。第二，危机干预要求辅导员应具有快速的反应能力。在心理危机干预中，时间是第一要素。辅导员必须对危机中不断涌现、不断变化的问题做出快速的反应和处理；同时，面对危机中的各种挑战，应避免用固定思维解决问题，要创造性地开展工作，不拘泥于条条框框和过去的经验。第三，危机干预要求辅导员应具备换位思考能力。对于发生心理危机的学生，辅导员应充分设身处地去理解其所处的现实环境和心理环境，并根据危机程度做出准确的判断，帮助他们尽快与自身的社会支持网络（如父母、同学、朋友）建立联系。

2. 心理危机干预要求辅导员能够与家长有效沟通。在本案例中，家长的配合是学生危机干预最终成功的一个关键点。学院和辅导员应在实际工作中，一方面利用平时与家长会面、电话等形式，就共性问题与家长交流，以便沟通思想，相互配合；另一方面通过个别谈话方式，就重点关注学生的问题与家长及时取得联系，在家校共同努力下，将问题消灭在萌芽状态。

3. 心理危机干预要求学校和学院应及时对辅导员进行心理危机干预培训，尤其是对新上任的辅导员和兼职辅导员，更应加强相关培训和指导，使他们懂得心理咨询以及学生日常心理健康教育工作方面的相关原则、方法和技巧，使辅导员能具备对心理问题初步识别、判断的能力，避免因为自身对心理知识的缺乏酿成无法挽回的后果。所以，我们当前在辅导员和学生中全面铺开的"生命守门员"培训十分必要，其能够有效地提高对学生心理问题的辨识率。

（伍宇翔）

把握"第一时间",及时阻止抑郁症学生自杀

一、案例概述及问题本质

(一)案例概述

小王,来自农村,父母关系不和,性格内向,少言寡语,喜欢阅读尤其是物理学、心理学、哲学类书籍。入学两个月后,辅导员在查课时发现小王旷课,于是便到宿舍找小王谈话了解情况。谈话过程中,小王说话犹豫,语言表达困难,说完一句话需要较长时间,思维跳跃,语言逻辑性较差。小王自述,小时候遭遇过校园霸凌,初中开始就有自杀的想法,曾经自杀未遂;感觉所有人都很虚伪,所有人对自己都有威胁,害怕和人接触。由于阅读过心理学方面书籍,担心被人知道自己心理有问题,在新生心理普查时,有策略性地回答问题,因此未被筛选出异常。辅导员判断小王可能存在心理问题,在征得小王本人同意后,帮助小王预约了学校心理咨询师进行心理咨询。

第二天,小王进行心理咨询后,心理咨询师与辅导员联系,告知辅导员小王已购买好安眠药,准备当晚自杀。辅导员随即找到小王,让他把安眠药交给自己,并联系小王父母到校配合处理。辅导员安排舍友当晚轮流值班,关注小王,防止发生自杀等意外事件。

第三天上午,辅导员陪伴小王前往心理科就诊。下午,小王父母到校,经过与小王本人及父母讨论后,小王办理休学手续回家治疗。

(二)问题本质

在小王成长过程中,由于父母长期不在身边,缺少父母的关爱和沟通,加上其少年时期遭遇校园霸凌,缺乏安全感,较为悲观,对周围的人和事比较冷漠。经医院诊断,小王患有重度抑郁。小王父母关系不好,缺乏对小王的关注和爱,未能及时发现小王的病情并给予治疗,使得病情加重,最终导致小王走向极端。

该案例的问题本质是小王成长过程中长期与父母分离，缺乏社会支持系统和人际互动，性格敏感、孤僻、压抑，产生心理障碍。

解决问题的关键在于坚持药物治疗，配合心理咨询。同时帮他建立良好的社会支持系统，改变认知，健康成长。

二、解决思路及解决方案

本事件的重点在于把握第一时间，即第一时间发现、第一时间汇报、第一时间处理等。具体方案如下。

（一）第一时间汇报并干预

成立心理危机干预工作小组，制订心理危机干预预案。在发现小王的异常表现后，及时向学院领导、校学生工作部（处）汇报，联合制订心理危机干预预案，有效预防事件进一步恶化。

（二）发现异常及时介入，做好关心、陪伴和跟踪关注工作

1. 发现小王旷课、言行异常等情况后，将小王加入特别关注学生库。查阅小王的个人档案，向其家长，以前的教师、同学深入了解相关情况，综合了解到的信息，判断小王有一定程度的心理问题，进而求助校心理中心，获得专业支持。

2. 综合小王的个人说法和他人所述，判断小王缺乏安全感，迫切希望得到他人的关心、关注。安排舍友和同学轮流和小王一起上课、吃饭以及外出活动，驱散小王内心的孤独，感受来自同学的关心。

3. 得知小王计划自杀后，辅导员当即找到小王，与他一起吃饭、聊天，赢得他的信任，最终让他把安眠药交出，同时与他约定，如果有自杀或者其他不好的想法，第一时间联系辅导员。送小王回宿舍后，辅导员私下联系小王舍友，让他们晚上轮流值班，关注小王的动态，有异常行为立即电话通知辅导员。

4. 陪伴小王前往医院就诊，确诊小王患有重度抑郁症。在医生的帮助下，小王的病情得到有效控制。

（三）联合校心理中心，获取专业支持

在校心理中心的帮助下，及时预约心理咨询。通过心理咨询，我们第一时间了解到小王的自杀计划，及时介入。同时，在如何和小王沟通方面，校心理中心给予很多专业的建议。

（四）联系学生家长，做好说服工作

1. 做好说服工作。第一次和小王父母联系时，家长持质疑态度，辅导员再

三说明事件的严重性，要求家长必须来校处理。此外，在谈及休学治疗时，小王父母起初持拒绝态度。基于医院的治疗建议、相关规定以及学生健康成长等方面考虑，通过摆事实、讲道理、举案例、谈后果等方式成功说服家长同意小王休学治疗。

2. 把握家长与孩子的见面时机。因为小王对父母的感情较为复杂，父母知情、父母的出现都可能导致小王情绪激动或失控，发生意外。

（五）拓宽社会支持系统

关心支持小王，用真情激发其生存欲望。合理安排舍友与小王结伴参与学习、生活活动，避免让小王发现，产生被监视的感觉。

小王休学后，住院治疗了一段时间，之后返回家中。在父母的陪伴下，逐渐好转，并在当地的社会保障局做兼职。休学期间，辅导员和他每个月至少联系一次，每一次聊天都能感受到他的变化。暑假期间，他向辅导员表达，他不会再想自杀的事，因为他有了人生目标，希望能成为量子力学方面的专家。

三、案例总结及经验启示

近年来，由学生心理问题引发的校园安全问题，受到了社会的广泛关注。大学生患抑郁，存在各种隐匿症状和行为问题，如焦虑、社交回避、自伤行为等，危及个人安全和校园稳定。因此，做好日常的心理排查工作和心理健康教育工作，能有效做到早发现、早介入、早治疗，预防突发事件的发生。

1. 提高思想认识。要认识到大学生心理问题的严重性、突发性和隐匿性，加大心理排查力度和完善排查方式，落实心理健康教育效果。本案例中，小王存在回避行为，并刻意隐瞒，在新生心理普查中难以发现。同时，存在严重的自杀倾向。因此，面对新形势下的大学生心理问题，我们要提高认识，以应对新情况。

2. 加强个人修养。辅导员是学生的心灵导师，把每一个学生当成我们的"弟弟""妹妹"。用真心感动、信心引导、细心观察、耐心陪伴学生，最后用恒心带领学生走出抑郁的阴霾。小王大学之前的不幸遭遇，使他形成了消极的人生观。"冰冻三尺非一日之寒"，本案例中，真心、信心、细心、耐心、恒心是化解危机的重要法宝。

3. 提升业务水平。辅导员要主动学习心理学知识，提高发现心理问题的敏锐性和应对心理问题的能力。同时，要提升工作技巧，丰富工作方式，做好经验总结。一是做好日常管理工作，通过深入课堂、宿舍排查旷课、晚归等行为，及时发现异常情况；二是把握"三个第一时间"，在发现学生异常表现后，做好第一时间汇报、处理、联系家长等工作，可有效避免事态进一步恶化；三是争取多方联动，寻求专业支持。校学生工作部（处）、院领导、校心理中心、学生家长、舍友等共同参与，从危机干预方案、心理咨询、关心关注等方面着手，有效阻止小王自杀行为。

（陈伯豪）

面对突如其来的考验

——一个学生心理突发事件的处理案例

一、案例概述及问题本质

（一）案例概述

小曾，女，大四，在签约单位实习。一天，辅导员接到其舍友小颖的电话，小颖和辅导员说小曾同学昨晚情绪非常激动，在宿舍敲桌子、骂人，晚上一直打电话并在走廊大吵大闹，影响同学休息。辅导员立即到小曾的宿舍，从目前实习生活、舍友相处、家庭情况等方面和她做交流。起初，小曾向辅导员抱怨和舍友、班上同学的人际关系问题。随后，小曾开始表现出异样，开始用东西敲击墙面，言语中不断强调自身非常优异，都是别人存在问题。接着，她开始语无伦次，呈现亢奋、激动状态，并且控制不住自己的情绪。再接着，她以"有很多重要电话要打"为借口，终止了与辅导员的沟通。在辅导员离开小曾宿舍后，辅导员通过小曾的朋友圈看到了她新发的一些言论，内容含有"大道无情，知命而不认命，人定胜天""周易，五行八卦"等词语。辅导员担心学生可能存在心理方面的问题，第一时间将学生情况向学院党委副书记汇报，并立即与学生家长进行沟通。当晚小曾的家人到校，准备将小曾接回家里休养。但是，小曾开始出现胡言乱语现象，如"大家都要臣服于我""我可以教你们做人了"。同时，情绪失控，或哭或怒，直呼家人和教师的姓名，一直打电话给通讯录里的人，并将所有人推出宿舍外将门从里面反锁，只愿意接辅导员的电话。

（二）问题本质

该案例的问题本质是精神问题导致的突发事件，原因是多方面的。其一，原生家庭的影响。小曾的父母均是农民，文化水平不高但是对孩子期望较高，在压力环境下成长的小曾同学特别渴望成功，不能接受失败。其二，就业环境的影响。小曾同学为应届毕业班学生，但成绩优异的她在实习过程中遭遇了挫折，因此压力倍增。后期与其沟通中，她也多次提到实习过程中接触的人和事。

其三，性格的影响。小曾同学性格比较内向，偏执多疑，不喜欢与人交流，认为别人背地里嘲笑她找不到工作，进而产生了巨大的压力，但无法排解。其四，季节因素的影响。春季是抑郁症、躁狂症等精神疾病的高发期，小曾案例的发生时间正值春季，春天的天气多变、长时间雾霾笼罩或阴雨绵绵，这些因素容易令人情绪起伏不定，出现烦躁不安、易怒、沮丧和抑郁情绪。

二、解决思路及解决方案

小曾的问题属于精神疾病，同时也是一次危机事件的应对。首先应该对当前的危机情况进行妥善处理，而后进行持续的治疗。

1. 第一时间赶赴现场，处理危机。辅导员应当第一时间赶到现场，控制事态发展，视情况必要时对小曾进行隔离。其间向学院分管领导、校学生处、校心理中心等部门汇报，联系心理专家对学生情况进行评估，根据专家意见确认危机。同时也要第一时间联系学生家长，请家长赶到学校共同处理。

2. 多方力量协同配合，展开治疗。危机解决之后，协同家长将学生送至专业医疗机构进行诊断，保证第一时间拿到真实的病情诊断书，视学生病情严重程度决定是否办理休学治疗手续。与家长交流沟通过程中同时做好记录，必要时可以进行录音拍照。学生离校治疗期间，定期与学生本人、学生家长和主治医师进行交流，掌握学生最新状况的同时也对学生进行鼓励和帮助，协同家长给予该生在生活、学业和人际交往等方面的帮助，使其能够感受到来自家人、师生的集体温暖和重拾自信的力量源泉。鉴于小曾同学的诊断结果——躁狂症，不适合继续在校学习，所以与家长沟通，做好毕业生离校请假手续，以便其治疗。

3. 全方位了解情况，分析原因。及时查找学生信息，与父母交流，了解其家庭背景与情况。透过与舍友、同班同学沟通了解其日常表现及思想状况。与其实习单位沟通，了解该生在实习期间的表现。基于档案信息、同学和实习单位三方面的情况收集，剖析复杂问题背后的深层原因。

4. 加强家校沟通，摆脱困境。学生离校在家治疗期间，定期与学生本人、学生家长和主治医生进行交流，了解学生的病情，对学生进行持续的关怀和帮助。

5. 结合实际难点，助力毕业。鉴于小曾是大四应届毕业生，为保证其顺利毕业，向学院申请在校外撰写论文，同时指派学生干部和党员干部对小曾进行论文帮扶，从现实层面解决小曾同学的困难，帮助其顺利毕业。

6. 建立心理档案，及时总结。问题的解决不是一蹴而就的，特别是受心理问题困扰的学生。将此次心理危机事件的全程做好文字记录与材料梳理，总结与存档工作，一来保证工作的完整性，二来也提供一个经验学习的方式。

7. 做好心理教育，防患未然。结合毕业生的思想状况和特点，由点及面展开深入和细致的思想政治教育与心理健康教育，宣传普及心理健康知识，介绍提高心理健康水平的方法和途径，帮助大学生消除心理困惑，增强克服困难、承受挫折的能力。

三、案例处理效果

经过一系列工作的开展，小曾被及时、安全地送到专业医院。经过一个多月的治疗，小曾不排斥使用手机和外界沟通，其后每周都和辅导员电话联系，从开始还不太敢说话到后来交流的时间越来越长。另外，小曾的睡眠质量和精神状态也都一直在好转。其间辅导员一直鼓励小曾在能力可承受范围内开始准备毕业论文，小曾自己也希望可以和同学一起毕业。

6月，小曾顺利地完成了毕业论文，在父母的陪伴下回到学校参加论文答辩并顺利通过。小曾的父母特别开心，一直说孩子现在情绪很稳定也很懂事，平时在家里帮着一起做家务，特别感谢辅导员一直关心、鼓励小曾完成论文。在答辩结束后，小曾找到辅导员哭了很久，说："老师，能够毕业真的非常开心，觉得自己又可以像以前一样认真做好一件事情了，很感谢您对我的理解和支持，感谢在我生病的时候一直包容着我……"

四、案例总结及经验启示

近年来，大学生群体的特点较以往有了新的变化，大学生中存在心理疾患的人数不断攀升，这也要求辅导员肩负起大学生心理健康教育和咨询的重任，成为大学生心理健康教育的重要力量。

教育家苏霍姆林斯基曾指出，教育者的关注和爱护在学生的心灵上会留下不可磨灭的印象。作为新时期的高校辅导员，身上担负着更重的职责要求。

首先，要在知识和能力结构中具备一定的心理学知识。辅导员应能对不同心理状态的学生进行初步的心理鉴别，应具备识别重度心理问题的能力与警惕性。小曾同学出现的种种症状表明其心理问题的严重性，但又具有突发性与内隐性的特征，在症状初期，不易被大家发现，识别与预警小曾同学问题的严重性，利于后期帮扶。

其次，耐心、爱心、关心是架起与学生心与心桥梁的必经途径。"亲其师，才能信其道。"对于有心理问题的学生，辅导员更应该关爱和充分了解学生的所思所想。在本案例中，小曾同学在后期出现意识不清、胡言乱语时，最信任的人、最想倾诉沟通的人是辅导员，因其更理解学生当时的想法和行为，更能体会学生的不安和焦躁。

再次，要构建覆盖学生培养全过程、全方位、多层次的心理健康支持系统。学生的健康成长，离不开心理健康支持系统，包括亲人、朋友、同学、教师以及社会服务机构等。每一种系统都承担着不同的功能。对陷入困境的学生而言，支持系统会带给学生持久的温暖、安全以及重振生活的信心、勇气和力量。辅导员作为其中一环，亦发挥着关键性作用。

通过此次案例的梳理和分析，辅导员更加明确未来在面对突发性心理问题时要秉持着"心存爱心，遇事冷静，有大局意识，处事要细心、耐心、果敢，协调兼顾"的理念和决心，更深刻地认识到辅导员应当努力成为学生的人生导师和健康成长的知心朋友。环境变化、自我认知、人际关系、学业压力等因素引起的学生心理问题，很大程度上可以通过情感的交流和有效的沟通加以缓解。大学生心理健康工作是一项心灵的工作，它需要心的沟通和融合，需要我们用心去体悟学生的人生经历和心路历程，只有"快乐着他们的快乐，悲伤着他们的悲伤"，才能内化为一种巨大的心灵力量，去抚慰伤痛，安慰心灵。当一扇扇封闭的心灵大门被打开，当一道道温暖阳光照亮曾有的阴郁，当一个个崭新的自我重新迸发出生命的活力，我们从中可以感受到人性的美和光辉。

（史津萌）

一个心理危机干预案例

一、案例概述及问题本质

（一）案例概述

×同学，女，本科期间曾休学一年，罹患重度抑郁、重度焦虑、重度恐怖。原班级同学毕业后，×同学在校外租房就学。某日下午，×同学在住所服下大量安眠药。由于发现、抢救及时，脱离生命危险。

（二）问题本质

该案例表面上看是该同学因休学后未能跟同年级同学一起按时毕业所产生的学习压力而引发的心理问题，深层次探究则是由学生原生家庭背景所致的性格缺陷。诱发该生问题的原因可以概括为三个。其一，原生家庭所致的性格缺陷。父亲早逝，从小缺失父爱、缺乏自信；母亲一人将孩子拉扯长大，培养了孩子好强、固执的性格。其二，负重前行，压力过大。其母守寡20余年，文化水平较低，平时靠卖早点为生，该生背负着"改变家庭命运"的重任。加之周遭同学均已按时毕业进入国家电力系统，而其多门功课挂科未能按时毕业，不免压力感倍增。其三，情感接连受挫，自我价值感低。上大学后，高中初恋男友马上与其分手，使其深受打击。大学时代的男友在毕业后也马上与其分手，使其在心理上的自我评价偏低，认为自己是个不够好、不值得被爱的人。

二、案例分析及解决办法

2017年年底，某天下午，原同班已毕业的 J 同学发现×同学在 1 小时前发的微博内容中有"如果我死了"等多处流露出轻生的话语，在不停给其打电话都未接听的情况下，联系其两位在校好友立即去其租住处查看。两位好友在辗转半小时后找到其住所，发现情况确有异常，随即向学院报告。

学院在接到报告后，随即派心理辅导员和学生干部赶往×同学租住处，其间与×同学保持通话联系，促其维持清醒。到现场后，心理辅导员发现×同学缩在被子里，嘴唇发紫、身体发凉。经反复询问，×同学说出自己已服下大量安眠药。于是学院立即拨打120将其送医洗胃急救，同时通知其母亲。由于发现、抢救及时，该生终脱离生命危险。

当晚，学院党委副书记、团委书记、心理辅导员和辅导员一起，到医院看望×同学并送去慰问金，与其家人进行沟通，并安排人员在医院与其家人一同陪护，时刻关注事件进展，随时报告情况。

第二天，×同学出院。其母亲向学院表达了×同学希望回校继续考试、学习的想法。×同学经一周休息后，在心理辅导员和其母亲陪同下到医院就诊。医生经问诊发现了×同学近两个月来未遵医嘱服药的情况，开具了"抑郁发作"的疾病诊断证明书，提出了"药物与心理治疗、防自杀"的建议。综合各方面情况，学院向其母亲送达了办理休学手续的《告知函》。×同学的母亲收到函告后拒绝签收，表示自己不同意休学，已决定并开始陪读，若出了问题和意外自负责任。

×同学在母亲的实时近身看护下，母亲负责保管并督促其按时按量服药。辅导员、学院密切关注×同学情况，定期与其母亲沟通交流，做好家长的心理教育工作，及时在心理、生活和学习上提供帮助，为其创造良好的重新开始学习的环境。

三、案例总结及经验启示

（一）要耐心倾听，及时发现问题

辅导员事情再忙，接到此类人命关天的报告，都要立即响应，第一时间到现场处理。毕竟学生的社会经验、阅历不足，能力不够，大学生这方面的能力有限，只能要求学生做到发现（含疑似对象）、报告、陪伴，不可寄予超出能力的更高期待。

（二）家校沟通联系，相互信任是关键

对心理高危学生，仅仅通过电话沟通是不够的，辅导员一定要每周见面一次，观察其状态。很多心理高危学生的社会支持系统都相对较弱，所以与家长保持密切联系非常重要。同时，也要取得家长的信任和理解，让家长认识到自己对子女的责任和义务，并了解学校对学生是关心和爱护的，从而积极与校方合作沟通，实现家校良性互动。

（三）坚持做好"生命守门员"培训

"生命守门员"可以及时发现学生自杀高危个体的征兆，在其采取自杀行动之前，更好地阻止其自杀行为。通过培训相关主要学生干部和心理保健员等学生群体，让"生命守门员"清楚知道影响大学生自杀的因素、识别预警信号、如何与自杀个体交流、如何帮助自杀个体等。这不仅能帮助身边的同学，还可以帮助身边的亲戚、朋友、同事等。

（四）减缓压力，创造良好环境

每个有严重心理疾病的学生，在学业上基本也都存在一定困难。每次期末考来临，考试压力所导致的情绪焦虑都会成倍增长。面对考试焦虑的学生，应及时转介校心理中心，校心理中心会为这些同学开通绿色通道进行心理咨询。

（五）遵医嘱坚持服药、复诊

对学生心理高危对象来说，基于控制病情考虑，都应在正规医院就医并遵医嘱服药，尽量做到药品由亲近可靠的人保管，或督促其服药、复诊，使病情得到有效控制和逐步疗愈。

（陈荟芳）

拨开云雾见光明

——一个抑郁症学生心理危机干预案例

一、案例概述

A，男，大四。该生学习成绩一般且对专业不感兴趣，生活中比较有个性和想法，扎辫子、玩摇滚，经常和学校的一些外国留学生接触，与班级同学接触交流较少。A 的父母从事房地产行业，从小生活条件优越，但父母做生意对他无暇顾及，A 一直随其姑姑、爷爷和奶奶生活，与父母交流甚少。父母生意失败后，家庭经济条件急剧下降，从别墅搬进了经济适用房，父母也因此离婚。A 与父亲生活，与母亲几无联系。由此，A 性情大变，高考也没能考上理想的学校和专业。进入大学后，A 十分迷茫和煎熬，曾到校心理中心咨询求助，表露出想要烧炭自杀的想法。

二、案例分析

（一）问题源于家庭剧变

案例中的 A 是独生子，原来生活、学习各方面一直比较顺利，经历了家庭生活条件严重下降、生活方式转变和父母离异等多重打击后，产生了较为严重的自卑心理和焦虑情绪。

（二）学业和家庭经济压力引发该生出现抑郁状态

A 学习成绩差，高考未能考上理想的学校和专业，入学后对专业学习不感兴趣，绩点排名专业倒数，出现多门课程补考和重修，加上家庭经济压力较大，自卑心理和焦虑情绪更为突出，出现注意力不集中、记忆力减退、失眠等抑郁症状。

（三）社会支持系统存在严重缺陷使该生的负向情绪没有出口

在学校，A 个性突出。平常喜欢玩摇滚，经常与校内国外留学生接触。和同班级同学交流来往较少，同宿舍也只有一两个谈得来的舍友。在家里，本是独子，从小与父母接触交流又甚少，家里生意失败父母离异后，与父母双方的交流更少，心中的痛苦和焦虑无处吐露。因此，社会支持系统的缺失让 A 很多负向情绪不断积累，无处宣泄，进一步加重他的抑郁症状。

三、解决办法

（一）及时汇报并联系家长

得知 A 有烧炭自杀想法后，辅导员同时向上汇报并通知其父亲，由学院辅导员和副书记轮流在校值班并指导该生的同班同学时刻关注、照顾。

（二）巧妙设计应对复杂局面

A 父亲当晚 11 点半到校，学院副书记和辅导员告知其该生现状和心理咨询师的初步评估结果。同时，特别向其父强调，A 多次向辅导员表露极其不愿让家人知道自己的心理状况，如果此时安排其直接与 A 见面，可能场面不易控制且学生也可能因此对辅导员失去信任，进而加大日后教育管理难度。了解情况后，A 父亲表示同意学院建议，并愿承担后果。学院安排 A 父亲暂时住在校外，第二天与 A 电话联系打探口风，透露近期到福州参加亲友酒席想到校看望，学生并无强烈反对。

（三）及时带学生就诊，与家长签订书面协议

次日，确认知晓 A 情况并承担监护责任，其父于《学生病情告知书》上签字。第三日下午，辅导员陪同 A 前往医院，医生诊断其患有中重度抑郁，开具药方并嘱咐其定期进行心理咨询。当晚，该生家长签订《学生病情处理授权委托书》，委托辅导员和学院处理该生的病情，签订《家校共同管理承诺书》，知晓 A 目前的状态、处境和风险，并在校陪护、监管（鉴于医生可继续就学的建议）。第四日，A 与其父见面，并先后自愿签订了《安全自负责任书》。

（四）加强心理疏导，修复社会支持系统

A 经历了家庭重大变故和学业失败多重压力后，情绪一直严重压抑，没有出口。辅导员通过多种方式与其谈心，表示学校、学院愿意向他伸出援助之手，帮助其疏导情绪，释放压力。同时，学院说服 A 父亲预约心理咨询，在心理咨询师的指导下修复父子关系，并嘱咐 A 好友在该生返校后一定要多给予关心、安慰和开导，提供强有力的支持，并及时反馈 A 同学情况以防出现意外。通过药物治疗配合心理疏导，A 逐渐走出情绪低谷，上课状态和学习效率有所好转，也有了比较明确的目标。

四、案例总结及经验启示

（一）心理危机预警和干预工作应快速反应协同应对

在出现学生突发事件，特别是涉及学生人身安全事件，学校和学院各部门要密切配合，充分动员和发挥学校、学院、班级、宿舍的职能和作用，形成统一指挥、反应灵敏、协调有序、运转高效的心理危机预警机制，及时防范和有效处理心理危机事件的发生或严重化。本案例中，学校心理中心在第一时间告知学院学生情况，学院第一时间向学生处和家长汇报，做好学生近身看护，并立即成立了院党委副书记、学院全体辅导员、该生舍友和该生家长为主的协同工作小组，为后续工作打下良好的基础。

（二）心理危机预警和干预工作要发挥好学生的作用

通常，辅导员对学生中存在的问题发现得越早、越及时，了解得越确切，工作就越及时、越有效。因此，在大学生心理危机预警工作中，要普及"生命守门员"知识，加强舍长培训，有效增强学生对自杀风险的敏感度，做到早发现、早预警。心理危机发生时，辅导员要在严守危机干预和看护纪律要求下，充分调动普通同学和学生干部的积极性，指导可靠学生做好看护并反馈信息，进行帮助，才能时时刻刻把握学生动向，第一时间采取有效的措施，形成干预合力。本案例中，好友王某及学生干部的帮助，成为 A 重要的社会支持，对危机的处理和学生的恢复起到了重要的作用。

（三）心理危机预警和干预工作要以生为本，解决实际问题

心理健康教育是教育人、引导人、完善人、培养人的过程，危机处理过程中要坚持以学生为中心，注重人文关怀。本案例中，诱发 A 出现抑郁的是现实的经济困难和学业问题，如果不解决这些问题，该生的心理问题就难以解决。因此，学校和学院在力所能及的范围内对 A 进行经济帮助和学业帮扶，有效减轻了他的心理压力。此外，处理过程也必须结合学生实际情况，审时度势避免因处置不当而导致风险失控。学院根据 A 实际情况，并没有第一时间安排学生与家长见面，而是通过巧妙的设计让双方见面更加自然，避免危机进一步升级。

（四）心理危机预警和干预工作要与家长真诚沟通并明晰责任

发生心理危机的学生，他们中大多数人的社会支持系统存在问题，所以必须与家长真诚沟通，取得家长的信任与配合，加强其社会支持系统。同时，心理危机不仅关系到学生的生命安全，也关系到学校的安全与稳定。学校在做好

家校信息充分有效沟通交流后，有必要和家长签订《学生病情告知书》《家校共同管理承诺书》和《安全自负责任书》等相关书面协议，让家长更加明确自身责任，实现家校配合，共同化解危机。

（李金土）

高校辅导员处理学生网络成瘾的工作案例

一、案例概述及问题本质

（一）案例概述

某日下午，班长到办公室反映，最近班级整体学习氛围较好，但是依旧有同学旷课，特别是小田同学。班干部反馈，小田沉迷于网络游戏，十分抗拒参与班级活动，缺少与班级同学的正常沟通，甚至部分同学表示未与小田进行过交谈。授课教师反映，小田课堂出席率非常低，经常逃课去打游戏，有时甚至拉同学一起去；上课的时候经常趴在桌子上睡觉，或者偷偷挂着耳机打游戏，多门学科出现缺考现象。小田舍友反映，小田几乎夜不归宿，整天沉溺在网吧打游戏；在宿舍时也是经常通宵打游戏，经多次沟通均未果，严重影响舍友作息。辅导员经调查，小田同学从大一开学打"网游"成瘾并逐步恶化，严重影响学习、生活、交际等，甚至影响小田最后能否顺利毕业。

（二）问题本质

此案例发生的原因是多样化的，问题的本质主要在于三点。其一，该生的自制力较差。从较为封闭的高中环境过渡到开放自由的大学生活，充足的业余时间，眼花缭乱的诱惑，心智不成熟的大学生容易被带偏，加上该生意志力较弱，自制能力较差，无法轻易摆脱网游诱惑。其二，该生缺乏明确奋斗目标。大学侧重于自主性学习，缺乏明确人生规划的学生较容易荒废学业，而该生缺少理想信念，学习生活基调较为消极。其三，该生性格较为内向。该生性格内敛，平时极少主动与同学交流，不愿向朋友敞开心扉，孤僻性格造成很难从生活中找到乐趣。而网络本是虚拟化的世界，无须面对面进行交流，网游带来的极大成就感更是加深该生对网络的痴念，造成恶性循环。

二、解决思路与解决方案

（一）解决思路

要解决小田网络成瘾的问题，需要多种方法协调解决，以期从根本上杜绝问题的复发。总体而言，需从宏观上正确把握问题解决思路，可从以下几个方面入手。其一，换位思考，促进沟通。该生本对交流有抵触心理，所以，在与其进行交涉的时候应特别注意运用尊重、理解和同理心等技巧，尝试站在该生的角度理解其行为，为下一步沟通建立良好的师生关系。其二，多种方式引导，助其摆脱网瘾。网瘾不是单一原因造成的，而是多种因素混杂下衍生的恶象。因此，大学生网瘾的解决途径也需要综合分析多方面因素，才能对症下药，彻底根除网瘾。其三，鼓励、肯定、引导，树立学生自信。网瘾很多时候是学生消极应对生活的方式，一方面通过网游逃离现实的压力，另一方面反映出学生自身的不自信。因此，在解决问题的过程中，应当注意学生积极心态的培养，多挖掘学生的优点长处，并适当进行鼓励引导，使其更加乐观和自信，从而更愿意接受外界改变。

（二）解决方案

当发现小田同学的情况时，在总体解决思路的指导下，采取以下举措。

其一，全方位沟通，了解事态现状。当时听到班长的汇报，辅导员立即通过教师、舍友、学生本人、学生家长全面了解事情的真相以及事态发展的程度。通过深入沟通交流，深究小田沉迷网游的原因，对复杂多样的因素进行排查，最终确定导致小田网瘾最主要的缘由。

其二，借助家长引导，早日融入集体。通过与家长长期有效的家校联系，让家长积极配合学校工作。建议父母平时多关心小田，让小田感受家庭温暖，促进小田打开与人交际的心门，愿意尝试与班级同学多接触，早日融入班集体。

其三，通过班级同学力量，协助小田戒除网瘾。因为平时与小田接触最多的就是班级干部以及舍友，因此，让他们平时多关注小田的状态，及时报告小田的现状。同时，积极鼓励小田参与班级活动，从中获得锻炼和成就感，增加小田的自信心，让其感受到人际交往中的暖心和爱意。

其四，培养新兴趣，转移注意力。通过分析促成小田网瘾的缘由，发现主要原因是小田不懂如何安排业余时间，虚度光阴中逐渐沉迷网络。通过培养小田读书或者运动等新兴趣，帮助其发现现实世界的丰富精彩，转移小田对网络的长期关注，将精力转向更富有意义和价值的事情上。

其五，关注后续发展，警惕问题复发。由于网瘾非一日而成，相应地，根除网瘾也绝非一日之功。通过制定一份专属于小田的周情况反馈表，定期对其思想动态进行了解记录，及时发现问题复发苗头，将其遏制在萌芽阶段。同时，通过思想政治教育，引导小田树立正确且积极向上的价值观，帮助其明确人生目标，鼓励其为之努力奋斗。

三、案例总结及经验启示

（一）案例总结

案例处理达到一定效果。

其一，摆脱网瘾，较好融入集体。通过同学、教师、父母等多方的帮助，小田意识到自己过分沉溺网游造成的负面影响，感受到来自多方的关爱和温暖，主动与班级同学交流，积极参与班集体活动，获得同学的一致赞可。

其二，家长满意处理结果，家校合作效果显著。家长对结果的反馈一定程度上可以作为评估问题处理效果的参考标准。在该案例当中，家长对于学校发现以及及时处理自己孩子的网瘾问题相当满意，认为学校、教师、同学非常有爱和富有责任心，感谢为解决小田网瘾问题伸出援手的每一位。

（二）经验启示

为了给今后工作提供借鉴，通过分析该案例处理过程的优点和不足，提炼出以下几条开展同类教育工作经验启示。

其一，将学生的网络教育纳入教学体系。大学生网瘾的普遍性并非最新出现的问题，很多优秀高中生自从步入大学生活，逐渐因消遣日子而沉迷网络，男生打游戏，女生看韩剧，浪费大好的青春年华。为遏制这类现象的恶化，极有必要重视高校网络教育。即使这并不能全面保证消除网瘾现象的衍生，但是教育的作用可以适当减轻网络成瘾问题。通过分析网络的优势和缺点，让大学生对网络有较为全面完善的认知，以正确地使用网络，享受科技进步带来的益处。而现有教育体系中网络教育并没有得到应有的重视，缺乏系统化、程序化、体系化的网络教育，一定程度上导致网络成瘾问题的泛滥。

其二，注重培养学生自制能力。网络成瘾的因素分析暴露出大学生自制能力、自我约束、自我管理缺失。为了预防学生沉迷网络，需要在教学培养当中侧重学生自制力的培养。通过同学间相互督促、教师对学生的监督、坚定学生自身理想信念、励志人物故事感化等多种途径，提升学生自我管理的能力。

其三，关注学生日常心理状态。该案例问题是由班级同学反馈才得以发现的，也侧面反映了辅导员日常工作的不到位。由于辅导员平时更多的是与班级干部相处，缺乏与每一位学生的直接接触，导致无法及时了解学生的现状，这样的现象极有可能导致错失解决问题的最佳时机。因此，辅导员在日常工作当中，应当加强对每一位大学生生活、学习的了解，主动深入学生宿舍，促进师生间直接交流，形成亦师亦友的良好关系，及时发现隐藏的问题，及早遏制问题的恶化。

（段炼）

借力中秋佳节，解开学生心结

一、案例概述及问题本质

（一）案例概述

李同学，女，研一。入学一周后通过电话向辅导员询问学院是否有助管岗位，电话中伴有哭泣声。通过谈话，辅导员了解到，李入学前的暑假，父母闹离婚，因抚养权经常争吵，她感到在这样的家庭很倒霉，认为父母离婚与自己有关，经常失眠，无法入睡。母亲本就不支持她读研究生，临近开学，不同意支付她读研期间所需费用。父亲虽同意支付学费，但没有及时把钱打给她，她认为父亲根本就没把交学费的事情放在心上，加之在父母离婚的事情上，她认为父亲是过错方，不肯再接受父亲的钱。并且父亲因她向大伯借钱交学费而感到丢面子，父女为此吵架。开学后李同学未和父亲联系。她希望读研期间能通过学院助管岗位赚取生活费，她觉得书是为自己读的，这样以后在父母面前，说话才会更有底气。

（二）问题本质

原生家庭的成长环境、生活经历和个人性格使李同学出现认知偏差。

二、解决思路及解决方案

（一）与李同学谈话，了解情况，掌握第一手资料

在谈话的过程中，注意捕捉学生的情绪与行为表现，运用心理咨询中的尊重、共情、积极关注等给予学生回应。

整个谈话过程顺利，辅导员慢慢把问题引向原生家庭的关系。询问李同学觉得父母是否爱自己。李同学说，她与父亲虽不经常联系，但能感受到父亲对她的爱。她的家乡重男轻女，母亲更爱弟弟，且母亲不支持她读研究生。母亲认为她本科毕业后应该去工作，减轻家庭经济压力。母女在暑假因为读研的事

情，时有争吵。

在谈话的过程中能够感受到李同学所承受的心理压力和负担。不过李同学表示理解母亲的心情和做法。辅导员对她说，如果暂时不能接受父亲的钱，就先缓一缓，不着急，也不必有心理压力，但开学一周，马上到中秋佳节了，辅导员希望她给父母打个电话或者发条短信，报个平安，送上祝福。至于生活费，辅导员表示学院助管的事情会留意，也会帮助她找一些正规的社会兼职。

谈话结束时，李同学心情好了很多，她表示会努力调整自己的情绪，好好学习。

（二）建立学生心理档案，及时做好工作总结

第一次谈话结束后，认真做好记录与总结，根据学生表现出来的心理问题，请教专业的心理咨询师，以运用更专业的知识与方法帮助学生解开心结。

（三）借助班级同学的力量，给予李同学关心与爱护

班级同学大多为本地生源，交代班委、舍友对来自外地的李同学多一些照顾，让其感受到同学之间的关心与温暖。

（四）深入交谈，对症下药，纠正认知偏差

李同学出现认知偏差的原因有两点：一是认为父母离婚与自己有关；二是不认同父亲的做法，不能接受父亲给的学费和生活费。一周后，辅导员与李同学进行了第二次谈话。通过慢慢开导，她渐渐明白，父母都是成年人，他们理应为自己的行为承担结果，而她在父母之间只是一个桥梁的作用。父母的事情就交由父母去处理，她做好女儿该做的事情，尽力就好。供弟弟上学是父母的责任，她还在继续学习深造，没有经济来源，不用把过多的责任与重担强压在自己身上。至于是否接受父亲的学费问题，辅导员询问她，当父母老了，她是否要赡养父母？她答会，认为这是她的责任和义务。因势利导，辅导员告诉她父母抚养子女也是责任与义务，她还没有完成学业，依然可以接受父亲的钱以交学费，而且不能把父亲的抚养责任转移到大伯身上，接受父亲给的学费与认同父亲的做法是两回事，并告诉她助管岗位很适合她。她很开心。

第二次聊完，李同学显得轻松了很多。她明白父亲很爱她，支持她读研究生，并同意承担所有费用，她只是一时间没有想明白，所以不能接受罢了。这几天，失眠的情况也有了好转，中秋节到了，她一定会给父母打电话，一方面尽到女儿的责任，另一方面也让父母放心。

（五）引导学生合理规划研究生生活和职业生涯

在和李同学谈心的过程中，鼓励并帮助她积极规划自己的研究生生活和职

业生涯。明确的目标可以激发她奋发向上的动力，充实自己的生活，对于失眠也有一定的缓解作用。经过入学三周的学习，李同学明白自己选择读研是正确的，她决定要多读书，跟着导师好好做科研，多参加一些社会工作，为以后就业做准备，也希望自己的读研生活有所收获。辅导员鼓励她好好努力，为自己的目标而奋斗。

（六）寻求心理援助

向李同学介绍学校心理咨询中心，告知李同学，如果遇到困惑、焦虑无法排解时，可以与学校的心理咨询中心的专业心理咨询师进行交流以获取心理上的援助。

（七）获得父母支持

这次谈话之后，以入学一个月向每位家长汇报学生情况的缘由给李同学的父母通话，提醒他们多关注孩子，多鼓励孩子。

（八）关注李同学的思想动态与心理走向

之后每个月，都会找李同学聊一聊，谈谈近期的学习、工作与生活的情况，关注其心理走向。

三、案例总结及经验启示

（一）进行有效的情感沟通

师生关系的本质是人际关系，建立良好的人际关系的根本在于沟通，而情感沟通是沟通的最高层次。有效的情感沟通，可以使辅导员更好地了解学生的真实情况。只有在了解真实情况的基础上，才能对症下药，为学生解决困难，解开心结。

（二）用爱心、耐心来爱护和引导学生，及时关注学生思想动态、心理走向

心理问题是当前大学生较为关注的热点问题之一，大学生的心理问题有其自身的生理原因，但大部分源自原生家庭的成长环境、自我认知、人际关系、人格障碍等心理问题，可以通过给予学生情感关注、情感沟通得以缓解。这需要辅导员投入大量的时间与精力，用耐心、爱心去爱护学生，用心去体会学生的内心感受，给予他们积极关注，用爱引导学生走出心理困境。

（三）朋辈的积极协助

借助班级同学的力量，在日常生活中相互帮助、相互关爱，给予同学间、舍友间的关心与温暖。

（四）合理借助家长之力

家校联动，形成合力，对处理大学生的心理问题有着很大的帮助，每一个孩子都需要家长的爱护，在工作时，根据实际情况，合理借助家长的力量，对孩子给予情感关怀，对学生的心理健康教育有着较好的成效。

（五）寻求心理援助

学校有专门的心理咨询中心，在实际工作过程中，根据学生心理问题的不同程度，适时将学生转介至学校心理咨询中心，寻求专业的心理援助。

（六）不断提高自身的职业素养与专业能力

通过不断的学习，丰富自身知识体系和阅历，做一个"通才""杂家"，更好地将所学知识与技能运用在工作中，提高工作成效，更好地为学生服务。

（李明月）

拿什么拯救你

——网瘾大六女生

一、案例概述及案例分析

刘丽（化名），一个瘦小的女生，至毕业班时，已经在校就读六年。

第一任辅导员对她的评价是"敌对、脾气暴躁，沉迷网络游戏，学业预警，无法进入毕业环节"，"她天天就在宿舍打游戏，课也不去上，讲了也不听。晚上不停敲键盘，宿舍同学也对她很有意见，还帮她换过宿舍"。

第二任辅导员对其则表示很无奈。

第三任辅导员仔细翻阅了刘丽的档案，发现之前中学教师对她的评价基本良好。那是什么原因导致她出现现在的状况呢？辅导员拿起电话联系了刘丽并把她请到了办公室。刘丽身材瘦小、穿着朴素、面色惨白，交流过程中目光基本不与教师交流，也不做应答。简单了解她的基本情况后，辅导员把联系方式留给了她，表示若她需要可以随时联系。

辅导员查看了刘丽的学业情况，发现她还剩二十几个学分未通过，基本都和数学课程有关。刘丽来自边远山区，数学基础较为薄弱，在大一出现挂科现象的时候没有采取措施及时补缺补漏，后期课程总量和难度又在不断增大，导致她破罐子破摔失去了信心。辅导员把刘丽安排在学习氛围较好的党员宿舍，平时下宿舍会特意走到刘丽的房间，看看她是否在宿舍及在做什么；日常定期询问她的舍友了解她的情况；保持跟她家人（主要是母亲）的联系，告知刘丽在校的情况，希望通过家人的关心帮助刘丽渡过难关顺利毕业。辅导员把刘丽列为学院重点关注对象，定期向学院学校上报情况。经过一段时间的接触和交流，刘丽在悄悄地发生着改变：休息方面，她晚上由原来一直玩电脑至凌晨才睡慢慢调整为基本能跟舍友一起正常入睡，并且不再玩电脑；学习方面，她以前上课时间都是在宿舍睡觉，现在虽然偶尔还是有旷课现象，但大部分情况下能到课堂听课；人际交往方面，她逐渐开始与舍友交流。一学期过来，情绪方面刘丽趋于稳定，生活也逐步趋于正常化，个人开始有时间紧迫感，从12月开始决心戒掉网络游戏，期末考试通过了1门考试，还剩7门，但已达到可以进入毕业环节的条件。一学期下来一切都在往好的方向发展，辅导员和她的关系也维系得较好。

第二学期刚开学，年级其他同学都在校外实习，但刘丽依然回到了学校。辅导员把她叫到办公室想了解一下她的近况和新学期计划。一个假期过去，对刘丽来说大学仅剩下最后一个学期，此时的她想要学习的愿望尤为迫切，但对数学类的课程依然没有信心。因为压力，刘丽在睡眠上出现了问题，一般要到深夜，有时甚至到四五点才能睡着。面对刘丽呈现出来的情况，辅导员对她能够戒掉网络游戏表示了极大的肯定，也希望她能够树立信心并制订新学期计划好好学习，同时出于对刘丽安全的考虑，提出让她搬到隔壁跟在校的同学一起住的想法，希望她回去考虑。第二天辅导员来到她的宿舍，看了她的新学期计划并询问她是否考虑好搬宿舍的事情，她的回答是"没有必要搬，一个人挺好的。"当辅导员再次表示出对她的担心时，她回答："会有什么事发生？不会有事的。放心，我不会自杀的，只求有火灾、地震之类的，死了就算。"说完就上床整理东西。听到她说到"死"辅导员更加警觉也很担心，忙把她叫下来详细了解了她这两天的睡眠、饮食情况，以及不想搬的原因。听了她的叙述，辅导员提出可以帮她预约校心理中心或到校外看心理医生的建议，同时提出在她还没有开始上课的这几天可以到辅导员办公室参与一些工作的邀请，但都被拒绝了。

刘丽此时待业也是可以理解的。一是时间紧迫压力大。现在已是她在校修读的最后一个学期，如果这个学期她剩下的课程还不能通过，她就只能拿着结业证书离开学校。她的失眠情况跟这个原因有着紧密的联系。二是基础薄弱没信心。半年前，她可能自暴自弃用网络游戏来麻痹自己，等时间一到就回家，但经过半年的调整，戒掉了网瘾之后的她突然开始醒悟想要学习，但现实困难重重，数学基础薄弱并且要同时面对7门与数学有关的科目。三是缺乏支持心里孤独。在之前一个学期的接触中辅导员发现，刘丽与家人的关系不佳。辅导员未曾听她说起过自己的家人，舍友也很少见她跟家人联系，她妈妈也表示刘丽只有在没钱的时候才给家里打电话要钱。经过了解，刘丽父母曾都是教师，母亲后来因超生被学校辞退无业在家，现在又身患重病，弟弟因为打架被学校退学在家，整个家庭失去了生机和温暖。刘丽从高中开始接触游戏后就有所沉迷并延续到大学，家人对她只有不断的指责，这让刘丽感到非常孤独与无助。

刘丽的身边除了网络游戏中的玩伴之外，几乎没有现实的朋友来往。

二、解决思路及解决方案

最后一个学期几个月是非常关键的，辅导员告诉刘丽不要放弃，并积极寻求各方力量一起帮助她。

第一，将刘丽的近期情况上报学院，学院领导高度重视。学院领导与刘丽进行谈话，关心她的学习和身心状况，鼓励她要有信心，告诉她学院会尽全力帮助她。

第二，立即联系刘丽的家人。将刘丽返校后的精神面貌及情况告知家长，通知家长尽快到校，并建议他们带刘丽去看心理医生。交代家人经常主动打电话给刘丽，并且尽量多说鼓励的话，少说消极泄气的话，给刘丽尽量多的正面激励和引导，帮她树立信心。

第三，咨询校心理中心。针对刘丽的情况，校心理中心建议可暂不强迫她搬宿舍，但要及时跟踪了解她每天的情况，继续与她建立良好关系，挖掘她的求助欲望。

第四，帮助刘丽做好学期计划、月计划、周计划。在与刘丽建立良好关系的前提下，达成每天下午3点她向辅导员报告自己在哪里、做什么的约定，督促鼓励她认真学习的同时帮她逐步建立起良好的学习习惯。在每天的交流中，不断给予她鼓励和肯定。

第五，联系学院数学协会，为刘丽提供数学辅导。一方面提供学习资料，一方面给予刘丽相关课程的"一对一"辅导。在学习辅导方面强调学习的主动性，以刘丽自学为主，找出易错或难点后再咨询同学。

第六，安排学生党员干部每天晚上到刘丽宿舍点名，主动与她说说话。一方面确认安全，另一方面查看一下她在宿舍的情况。交代隔壁宿舍的同学平时留意刘丽宿舍的情况，有异常情况及时报告。

在刘丽自己的认真努力和大家的齐心合力之下，刘丽最终克服了重重困难，突破了自我，在最后一个学期顺利通过了剩下的7门课程。重拾信心的她，毕业之后通过自己的努力考取了当地的公务员，整个家庭因为她的改变也发生了巨大的变化，妈妈的身体状况趋于稳定，弟弟有了工作并结婚生子，整个家庭充满了生机和活力。

三、案例总结与经验启示

从这个案例中可以看出，学生的可塑性和潜力都是无限的，辅导员对学生要多鼓励、多关心、多支持，不能轻言放弃。作为一名辅导员，要走近学生认真倾听、仔细分析认真研判、寻找资源共同协作，用爱心、耐心和科学的方法去帮助、教育学生。

首先，与学生建立良好关系。良好关系的建立是开展工作的基础，作为一名高校思想政治教育工作者，要积极走近学生、倾听学生、了解学生，怀揣一颗温暖热情的心面对学生，用真心换真情。让学生真正感受到辅导员对自己的关心，学生才会敞开心扉，吐出真言。

其次，学会洞察了解问题背后的原因。发现问题、分析问题、解决问题反映一个人处理问题的能力。作为一名高校思想政治教育工作者，应该积极向书本学习，向前辈学习，用心感受学生，深刻分析原因，了解问题形成背后的原因，积极探寻解决办法。

再次，积极寻找各方资源。要转变一个学生，单凭思想政治辅导员个人的力量是微不足道的，还需要学校、家庭多方面的配合。作为一名高校思想政治教育工作者，在遇到类似事件时一定要学会帮助学生寻找资源，并充分调动各方资源共同开展工作。

最后，如果我们能够早一点发现学生的问题，早一点采取有效的帮扶措施，或许问题处理起来就不会那么棘手。学生的成长离不开教师的关心、同学的帮助和家庭的温暖，只有各方共同努力才更有利于学生的全面发展。

（夏丽君）

人际交往问题

一、案例概述及问题本质

（一）案例概述

姜某，男，研究生，还未入学就活跃于新生 QQ 群等网络媒体，时常提出各种问题。暑假期间，姜某及其家长每天拨打数个电话到辅导员办公室追问档案去向，直至档案落实才停止。入学后，姜某的舍友是班级主要学生干部，但住了一段时间后，舍友表示实在无法忍受，强烈要求他更换宿舍。经了解情况，得知姜某跟舍友一同外出购物，喜欢帮助舍友将物品放入购物车，即使舍友已表示不需要此类东西，其仍将此物强行让舍友购买。姜某总是喜欢将自己的想法强加于人，同时又非常希望能够得到别人的认可。在实验室，姜某跟同学的关系也相处得不好。刚入学时，同实验室的师兄左某，热心帮助他，对他给予实验和生活上的一些帮助，姜某因此对左某产生了很强的依赖性，任何事情都希望得到左某的帮忙，对左某造成了一定的困扰。

（二）问题本质

本案例属于性格缺陷所产生的人际交往问题。

导致其出现人际交往问题的原因是多方面的。其一，原生家庭的影响。姜某为独生子，从小家里对其教育方式属于溺爱，姜某几乎每天都要给家里打电话，通话时间很长，经常都是对父母撒娇，要求父母。以个人为中心，自主能力较差，寻找存在感，希望其他人都围绕着自己转，对于自己认定的事情希望他人一定要为他去办理，不然就容易做出过分的举动。其二，学习基础差。姜某从高中开始学习成绩就比较差，但自己努力，大学专升本后，又通过自己的努力考上研究生。但也许是基础相对薄弱的原因，刚上研一，既有科研的压力，又有课程的压力，导致姜某研一挂科 3 门，差一点就要被退学。姜某在学业上极其希望得到别人的帮助，但请求别人帮助又掌握不好方式方法，进而对他人造成了极大的困扰。其三，性格原因。姜某性格偏执，坚持己见，自我评价过高，看问题倾向以自我为中心。其四，身体原因。姜某在大学本科期间做过心脏手术。术后时而会出现心率过速，呼吸困难，容易感到孤独，因此对别人容易产生依赖性，需要他人的陪伴。

二、解决思路及解决方案

姜某的事件属于心理健康教育与咨询领域。

第一，针对姜某宿舍关系问题，需要分别找其舍友进行交谈了解情况，进行安抚。后根据姜某的个人意愿，征得其他宿舍同学的同意后，将其调换到其他宿舍，并对姜某进行谈心谈话，希望他日后进行改进，不要再出现此类状况。

第二，多方力量协同配合，帮助姜某走出学习困境。建议他探索得当的学习方法，逐渐积累建立信心；与科任教师及同学交流学习经验，提高学习成绩；与父母进行沟通，使父母了解其学习成绩不佳的原因，缓解心理压力；指派学生干部对其进行关注辅导。

第三，针对姜某对他人造成困扰的问题，找姜某谈话，倾听心声，跟姜某讲明道理，同时鼓励姜某多结交朋友，扩大自己的朋友圈，建立多方面的兴趣爱好，转移注意力，而不是将所有的精力注意力全部放在某一个人身上。同时，对其他同学进行安抚开导，希望他们能继续跟姜某做朋友，给予姜某力所能及的帮助。

第四，经常性关注及谈话，了解姜某的思想动态及身体状况，传授心理调适的方法；广泛开展形式多样的心理健康教育宣传活动，营造增进心理健康的良好氛围。

第五，引导学生心理健康意识的提高，发挥学生自身的主观能动性，正确对待问题，寻求科学的方法加以解决。

三、案例处理效果

在经历了大半个学期的沟通交流后，姜某慢慢地改掉了自己的一些陋习，不再随意将自己的想法强加于他人，但仍然存在以自我为中心的问题。同时他也扩大了自己的朋友圈，在左某毕业离开后也不再纠结于左某对他的帮助没有刚入学的时候那么好所导致的自己心情低落，整日将关注点放在左某身上的问题也不复存在。两年来，姜某陆陆续续已将所有的挂科科目都重修通过，不再面临被退学的风险，实验方面也慢慢自己琢磨，有了一定的独立动手能力，已完成课题的大半部分。身体方面，除出现过一次心率过速，后期就没有再出现过类似状况。目前心态有所调整。

四、案例总结及经验启示

心理健康教育是高等学校思想政治工作中的重要组成部分。作为辅导员，应该把学生的心理健康教育融入思想政治教育工作中，做到"一把钥匙开一把锁"，化解矛盾，润物无声。从新生入学开始，开展大学生心理问题筛查工作，建立大学生心理档案，做到学生心理问题早发现、早干预、早治疗，对于有心理问题的学生，在学习、生活中多给予关注，帮助他们提高心理素质。通过开展丰富多彩的校园文化活动和社会实践活动，营造学生健康成长成才的良好环境，促进学生全面发展。引导学生心理健康意识的提高，发挥自身的主观能动性，倡导进行自我教育。

（郑丽婷）

同性之爱的宿舍困扰

一、案例概述

月月、小雨、丛丛三人为舍友，入学之初关系亲密。半学期后，丛丛和小雨发现月月是一名同性恋且爱慕小雨。丛丛与小雨心有芥蒂，开始疏远月月。性格敏感的月月认为舍友不能接受她是一名同性恋，受到排挤，心情低落，备感压抑，经常在宿舍摔门、摔东西。小雨和丛丛深感担忧，向家长倾诉，小雨的家长听闻后情绪激动，难以接受孩子的舍友是一名同性恋，强烈要求辅导员立刻调换宿舍。

二、问题本质

1. 因恋爱取向矛盾引发的宿舍矛盾——恋爱观与人际交往问题。
2. 同性恋学生月月觉得受到排挤，心情压抑——心理健康教育问题。
3. 小雨的家长态度强硬，坚持要求立刻调换宿舍——家校沟通问题。

三、解决思路

1. 教管结合，缓解矛盾。先教育引导小雨和丛丛理性对待同性恋问题，缓解宿舍矛盾，再考虑宿舍调整。
2. 帮扶引导，悦纳自我。与月月开展谈心谈话，引导其悦纳自我，及时疏导情绪，防患于未然，帮助其更好地融入集体，健康成长。
3. 家校沟通，推己及人。与小雨和丛丛的家长沟通，晓之以理，动之以情，要求家长理性协助学校工作。
4. 尊重隐私，持续关注。尊重月月的隐私，交代知情的学生干部持续关注。

四、具体措施

（一）全面了解，把握思想动态

1. 掌握小雨、丛丛、月月三名学生的思想动态。首先，小雨、丛丛对同性恋者没有强烈的排斥，只是突然发生在自己身边，不知如何应对，于是才疏远了月月。两人对此也心存愧疚。其次，月月因为密友的疏离，担忧同学和教师知道自己是同性恋，排斥自己，故而心情低落，不敢倾诉。

2. 掌握班级其他同学的思想动态。借助班导力量，了解到班级不少同学已知其宿舍矛盾，但多数不知月月是同性恋，尚未有班级舆论压力。

（二）激励月月，给予建议

1. 营造宽松私密的谈话氛围。辅导员选择私密性较强的谈话地点，从询问月月的学习、生活近况入手，关心月月。谈话中月月透露存在宿舍矛盾，舍友疏离，但不愿意提及自己同性恋的身份，言语闪躲。

2. 言明主旨，表面态度。为了更有效地解决问题，辅导员直接点破已知她是同性恋，阐明对同性恋的接纳。

3. 聆听心声。月月表示其高一开始发现自己是一名同性恋，高中同学都比较接纳，这次舍友的疏离是她在人生中第一次因此受挫，所以经常对舍友宣泄不满，很希望修缮与舍友的关系。目前，不愿意让家人知道自己是同性恋。

4. 劝慰激励，真诚建议。辅导员劝慰激励，告诉月月"寻觅相知相爱之人，是多数人真诚的愿望，无数人终其一生都为之努力，无论同性恋或是异性恋，在追寻过程中都可能面临很多挫折和困难，但只要这个目标最终能够实现，其中多一点波澜也无妨。目前，同性恋的选择和大众的选择不太一样，当个人的选择与大众不同的时候，面对的孤独与困难就多一些，这是常态。但只要自己足够强大，心怀希望，一定能够实现"。

辅导员给予建议：一是先处理好宿舍矛盾，主动与舍友敞开心扉交谈，合理表达情绪；二是理性对待不同的声音和舆论压力；三是关注自我成长发展，不断充实完善自己，耐心静待收获。

5. 承诺尊重隐私。不告知他人月月的性取向。

（三）教育引导丛丛和小雨，解决问题

1. 倾听、理解。耐心倾听丛丛和小雨的心声，对她们的情绪表示宽慰和理解。

2. 教育引导。要求两人尊重包容并理性对待同性恋问题，克服排斥情绪。

3. 提供解决方案。一是三人敞开心扉畅谈想法，共同寻求和睦相处的解决方式；小雨若不能接受同性之爱，既要表明态度自己不能接受月月的感情，也要表示自己对月月爱慕之情的感谢和理解。二是尊重月月的隐私，不将矛盾扩大化。三是和家长合理沟通，劝服家长平复心态，为照顾月月情绪，暂缓调整宿舍的要求。

（四）家校沟通，形成合力

1. 明确态度。一是表明学校已经在着手关注此事，请家长放心。二是表明立即更换宿舍不利于问题解决，需要暂缓执行。劝慰家长月月只是存在同性恋倾向，并没有危险，不会伤害小雨和丛丛。同性恋学生需要被公平和理性对待。三是如果问题不能解决，将寻求合适时机重新调整宿舍。

2. 寻求支持。在家校沟通中，小雨家长的态度一直很强硬，难以沟通。于是联系丛丛家长出面帮助协商，在小雨本人和丛丛家长的配合下，小雨家长态度逐渐缓和。

（五）畅通信息渠道，持续关注

发挥班导、心理委员的作用，密切关注后续动态，及时汇报。

五、事件后续

月月、小雨、丛丛三人在教育引导之后，敞开心扉，将误会澄清，重归于好，并给辅导员发了致谢短信，转述情况。大约两个月后，因小雨无法接受月月的爱慕，两人协商后共同提出在学期末调整宿舍。宿舍更换后，三人相处不再密切，但是关系融洽。

月月鼓起勇气主动告知不少班级同学自己同性恋的身份。大部分班级同学的接纳让她不再忧虑，其很好地融入集体，并在大二时主动竞选学生干部。

六、案例反思与启示

（一）多一些引导，营造健康包容的集体氛围

伴随我国对外开放水平的进一步加大，多样文化在思想领域上碰撞，新一代大学生面临更加多样化的恋爱交友问题。高校辅导员要以此为鉴，以点带面，深化学生情感教育。在新生入学教育和平时教育引导的过程中积极回应时代关切，关注同性恋问题等。加强对性取向的正确引导，澄清对同性恋群体的刻板印象和认识误区，避免"恐同"心理。倡导包容健全、相互尊重的交友恋爱观，帮助学生正视同性恋人群，一视同仁，不将其特殊化，对需要帮助的同性恋者

给予积极的帮助，营造和谐友爱、自由民主的良好氛围。

（二）多一点细心，及时发现隐藏的情绪体验

同性恋是一个颇具争议的话题，同性恋者承受多方面的社会舆论压力和心理压力，容易诱发心理问题，却又不敢对外表露个人情感，导致此类情感问题通常比较隐蔽。

辅导员在日常工作中要多一点细心，多深入学生宿舍，与学生谈心谈话，赢得学生信任与亲近。同时，健全宿舍—班级—学院联动机制，完善信息反馈渠道，加强对心理委员、班长、新生班导的培训，充分发挥他们在关注同学心理健康状态中的"眼睛"作用，及时发现问题。

（三）多一份爱心，关爱引导特殊群体

辅导员是学生成长成才的人生导师和健康生活的知心朋友。本案例中的月月同学因为得到了辅导员的接纳和鼓励，重拾信心。作为辅导员，应该做到以下几点：一是用爱包容，尊重学生爱情观，设身处地为学生考虑，充分尊重学生的选择。同性恋者面对不同程度的社会与家庭的压力，性格较为敏感，应当给予更多的关爱与支持，想学生之所想，急学生之所急。二是用心引导，正向激励，帮助同性恋学生悦纳自我，不因为自己的身份而感到自卑与羞耻，调节好与外界的联系与冲突，树立正确的成才观，以积极的生活态度对待学习，融入校园生活。

（刘歆一）

积极介入　过程管控

——一个女研究生辅导案例

一、案例概述及问题本质

小得，女，研三。进入我校学习后，该生出现精神分裂症。表现为不相信他人，对周围环境和人充满怀疑，到处问同学手机能否监控人，偷翻同学的柜子，与同学交流少，情绪起伏大。

根据小得的表现，其问题的本质是比较典型的心理健康问题。

二、解决思路及解决方案

对于小得的这种情况，起初辅导员也感到比较棘手，但从以生为本的工作理念出发，作为学生思想政治辅导员，要敢于担当，绝不能轻易放弃任何一个学生。针对小得的这种情况，辅导员最终决定除遵医嘱，督促其按时服药外，应用积极心理学作为指导理论，采取过程管理方法辅助解决此问题。

积极心理学是心理学领域的一场革命，是一门从积极角度研究传统心理学研究的东西的新兴科学。在小得的这个案例里，辅导员主要运用了积极心理学两个方面的内容。

（一）积极情绪体验的引导

积极情绪的"扩展—建构"理论认为，个体看起来相对离散的积极情绪有利于增强在某一时刻的思想和行为能力，从而使人的潜力得到充分发挥。因此，辅导员通过积极与小得沟通，在相处过程中引导她体验事物的美好，促进其积极情绪体验。

（二）积极社会环境的营造

马斯洛、罗杰斯等人指出，当学生的周围环境和教师、同学和朋友提供最优的支持、同情和选择时，学生最有可能健康成长和自我实现。相反，当父母和权威者不考虑学生的独特观点，或者只有在学生符合一定的标准才给予被爱的信息的话，那么这些学生就容易出现不健康的情感和行为模式。针对小得的情况，辅导员积极与小得的母亲、舍友和同班同学沟通，让他们在与小得相处中，能给予她充分的肯定和赞扬。

过程管理，是达成目标的重要环节管理。过程管理就是使用一组实践方法、技术和工具来策划、控制和改进过程的效果、效率和适应性，包括过程策划、过程实施、过程监测（检查）和过程改进（处置）四个部分，即 PDCA 循环四阶段。

在解决小得心理问题的过程中，辅导员采用了 PDCA 循环的四阶段方法。

1. P（plan），计划。把小得列为心理特别关注学生，制订小得心理介入的管控目标和行动计划，即管控目标为力促小得恢复心理健康，完成硕士研究生学业；而行动计划为督促她按时服药、复诊，同步进行积极情绪体验的引导和积极社会环境的营造的具体方案。参与人员为全班同学和舍友，特别是班委和班级心理保健员，再就是小得家长。

2. D（Do），执行。具体实施对小得心理介入的行动计划，实现计划中的内容。每周一报执行情况。

3. C（Check），检查。总结执行小得心理介入行动计划的结果，分清哪些对了，哪些错了，明确效果，找出问题，进一步解决。

4. A（Act），处理。对小得心理介入行动计划总结检查的结果进行处理，对成功的经验加以肯定，并予以加强，如舍友时间上的轮流关注等；对于失败的教训也要总结，不断改进，如与小得的课后的个人交流等。

现在，小得同学已顺利完成硕士研究生学业，并找到了就业单位，进入了工作岗位。

三、案例总结及经验启示

目前，我国正由研究生教育大国向强国迈进，研究生教育改革全面深化，对研究生质量要求提升，必然带来研究生学习压力的增大。近年来，我国研究生心理疾病比例在不断增高。

作为一名辅导员，首先，要有帮助学生的责任感，不能轻易放弃；其次，要有解决学生问题的信心，确信经过自己的努力，最终能解决学生存在的问题；再次，能比较深刻体会到心理健康对于研究生成长的重要性，特别是要注意培养研究生的自信。辅导员要为缺乏自信、比较自卑的研究生提供及时的关爱和援助，改变其自卑心理、树立自信，创造条件让他们感受到自己的重要性。慢慢增强信心，培养健全的心理和人格，使他们成为拥有健康心理和全面综合素质的人才，以适应现代社会的激烈竞争和生存需要。

通过这个案例的解决，可以发现，思想政治辅导员工作是一份细致活，要想做好，就要用心，对学生要有爱心、细心和耐心。在实际工作中，小得这个案例能给我们带来以下的经验启示：

（1）辅导员要学习心理学知识，掌握一些心理咨询的技能，能够更好地开展思想政治教育工作；

（2）思想政治辅导员应主动了解学生，多与学生交流，及时发现学生的心理问题，才能更好地帮助学生；

（3）一旦学生出现问题，思想政治辅导员要及时与家长沟通，通过家校配合，共同寻求解决问题的方法与途径；

（4）辅导员要引导学生多关注积极情绪，体验美好的事物，宣传正面的人物；

（5）要营造积极的社会环境，为学生的周围环境和人际关系提供最优的支持，使他们乐观地面对生活、面对人生。

（向小娟）

新生适应不良问题叙事疗法案例

一、案例概述及案例分析

刚入学两个多月，李某找到辅导员，表示自己和同学关系不好，没有朋友，上课也跟不上教师的节奏，不适应大学生活。自从上了大学他过得很痛苦，每天失眠、郁闷、烦躁，实在待不下去了，准备退学。李某本人性格孤僻内向，人际交往敏感，经常因为别人的玩笑而感到自卑和愤怒，认为同学看不起自己、故意针对自己等，对周边环境存在敌意。辅导员与李某父亲取得联系，其父亲表示坚决不同意李某退学，希望教师能帮助其尽快适应大学的学习和生活，打消李某退学的念头。

辅导员与李某进行了首次谈话，了解到李某产生心理问题的主要原因与其成长经历相关。李某家庭经济状况不好，父亲在外打工，母亲离家出走不知所踪，他从小跟爷爷奶奶长大，因缺乏父母的关爱和呵护而带有强烈的自卑感和不安全感，对周围的世界产生诸多不满。引发李某心理问题的诱因是进入新环境，自身的交往能力较弱，心理存在落差。和宿舍同学语言、作息时间、卫生习惯等不同产生冲突，学习节奏和环境均有很大变化，这些都加剧了李某的心理压力。加上和父亲缺少交流，几乎没有朋友，李某没有建立社会支持系统，其感觉自己孤身一人，看不到希望，从而导致消极悲观等情绪出现。李某病程超过一个月，心理问题由现实原因引起，痛苦无法摆脱，对生活学习都产生影响，已出现泛化，被诊断为较为严重心理问题——适应不良。

二、解决思路及解决方案

通过叙事疗法帮助李某分离过去的影响，重塑自我，勇敢面对今后的大学生活。

（一）解决思路

叙事心理治疗是通过讲故事利用个案让当事人将隐藏在其内心的话讲述出来，并在讲述自己的生命历程的过程中，将过去零散的记忆与经验进行统整，借此理解自己生命的意义。通过个体经历的故事化，从而达到问题的外化与解构，重建自己的生命故事。李某从小缺乏关心和保护，在成长过程中必然遇到很多困难和挫折。这些问题故事堆积在李某身上，形成了其现在孤僻戒备没有安全感的性格。通过叙事疗法，可以让李某意识到问题故事并不代表李某本身，李某可以通过重叙故事来勾勒一个更美好的自己，并按照自己勾勒的样子生活。

（二）解决方案

1. 第一阶段：建立谈话关系，疏导情绪。

任务：建立良好关系，取得李某的信任，帮助他合理宣泄情绪。

方法：共情，积极关注，自由书写。

第一次见面，李某的情况看起来不太好，对辅导员的戒备心很强，谈话进展困难。辅导员转用自由书写的方式，让李某在纸上随意书写，写什么都可以。自由书写可以帮助李某捕捉脑海中一闪而过的情绪、观念、想法等，反映李某最真实的情况。李某写下的词句都饱含了大量的情绪和能量，反映出李某虽然表面沉默，但内心激荡。辅导员展现出自己的真诚和理解，并给了李某一个自我宣泄的机会。

第二次谈话，李某不再低头不语，时不时抬头望向辅导员，似乎有所期待。通过自我察觉，李某把烦躁的情绪细化为愤怒、焦虑、沮丧等情绪，并将情绪背后的需要外化。通过引导，李某开始将注意力从外在的环境逐渐转移到自身上来，为后面心态的转变奠定基础。

2. 第二阶段：述说故事并命名。

任务：述说问题故事，为故事命名。

方法：会谈、外化、隐喻。

第三次谈话，李某较为配合，辅导员鼓励李某述说问题故事，比如，"孤独这个问题给你的生活带来了什么影响"等。鼓励李某叙说问题对于行为、情绪、身体状况、人际互动、态度等的影响程度，以了解问题在不同人之间、在不同关系间的影响。李某通过叙述问题故事，将自己的问题外化。经过暗示，让李某也能意识到，外化的故事可以来，也可以走。什么时候走，怎么走，关键在于李某本身。

第四次谈话，李某就自己的人际关系问题和适应新环境问题进行了讨论。

李某对其分别命名为失落和无奈。通过叙说故事，李某开始重新理解自己，辨识这些问题故事是如何影响自己的，并看见自己内在隐藏的期待、感受和渴望。李某表示，说完这几个故事，自己突然感觉压力减轻了不少，感觉自己是真实的、存在的，虽然身上有不少这样那样的问题，但有一股力量在挣扎，想要改变。

3. 第三阶段：故事的疗愈时刻。

任务：重写生命故事。

方法：会谈。

第五次谈话，诱导李某以新的语言、新的故事来重塑自己的未来，借此让生命产生更多新的可能。与李某共同构建一个生命的故事，也帮李某构建了希望和愿景。人有了希望，就有向上的动力，就有力量去面对生活。后来当和李某谈论到面临的一些困难时，他就像拥有希望和力量。

第六次谈话，在李某叙说自己的不幸遭遇时，力求在其中发现李某故事中的例外、故事中李某的积极因素，并将其单独拿出来讨论，以期帮助李某认识到自身还是有生命力可以渡过难关的。例如，李某在诉说自己童年父母亲不在身边，自己感到孤独时，及时询问"这些年你是怎么撑过来的？怎么凭借自己的努力，刻苦学习考上大学的？"，从而分散注意力让李某看到自身并不是一无是处，以及人生中还有许多闪光点值得肯定，还有许多潜力等待发掘。通过聚焦探索例外，李某认为自己比一般人坚强，而且自己待人真诚，不喜欢欺骗别人，也不喜欢占人便宜等。

第七次谈话，帮助李某接纳不完美的自己。本次谈话和李某聚焦讨论自我接纳的问题。通过自我剖析，李某看到了自己的自卑，并意识到自己的委屈、愤怒、焦虑等情绪皆是来源于对自身的不满。自卑的形成与自己的成长环境和父母的教育缺失有关。李某表示很想哭，辅导员让李某慢慢去承认它，接近它，观察它，并以最大的勇气去拥抱它，让它成为自己的一部分，并茁壮成长。李某表示这需要时间，辅导员表示赞同并给予鼓励。

通过让李某看到自身的优点并开始喜欢自己，通过接纳不完美的自己让李某的生命变得完整，并有了成长的可能。故事的疗愈作用开始显现。

4. 第四阶段：制定治疗文件，结束谈话。

任务：治疗文件、结束谈话。

方法：会谈、作业。

经过七次的面对面谈话，李某的情况有了较大的改善，压力也减轻了很多，不像以前那样感到绝望和无助。李某开始了自我探索的旅程，这意味着他有可能从认识自身开始而获得成长。使用治疗文件可以帮助李某保存现在良好的感觉，避免重蹈覆辙。而且文件的固定性传达出终结的特性，也为这次谈话画下一个句号。

（三）案例处理的效果

经过七次谈话，李某自述感觉自己不再像以前那么压抑了，现在能安下心来学习，适应大学的生活。对于自己之前对同学跟自己开的玩笑做出了过激反应，从而影响到和同学之间的关系，现在有点后悔。通过几次心理谈话又重新认识了自己，不像以前一样盲目，凭感觉和冲动想事情，思路清晰了很多。根据观察和同学反映，李某近段时间表现较为稳定，平时除了上课、兼职打工之外，经常会和同学一起去图书馆自习，偶尔还和室友外出聚餐，人际交往状态改变了很多，心理健康水平也有了较大的提升。

三、案例总结及经验启示

大学生入学时正处于青年向成年的过渡阶段，自我意识的注意力逐渐转移到内部世界，自我矛盾冲突加剧。加上刚入学到一个新的环境中，个体自我定位不准确，容易对自己的评价过高或过低。不能独立地整合各方面信息、分解自我矛盾，一遇到挫折就认为自己"很没用"，从而导致自卑、自责、自弃的心理，形成一种紧张、焦虑、恐惧、抑郁等复杂心境。

辅导员应学会运用心理学原理，加强识别学生的心理异常现象，掌握解决大学生心理问题的心理咨询方法，将学生的思想政治教育管理与心理咨询的知识和技能相结合，根据学生自身情况的特殊性制订行之有效的精细化工作方案。根据实证研究，叙事疗法对于解决新生适应不良问题有较好的效果。

（谢武）

一般心理问题学生的谈话与辅导思考

一、案例概述

2016 级硕士研究生张某（化名），入学后心理普查发现多项因子异常，个别因子得分异常高，引起学校和学院的高度重视，学院立即安排心理辅导员王老师与其约谈。或是正式谈话之前未充分建立信任关系，或是王老师在与张某谈话过程中对其心理测试异常的过度关注，该生一直有意回避某些问题，谈话过程并不顺利。鉴于此，张某的年级辅导员决定自己与该生约谈，了解情况并争取有效解决问题。

二、解决思路及实施办法

（一）做足谈话前的准备工作

1. 认真查看张某的档案和学生卡片，了解该生入学前的相关信息。资料显示，该生父母务农，有一姐姐。本科毕业后进入 Z 公司工作，因工作成就感较低跨专业考研后辞职就读。本科阶段未有主要学生干部任职履历和较大奖项荣誉获得，有申请国家助学贷款。（信息捕捉：家庭经济困难，本科阶段表现平平，能考上 211 本科高校，高中学习还好，为何不是大四直接考研或是考过没上然后再次奋斗？）

2. 分别约谈舍友和班级主要干部了解张某入学后的表现。舍友反映张某平时较少说话，与舍友关系一般，身体较弱，入学后从未交水电费，也未跟舍友一起聚餐或外出活动。班干部反映张某上课自觉，从未缺课，不过课上从未主动发言，与同学交谈较少，同学辨识度较低。（信息捕捉：内向？自卑？经济紧张？）

3. 通过巡查宿舍了解生活习惯与行为特点。通过年级内务检查，（本想当面接触并约谈）发现该生不在宿舍。查看其床位和桌面物品摆放，发现该生床上和桌上物品较少，书架上只有研究生阶段学习书籍。（初步判断：该生日常生活简单，经济一般，没有较多兴趣爱好。）

4. 认真阅读该生心理普查报告。发现虽然异常因子较多，但没有出现有自我伤害或伤害他人的倾向。（初步判断：该生心理测试异常或许事出有因，没有涉及生命安全。）

（二）充分建立谈话间的信任关系

1. 直接电话联系张某（直接联系而不是通过舍友或班干部告知，表达出辅导员对他的重视），告诉张某近两天没课且方便的时候来办公室找辅导员（不要求当天直接来，表示对他的尊重）。

2. 宽松环境约谈。张某来后，辅导员与其落座于学院就业咨询室，采用咨询中的落座方式，创造宽松的聊天环境，放松其心情，卸下紧张，逐步建立信任。

3. 关心式询问。交谈开始时，辅导员多是以师长对学生关心的方式，询问其进入学校后的学习生活适应、同学师门相处、家庭经济情况、今后生涯发展规划等问题（并未直接对其心理测试异常问题开问，原则上那也不是辅导员能问的——基于对心理测试保密原则）。渐渐地，张某看辅导员的眼神和脸上表情慢慢发生变化，辅导员看得出他已经放松了对辅导员的防御，交谈的主动性越来越明显，可获取的信息资料也越来越多。

（三）及时收集有效、有用信息

谈话时间持续近 2 小时，该生对辅导员充分信任，辅导员也及时发问，收集各项信息，得出相关情况。

1. 家庭经济困难。张某家住山区，家庭经济困难，父母务农，身体不好，姐姐已经出嫁但经济紧张并不能资助他和父母，其研究生阶段学习的所有费用都要靠他自己解决——学费和住宿费以国家助学贷款、生活费以国家助学金为主。

2. 性格自卑，亲情关系一般。因家庭贫困营养不良，张某个子较小，身体瘦弱，比较自卑。特别是在初中发育阶段，发现自己身体有鸡胸缺陷（鸡胸又称鸽胸，胸骨向前隆起畸形，状如鸡、鸽子之胸脯故称之为鸡胸，症状出现较晚，50%以上在 11 岁以后发现），之后更加自卑，不敢在外裸露上身。后查询得知，鸡胸也有可能是因为后天营养不良所致，所以他对父母有一定成见，父母之间的关系一般。

3. 学习考试能力较好，特别是在大考时总能表现出较好水平。因为鸡胸，张某初一初二时有点自暴自弃，学习较差，但初三时及时醒悟，中考发挥不错，考上当地一中。高一高二时学习不够努力，但在高三时又发愤图强，考上211大学。大学毕业后，成功签约Z公司，边工边读，用3个月时间考上研究生。在学习应考方面，表现出较好的自信与能力。

4. 生涯规划一般。本科学习期间，张某并未找到今后生涯发展的目标，学习平平、表现平平，个人成长成就故事较少。因为专业、性别、生源等条件优势进入Z公司工作。入职后张某发现与自己理想中的工作相差甚远，急于寻找改变现状的出路，基于今后能进入基金、证券等金融行业工作和较高收入的期望，决定跨专业考研。经交谈，发现其对金融行业的了解和相关知识技能素质要求知之甚少。

5. 人际关系一般。了解得知，张某在大四阶段交往了一位女朋友（也是来自贫困家庭，对张某成长成就欣赏），目前在当地一家家装设计公司工作，收入不高，两人一般周末见面一次，但经常吵架。与同学交往较少，入学一个多月，仅跟舍友和班长有少量交谈，未跟班上女生有过接触，也尚未跟导师有过面谈。

（四）处理过程与方案

1. 问题本质

这是一起因家庭经济困难、生理缺陷引发的自卑心理问题。该生心理测试异常，源于自卑和错误认知：家庭经济困难，从小未有师长针对性辅导（因其对辅导员说他长这么大，辅导员是第一个能够跟他谈心、听他诉说、给予他肯定、给他支持和帮助的教师），加上营养不良身体发育受阻（产生鸡胸），缺乏对身体缺陷的正确认知，长期自卑；学习考试过程每逢大考均能顺利过关，以及女友的不离不弃，产生一定的自负；对社会、行业、职业了解的缺失及自我生涯规划的模糊，产生的错误认知。

2. 处理依据

每个人都是解决自我问题的专家，每个人都有积极的过往和品质，聚焦问题和解决方法，引发积极行动，给予及时和积极肯定。

3. 处理思路

经济问题和心理问题同步解决。

4. 解决过程

（1）对于经济困难问题，及时报告学院领导，申请给予临时困难补助，减免部分学费和寒假返乡路费补助，落实勤工助学需求，确保学习、生活基本费用。

（2）对因自卑和错误认知产生的心理偏差问题解决

对于因躯体缺陷自卑问题，立即给予纠正错误认知。鉴于对辅导员的信任，他让辅导员查看了其鸡胸现状。辅导员发现其鸡胸仅属于轻微的，如果没有认真细看，他人根本看不出来。加之女友对其身躯的认可，他也放下了因躯体缺陷引发的自卑心理。加强其对身体健康重要性的认识，加强体育锻炼，促进身心共同进步。

对于亲情关系问题，与其一同回忆了父母对其学习成长的支持和基于现实的能力问题，让他放下对父母的不合理成见，感恩、理解父母的辛劳与付出。面对女友的不离不弃，摒弃不合理的自负，学习相处之道，珍惜缘分，珍爱情感。

对于同学关系处理问题，与其共同学习人力资本概念，了解个人能力和人际关系能力、团队能力之间的关系问题，处理好同学关系、师门关系的重要性，学习主动、理解、感恩等人际关系处理能力和素质锻炼。

对于对社会和职业生涯发展认知问题，建议加强专业知识学习、专业实践训练和相关资格资质考取等。

（3）促成行动。与该生认真梳理，制订相应行动计划，并每两周找辅导员汇报进展情况。每次，都与该生共同确认近两周计划实施情况，对其发生的改变和付出的行动都给予了积极的肯定，对于其没做到的不过多批评，更多在于让他觉察没达成的主要原因以及调整接下来的行动方案，并督促其落实。

（五）处理结果

该生发生了明显转变，面上笑容逐渐增多，从特别关注学生对象逐渐变为一般关注对象，今年还主动报名参加学院运动会长跑项目。

三、案例总结与经验启示

在日常工作中，辅导员会面对各式各类的心理问题学生，涉及生命安全问题的学生还是极少数。面对一般心理问题的学生，辅导员该怎样面对、如何与他们交谈，又该如何妥当处置并辅导？根据多年来的工作经验和积极心理学的相关观点，认为主要有如下做法可参考借鉴。

（一）处理前持有的理念

一是每个学生都是好学生，都有能力处理好自己的问题；二是每个学生都有成功的经历和积极的过往，都有可以进一步发挥的优秀品质；三是面对当下，我们都要面对问题，聚焦解决问题的方法和达成；四是促成行动是解决任何问题的有效途径；五是对于学生取得的阶段性成果或发生的阶段性变化，要给予及时的回应和肯定。

（二）处理时该有的行动

一是接触前该有的准备，如多角度多渠道了解该生的过往和现实表现，尽可能收集该生的一切信息，做好充足准备；二是接触时必要的举动，如直接联系、现场宽松环境的营造等；三是交谈过程中的倾听与共情，收获更多的信息；四是记录该生的成功经历和积极品质，及时给予肯定和反馈；五是引导学生聚焦问题和提出解决方法，并促成行动。

（三）处理后需有的保障

一是安排舍友或学生干部密切跟进、及时反馈，二是建议学生定期汇报，三是给予及时的肯定与回应，四是促成今后或下阶段的行动方案与达成。

（赵燕松）

一个女大学生的网瘾苦恼

一、案例概述及问题本质

（一）案例概述

小方，女，22岁，大二，来自沿海小镇。近期，父母反映小方表达不想继续学业。原因是小方从初二开始控制不住地玩手机，上大学以后也是玩手机玩到凌晨两三点，甚至是通宵。小方自己很想停下来，但无法控制反复看电视剧和小说等行为。因长期无法按照正常作息学习和生活，白天疲惫不堪无法集中精力学习。小方性格比较内向，不爱与人说话，对学校各种活动没有兴趣，学习没有热情。她明知这样不好，但自己无法控制，苦恼不已。

（二）问题本质

小方控制不住沉迷于玩手机，究其根本与父母对其缺少关爱、本人对专业的不喜欢有很大关系。初入大学，环境陌生，从小缺失父母关爱，没有安全感；加上不喜欢所学专业，无法胜任专业学习，内心产生自卑感，小方只能到网络世界中去寻找现实中缺失的价值感。之后，辅导员翻阅小方同学大学入学时心理测试，结果显示这个学生的强迫和精神病性因子得分，尤其是强迫因子为2.6。

根据学生本人的描述结合心理档案，辅导员进行了一个初步判断：小方知、情、意一致，有自知力，主动求助；无逻辑思维的混乱，无感觉知觉异常，无幻觉、妄想等精神病的症状，排除精神疾病。但小方出现行为的重复，内心明明知道毫无意义但无法控制，内心苦恼有强迫倾向。说服小方就医诊断治疗，在当地三甲医院精神科就诊后，医生拟诊为中度抑郁及强迫倾向。

二、解决思路和实施办法

（一）积极共情

辅导员肯定了小方对自己状况有清晰的认识，并且其有较好的认知能力，以及有强烈改变的欲望。同时向其介绍了一些有关强迫症的知识，解释困扰她的不断出现的念头和行为属于强迫症中的强迫怀疑和强迫行为；对她表现出来的焦虑等情绪做相应的共感和理解。

（二）改变认知

第二次咨询时，小方对自己的诊断产生不合理情绪，也不愿意服药，觉得服用药物就会被控制，有副作用。对于这一不合理认知，辅导员决定用认知行为疗法，澄清小方不合理信念，同时对其手机成瘾也能辅助治疗。

小方说："自己很少生病，感冒都很少，逼不得已才吃药。"这是典型的"绝对化"思维，针对小方诉说的不合理信念，咨询师不断引导其正确认识生病这一回事。很少生病并不代表不生病，健康是身体和心理的双重健康等。同时，运用ABC合理情绪疗法，让其明白一个人生病，想快点康复起来，应该遵照医嘱服药而不是硬撑。心理和生理的问题都是一样的。只有对症下药，疾病才能得到治疗。最后，小方在辅导员的引导下及时认识自己一些不合理的想法，并承诺会接受治疗并努力去改变。

第三次咨询时，小方提出了自己的其他认知，比如，"一个好学生就一定不能通宵玩手机，否则就是非常堕落的表现""我必须受到师长的赞许""我必须做得非常棒"。对于她的这些不合理认知，辅导员同样采取了合理情绪疗法给予辨析。

（三）情绪宣泄

与小方的交谈中，她曾表示父母没有陪伴和关爱自己，没有在成长的过程中给予引导，对父母盲目代替她选择专业表现出不满。针对此种情况，辅导员引导其通过情绪宣泄法，疏解对父母的情绪。对目前生活状况的不满、对即将到来的考试的担忧，帮其找到一个突破口，宣泄内心的消极情绪，缓解心理压力。

（四）朋辈帮扶

辅导员安排了班长和舍友作为小方的朋辈互助者。监督她的日常作息，在其情绪低落时安抚，转移她的注意力，避免她沉迷手机。同时，辅导员及时与小方父母沟通，希望父母多关爱和关注小方的内心世界。另外，针对小方对所学专业的不擅长的情况，辅导员帮助其对接专业教师资源，在学习上给予其"一对一"学习指导，减轻其对课业的压力。

经过一段时间的药物治疗、认知行为疗法的干预、朋辈帮扶、原生家庭的支持和专业教师的帮助，小方的情绪得到了很好的缓解，增加了自信，焦躁不安感缓解了很多，作息更加规律了。有情绪的时候约上舍友去跑步，主动邀约舍友到图书馆自习，沉迷玩手机的行为也得到了有效的控制。

三、经验与启示

通过咨询辅导这个学生，有以下的几点工作感悟。

1. 做好心理预警，加强家校联系。辅导员要重视学生的心理档案，特别是大一新生，应该做好学生心理档案的建档工作，对学生的心理情况了然于心。对于一些特殊学生，要从学生入学时就做好家校联系工作，对学生的家庭情况、疾病史、治疗情况有系统详尽的跟踪记录，以便更好地帮助这些心理问题学生形成完善的人格，达到身心健康。

2. 运用心理知识，重视心理干预。学生来自不同的家庭，有着不同的成长经历、性格特点，有一些甚至在入学前就有比较严重的心理问题。要做好学生心理问题的甄别和干预，心理学知识是辅导员工作的重要技能之一。然而，光有理论知识是远远不够的，更应该将理论知识运用到学生实际案例中，才能把我们的心理工作做"深"、做"细"、做"小"、做"实"。

3. 关注学生行为，塑造优良品质。大学阶段是青年社会化的缓冲阶段，这个阶段的行为习惯、素质品质在逐步定型。高校对大学生进行良好行为习惯的引导教育关系到青年走入社会，步入工作后的总体状态，影响到整个社会青年人的精神风貌。因此，我们要加强对大学生不良的行为习惯的监督和管理。智能手机成瘾作为一种不良的行为习惯，需要引起辅导员更多的关注，给予学生恰当的教育引导。

（江小敏）

一个大一贫困新生心理适应问题
案例分析及解决对策

一、案例概述及问题本质

（一）案例概述

大一新生小 A 同学来自农村，母亲患病在身，家庭收入微薄。进入大学后，周围同学的高档消费时常刺激着小 A。于是小 A 奋发读书，白天一有空就上图书馆，晚上则挑灯夜读。在期中考试中，小 A 的成绩却在班上靠后。此后，当小 A 坐在教室里看书时，脑海里总是浮现出贫寒的家境和重病的母亲，沉重的压力让小 A 难以安心学习；而晚上开台灯学习则严重地影响了舍友休息，舍友间的关系也变僵。当小 A 看到同学获得众多荣誉时，渐渐由嫉妒变成怨恨，并刻意疏远。小 A 感到一切糟透了，于是经常旷课、夜不归宿。

（二）问题本质

本案例主要阐述的问题是：贫困新生在学业学习、人际交往等过程中因无法应对众多现实状况而产生的心理困扰；作为辅导员应该如何通过有效的途径对其进行干预，使学生能尽快调整自己，及时回到积极、健康的学途上来。

二、解决思路及实施办法

（一）从人际互动入手，建立关系

辅导员通过关注和了解小 A 的实际生活问题，及时给予小 A 帮助，经常利用晚自习、晚查房的时间找小 A 谈心，关心小 A 生活及学习近况，与其建立良好的师生关系。在人际关系方面，通过与舍友谈话，促进对小 A 的理解和包容，主动进行沟通和交流，避免宿舍冲突，为小 A 缓解宿舍人际上的压力。同时与班委商谈，建议班委积极邀请小 A 参与班级集体活动，以工作人员的身份免除小 A 班级活动的费用，并强调同学之间应互相帮助。鼓励小 A 主动联系同学，加强沟通，让小 A 意识到同学之间并不只是她原来看到的竞争关系，更多是合作共赢的关系。同学关系是将来参加工作后的资源，学习如何主动和同学建立关系也是为今后更快地适应社会做好准备。

（二）从调整认知入手，树立自信

运用心理学合理情绪疗法——ABC 理论，使小 A 学会正确认识自己，寻找自我闪光点确立自信。自信是取得成功的基础。首先辅导员通过多次与小 A 进行深入谈话，让小 A 学会正确面对并勇敢接受自己的客观现实。调整原有不合理的想法，让小 A 意识到物质生活的好与坏并不是评价一个人的标准。贫困是暂时的，要树立战胜贫困的勇气，列举现实中跟小 A 有同样家庭背景但最后成为成功人士的例子。通过学生卡片及小 A 父母提供的信息，指出小 A 自身的优点长处，让小 A 确立自信，正确面对生活。在班级中多开展一些促进同学之间互相交流的积极、有意义的活动，不断鼓励小 A 积极参与其中，并及时对小 A 进行肯定，让小 A 通过每次活动去体验和发现自己的闪光点。同时让班委及同学了解小 A 的优点，组织活动时给小 A 进行适当的分工安排，使小 A 感觉到自己被重视和自己的能力被肯定，有助于小 A 以后更积极地参与活动，表现自己。

（三）从学业帮扶入手，提高成绩

在学业上安排同学对小 A 进行"一帮一"互助，帮助小 A 分析学业困境造成的原因，客观评估目前自己的学习水平，总结大学学习规律，有针对性地调整学习方法，制订合理学习目标和有效计划，逐个解决学习问题。辅导员需全程关注这一过程，在遇到瓶颈时及时鼓励，陪伴小 A 逐步走出学习困境，而学习成绩提高的过程也是自信心重塑的过程。

（四）从经济资助入手，解决困难

有效运用学校的各项资助政策，在经济上帮助小 A，为小 A 排忧解难。贫困生的心理问题或多或少都与贫困有关，给贫困生物质的帮助，是对小 A 心理引导和帮助小 A 进行自我调适的现实助力。为小 A 讲解现在学校实行的助学解困体系，让小 A 了解可以通过什么样的渠道、方式获取资源解决自己的实际困难。可以通过小 A 身边同学的例子告诉小 A 奖学金和助学金如何取得以及评定的条件，帮助小 A 树立明确的奋斗目标。帮助小 A 申请勤工助学岗位，让小 A 通过自己的努力解决自己的生活费用问题。当小 A 改变对贫困的认知，并通过自己的努力自食其力，说明小 A 已逐步找回对生活的主动权和对自我的力量感，这对重新建立自我认知，建立人际关系有十分重要的意义。

三、案例总结及经验启示

该案例仅是当今高校存在的贫困生问题的冰山一角。高校贫困生群体是心理问题高发的群体，而辅导员在贫困学生心理危机干预中的作用不可低估，辅导员是帮助贫困生摆脱心理困扰的重要支撑体系之一。如何对高校贫困生群体进行及时有效的心理危机干预是辅导员工作的重点，要通过辅导员工作帮助贫困生解决心理问题，帮助其顺利完成学业。要有效地帮助"小 A 群体"，首先要对"小 A 们"心理问题产生的原因进行分析，并了解他们受挫后的表现，才能更加有针对性地采取措施进行有效干预。

首先，在了解"小 A 群体"心理问题产生的原因和表现后，在日常工作中，要及时有效地对贫困生心理问题进行干预，更加首要的工作是要及时了解自己学生的家庭情况，建立贫困生数据库，有效运用学校资助相关政策，给困难学生及时的经济帮助，做到心中有数，让自己的工作有针对性。其次，在日常工作中要特别关注贫困生群体的心理状况，经常和他们沟通交流，建立良好的师生关系，让贫困生能信任辅导员，有困难有问题愿意找辅导员。最后，从辅导员自身出发，提高业务能力，了解各项资助政策，学习心理咨询相关技能，不断总结分析，提高解决问题的能力，从而更加有效地帮助学生走出困境。

（蒋林娟）

一个社交困难学生的处理方式案例

一、案例概述

王进（化名），男，大一，理学专业。新生入学教育周的一天，辅导员从班导处得知，王进经常独自一人出入，班级破冰自我介绍时他坚决拒绝上台发言，参加集体活动时都是站在队伍最后一排，不爱与同学交流，只有舍友与其沟通时会偶尔做出"嗯""好"之类的简单回答。趁活动间隙，辅导员召集其舍友，在当日其余活动中密切关注该生行为，保证时刻有舍友陪伴在他身边，避免其单独活动。

当天晚上活动结束后，辅导员以检查内务卫生名义，走访了王进所在宿舍，试图与其面对面交流。当得知是辅导员来宿舍后，王进战战兢兢躲在门后，不敢与辅导员说话，拒绝眼神交流，甚至紧张到发抖。为避免给王进带来更大压力，辅导员假装自然地交代宿舍所有成员要保持宿舍整洁后，便暂时退出宿舍。

二、解决思路和实施办法

根据王进同学社交困难的情况，解决思路如下。

1. 及时将已了解到的情况向学院领导汇报。

2. 在完全了解情况之前，为防止该生出现意外，安排班导、舍友密切关注其动态，并做到 24 小时都有同学陪伴，同时避免王进察觉到自己受到特别关注。

3. 王进有较为明显的自闭倾向，不愿与陌生人沟通，应尽量避免过多谈话对其造成的压力。

4. 该生只会偶尔和舍友进行简短交流，由此推断该生较为缺乏安全感，与相对熟悉、信任的人还是愿意沟通的，建立信任的关系是让该生"张口说话"的关键。

5. 及时与王进家长联系，了解该生过往经历，找出其社交困难的原因。在与其家长沟通后，辅导员获得如下信息。

（1）王进同学一家来自西北地区，小学随父母打工到福建学习生活。王进小学阶段功课优异，性格也活泼开朗；升入初中后，由于父母工作繁忙且家校距离较远，开始住校生活。

（2）一年寒假，王进向父母表示今后不愿意再回到学校住宿，问其是否在校被人欺负也不做回应。在那之后王进性情大变，与父母沟通越来越少，经常独自关在房间玩电脑游戏，有时父母喊他吃饭他还会大发脾气。

（3）此后，王进与父母之间几乎没有交流，只有在需要生活费的时候才和父母说话。但其学习成绩一直较好，父母也没太在意，以为只是青春期叛逆的表现，期望在升入大学后有所改善。

（4）王进虽不喜欢与人面对面说话，但在QQ上还算活跃，相对来说，更愿意通过网络与他人沟通。

从其家人获得的信息分析，王进在中学住校期间，有被同学（或管理者）欺负的可能，因此对集体宿舍生活产生了阴影，也不愿与他人甚至是家人面对面沟通。

三、问题背后的思考

在综合分析思考后，辅导员决定采取相关方式有针对性地处理王进同学社交困难的情况。

1. 通过加QQ的方式与王进交流。经尝试，王进在QQ上能够比较接受和辅导员进行正常的对话。

2. 考虑到社交困难的学生一般较为敏感，辅导员没有追问他不愿当面与他人沟通的原因，而是定期通过QQ在学习上、生活上对王进关心和帮助，逐渐与王进建立信任、友好的关系。

3. 和王进宿舍同学交代，日常多留心王进同学的行为举止，如发现异常要及时向辅导员汇报。在宿舍生活中多包容、照顾王进，多尝试与王进沟通，慢慢带他走出阴影。

4. 寻求王进同学家人的支持，建议其家人可以通过网络、短信等方式定期与其联系，在生活上多关心关怀王进，并及时和家人反馈王进在校期间表现，共同帮助他顺利完成大学学业。

四、处理结果与案例总结

大学四年，王进不愿与人沟通的情况虽然没有完全改变，但其在校期间的生活还比较适应，能完成常规的教学任务，成绩水平中上，也曾获得三等奖学金。大三下学期开始筹备考研，虽没有考上第一志愿高校，但成功调剂回本校。

对于王进同学社交困难的情况处理，辅导员将心得总结如下。

1. 在工作中接触的学生人数众多，每一位学生都会有一些特殊的经历和背景，这就要求我们需要更加全面地了解学生信息。从新生入学开始，应积极关注所有学生的情况，通过定期谈话、经常下宿舍、关心关怀每一位学生，尤其是对内向、不太愿意与人沟通的学生，更要充分了解情况，帮助其尽快适应大学、融入班集体。

2. 面对社交困难的学生，进行必要、有效的沟通工作是关键，包括和学生本人、学生家长、周围同学沟通，及时全面进行了解，尽可能全面地掌握信息，有利于我们做出更为准确的判断。如果问题的性质已超出自己能处理的范围，应该及时求助校心理中心等专业机构，寻求指导，便于后续工作开展。

3. 大多数情况下学生产生问题的原因，和其成长环境、家庭背景都有很大关系。遇到问题时应充分与学生家长沟通，充分了解情况和造成问题可能的原因，应加强家校合作。解决问题仅仅依靠学校一方的努力是远远不够的，更多地需要家长的积极配合。因此，解决学生思想工作，也需要做通学生家长的思想工作。

4. 面对突发状况时，要沉着应对、冷静处理，要及时和分管领导汇报情况，寻求指导帮助；在处理执行时，也要依靠日常生活中与该生接触较多的班干部、舍友等协助观察、陪伴，以确保将突发事件可能造成的不良后果控制在最小的范围内。

5. 学生问题无小事，面对问题学生时要及时关注处理，多一些耐心、细心、关心，多换位思考，尝试从学生角度出发了解当事人的感受、需求，有利于更好地解决问题。

（程章威）

一个心理危机事件的应对办法

一、案例概述和问题本质

张某，女，家庭经济困难学生，曾在大二期间出现学业问题。某月初张某舍友致电校心理中心寻求帮助，反馈张某可能出现幻听症状。经多方了解发现，张某从 4 月底开始在宿舍经常发呆，自言自语，精神涣散，睡眠时间缩短，感觉自己被监视，且存在自残倾向。辅导员与张某谈话过程中，发现其眼神恍惚，思维迟缓，带其前往医院心理科诊断为精神分裂症。

全面了解该生情况后，排除该生目前存在学业或经济等方面的现实压力，判定该事件属于大学生突发心理危机事件。

二、解决思路和解决办法

（一）解决思路

1. 应对因心理问题引发的危机事件，第一时间报告学院，寻求校心理中心专业意见。

2. 第一时间和其家人反馈学生情况，要求家人来校，陪同家人前往专业心理门诊诊断。如家人拒绝来校，第一时间带学生前往专业心理门诊诊断，获得诊断结果，持续与家长沟通。

3. 去医院时，带上学生的好友或主要学生干部，在后期陪护工作中提供支持，同时避免在去医院过程中因学生不可控引发意外事件。

4. 排查现实压力因素，判断危机事件是否因学业或家庭经济压力诱发。

5. 获取主治医生联系方式，方便后期持续跟进和了解学生情况。

6. 做好舍友工作，提前了解学生作息时间和经常出入地点，甄别反常行为，在突发事件时第一时间掌握情况。

7. 做好学生复学后的持续跟进，关注学生学业、人际和用药状况，发生异常行为第一时间把控。

8. 请校心理中心对舍友进行心理干预，预防高危个案处理过程中对相关学生产生的消极影响。

（二）解决办法

第一时间向分管领导汇报，全面了解该生情况，确定该生近期并未存在学业或经济方面压力，排除潜在压力源。和家长沟通，告之张某当前状况，要求家长来校，但被拒。次日，带张某前往医院心理门诊就医，张某舍友陪同前往，拟诊断为精神障碍。再次联系家长，家长因工作原因拒绝第一时间来校，安排舍友在家长来校前24小时陪护。因初次用药后出现嗜睡、思维缓慢等症状，张某开始拒绝用药。联系主治医生，医生建议在家属陪同下做进一步诊断，如一直拒绝用药，须家属签字后，进行强制执行。又一次联系家长，告之学生情况严重性，家长答应周末到校，期间舍友轮换守夜。

第四日早，舍友因太困睡着，起床后发现张某已不在宿舍，桌面留有类似遗书。辅导员第一时间报告分管领导，安排班级同学在宿舍楼高层、湖边、车站等张某可能出入地进行地毯式寻找，联系家长，家长答应下午到校。上午9点左右在张某经常出入地找到其人，陪同至家长来校，与家长一同前往医院，诊断为精神分裂症。因该生状况已不适合在校修习，协助家长办理休学手续。后因持续接受治疗，症状消失，持医院康复证明办理复学。

复学后安排原宿舍入住。张某持续用药后，因症状消失，且药物副作用会引起肥胖，自行停药。某月，舍友反馈其近期状况不佳，由家人带回家休养，一天凌晨，张某在家割腕，被家人发现，抢救成功。治疗一段时间后，张某重新返校。

三、案例总结

1. 加强大学生心理健康的教育与宣传工作，提高学生对周围心理异常个案的识别能力。

2. 在整个高危个案的处理构成中做好记录。与学生家长保持及时沟通，从有利于学生的角度出发，争取家长信任。因心理危机事件可能在短时间内爆发，需争取家长第一时间到校协助处理。

3. 积极关注高危事件相关学生（舍友等）的心理疏解工作，在学生康复返校后，获得舍友持续的支持，及时全面了解学生复学后的状况，提前介入，避免高危事件再次发生。

（汪静筠）

一个因学习压力引发的学生心理问题案例

一、案例概述及问题本质

（一）案例概述

刘某，男，大三学生。该生因学习压力大，引发一系列生活适应及人际关系问题，情绪低落，变得自闭，整天待在宿舍足不出户，作息时间错乱，精神萎靡。据了解，该生入学后除性格孤僻沉默寡言外，情绪一直稳定，日常行为举止无异常，周围同学评价其勤俭懂事，期末复习期间经常到教室自习。该生家庭经济情况不好，来自教育水平相对落后的省份，加上其自身在英语方面存在短板，到大学后，学习问题逐渐凸显，每学期该生都有数门课程无法通过，学习成绩一直处于年级下游，直到大二上学期初补考未通过时，该生才开始显得情绪低落。

（二）问题本质

基于学生的日常行为受损，初步可以判断其已经出现一定的心理问题，但还没有到严重的程度，原因是其学习成绩不好，压力大引发。可进一步借助相关的专业量表进行更精准的判断。

二、解决思路及实施办法

1. 第一时间将有关情况上报学院分管领导。

2. 安排学生干部、舍友特别关注该生。安排该生所在班级的班长和团支书在其外出时进行轮流陪护，在宿舍则安排其室友进行时刻关注，并交代其室友务必确保至少有一人时时陪同在刘某身边以保证其安全。

3. 谈话了解情况，并鼓励其建立信心。辅导员亲自和该生进行交谈以了解其心理动态，同时予以引导和帮助。另外，向舍友及班级同学了解该生情况。

4. 与家长联系，配合家长做好学生情绪疏导工作。帮助家长了解学生真实情况，必要时，请家长到校。

5. 安排学业上的帮扶。如请班级学习比较好的同学"一对一"帮扶，或者请专业教师和高年级的同学进行学业上的指导。

6. 建议其到校心理中心进行心理咨询。如果有效果则坚持下去，如果效果不好甚至还会继续恶化，则请家长带学生去医院进行专业的心理治疗。

7. 视情况如有需要休学等，可帮助家长和学生办理相关手续。

三、案例反思

1. 日常安排得力干部积极关注，及时跟进。这样在学生情绪发生异常的第一时间，辅导员才能了解到最全面的信息。

2. 及时上报领导，及时通知家长，并要求家长第一时间到校。家长到校期间，确保学生人身安全。家长到校后，可先和家长签订安全协议，并帮学生请长假，由家长带离学校看护，在学校周边住宿，避免在此期间学生在校园内发生异常。和家长明确双方责任，以免日后不必要的麻烦。出于对学生的关怀，学校应积极配合家长。

3. 学生考试和补考期间学生情绪可能较为焦虑，应在这些敏感时期多给予学生关注。

4. 在学生大一出现挂科时要及时予以关注，并进行学业帮扶，避免学业落下太多。

5. 对于来自教育水平相对落后省份的学生要从入学起就在学业上给予特别关注。辅导员需要不定时以不同形式与学生聊天，随时了解学生心理动态，做细致入微的工作。

6. 做好家庭经济困难学生的精准资助工作，缓解因家庭经济困难给学生带来的影响。

（徐红梅）

一名抑郁症学生问题的处理与思考

一、案例概述

小康（化名），男，大一。父母务农，家中长子，有一个妹妹在读高中。父亲年轻时脾气火爆，对小康要求十分严格，常以打骂的方式进行教育。父母在其小时候经常吵架，每次吵架就以小康作为出气对象，对小康造成心理上的伤害，导致小康至今无法从伤害中走出。大一某天，小康到校心理中心做心理咨询，自述精神紧张，有自杀意念，初步测试结果显示重度抑郁。

二、工作思路

学生出现心理问题，辅导员要在确保学生人身安全的前提下，以关爱学生为首要准则，运用心理工作技巧，服务学生成长成才。

（一）解决过程

1. 针对小康的情况，辅导员第一时间找到小康。小康讲述其过往经历，并谈到近期情绪有所波动，有自杀意念。辅导员立即向院党委副书记汇报，并联系小康父母，告知其小康目前情况，希望其尽快到校。随后，辅导员安排两名学生对小康加强关注，如其有任何情况，及时向学院汇报，并对此事保密。

2. 两周后，该生再次到校心理中心咨询，透露最近一周内有自杀计划。了解情况后，辅导员第一时间联系小康的父母，告知其由医院确诊为重度抑郁，有自杀计划，再次要求其父母立即前往学校，希望家长在家校商量出妥当一致的对策前，暂不与小康联系。当晚，学院副书记和辅导员轮流在校值班，并安排小康的舍友对其进行 24 小时看护。安排班长在走廊温书迎考，时刻关注动向，随时汇报情况。小康母亲于次日晚到校，副书记向其母详细介绍了该生情况，及重度抑郁可能存在的风险。在多番劝说后，小康同意随其母回家休息，并立即办理请假手续。当晚，辅导员为小康及其母亲订购返乡机票，母子二人次日返乡。

3. 休养期间，辅导员继续与小康及其家长保持联系，叮嘱小康要继续到医院就诊，持续服药。经过积极的治疗，小康的情绪慢慢好转，病情稳定。一个多月后，小康在父亲陪同下返回学校。辅导员陪同小康及其父亲前往医院复诊，并征求医生意见，询问该生是否适合上学，医生开具证明书中写道："该生情绪平稳，建议继续上学"。次日，小康父亲签订《家校共同管理责任书》，知晓其孩子目前的状态及存在的风险，希望让孩子继续在校学习（鉴于医生可继续就学的建议）。此后，小康父母时常打电话关心其在校情况，亲子关系逐渐改善。辅导员在了解到小康有当兵的想法后，积极动员小康应征入伍，主动为其提供帮助。小康对辅导员保持了较好的信任关系。

三、案例思考

1. 家庭教育对孩子的影响深远。本案例中，小康身为家中长子，父亲严苛的教育方式对其幼小的心理造成了不可磨灭的伤害。尽管小康长大后明白父母对自己的疼爱，但小时候的经历让他始终无法从低落的情绪中走出加上其性格内向，无亲密的朋友，导致心中郁结无法疏解，产生伤害自己的想法。

2. 重视程度不够，学生和家长缺乏交流。造成心灵伤害后，家长对自己的行为造成的严重后果浑然不知，而小康亦认为时间会改变一切，认为告诉家长是不能被理解的。高中以后，小康在校寄宿，与家长的关系疏离，凡事习惯自己面对，缺乏与家人的交流，情感难以宣泄。

3. 抑郁情绪隐蔽性强，不易察觉。小康在校期间与同学关系融洽，兴趣爱好广泛，喜欢骑行、跳舞，在同学眼里是个开朗乐观的人。抑郁情绪从幼年时已产生，小康隐藏自己抑郁情绪，展现给外人的是乐观开朗的一面。直到抑郁的情绪累积到一定程度，他无法承受，才不得不寻求帮助。

4. 及时就医，寻求专业帮助。心理问题的产生并不可怕，小康的问题也不是个例。作为辅导员，面对心理问题的学生，首先是把他当作正常人，告诉他心理问题是一种病，正视它，不用害怕，寻求专业医生的治疗，以求控制病情。

四、案例总结

（一）学院重视管理，实施近身看护

学院上下统一思想，高度重视学生心理问题。根据实际情况，及时成立专项工作小组。第一时间联系学生监护人，要求家长到校。在家长未到校前，安排可靠的学生干部对其实施近身看护，时刻留意问题学生的情绪波动，及时将情况反馈给家长和学院领导。在家长到校后及时进行交接，配合家长做好后续的就医等工作。

（二）建立和运用好学生信息员队伍，处理过程留下工作记录

由于心理高危学生问题属于敏感问题，处理方式关乎学生个人及其家庭。辅导员在得知情况后，第一时间向学院领导汇报，请示下一步处理办法。在与当事学生沟通过程中充分考虑学生情绪，注意方式方法；在与家长沟通后，及时与家长签订告知书及责任书，明确后续处理的安排。并在同学生及家长谈话过程中做好相关录音和文字记录工作。平时工作中，特别注意建立学生信息员队伍，遇到突发事件时，只有得到学生干部和学生信息员的帮助，才能时刻把握学生动向。

（三）日常生活中主动关心，主动提供必要帮助

辅导员在得知小康的情况后，多次主动关心小康，从家庭关系谈到大学生活，既要让小康正视该问题的严重性，又要让其感受到学校的关心。在谈话中，小康提及想要当兵，辅导员随即为其查找大学生应征入伍的相关政策，帮其主动联系学校，并同时联系其家长，做好家长思想工作，取得家庭的支持。同时，学院副书记经常关心，对其积极引导。

（四）引导学生接受专业治疗，防止病情继续加重

不把有心理问题的学生区别对待，除了日常的关心和帮助，对于病情比较严重的学生应该及时就医。辅导员引导学生及时前往医院进行治疗，并且私下与其父母沟通，多方共同努力后小康愿意去往医院做进一步心理咨询，此类学生更愿意相信专业医生的权威意见。在数次就诊后，学生愿意配合吃一些抗抑郁的药物，并且定期到医院做咨询，病情得到控制。

（五）普及"生命守门员"培训，构建心理干预体系

当今时代，大学生心理问题屡有出现。辅导员不可能准确掌握每一个学生的心理状况，这就需要学生中有掌握心理知识的群体。应将"生命守门员"培训作为常规工作，定期开展下去。加强心理保健员和舍长的培训，普及自杀守门员知识，有效增强学生对自杀风险的敏感度，做到有问题及时上报。辅导员应第一时间响应介入谈话，对高危个体要及时转介到专业医疗机构诊治，做到"早发现，早报告，早诊断，早治疗"，积极维护学生生命安全和心理健康。

（翁惠玲）

一个抑郁工科女博士的帮扶案例

一、案例概述及问题本质

（一）案例概述

小张，女，工科硕博连读博士，性格封闭，不善于与他人沟通交流。父母近亲结合，感情不和，小张与父母感情不深，尤其对父亲冷漠。在学习上，小张虽然成绩优异，但实践动手能力欠缺。这个短板，使她在攻读研究生过程中遇到瓶颈。临近论文提交，小张进展缓慢，非常焦虑。6月是最后的修学年限，4月18日是论文送审的最后一次机会，但小张一直无法提交学位论文，濒临退学。事实上，小张论文的实验部分已经全部完成，只剩论文撰写。如果退学，小张只能获得本科学历，家人也非常紧张担忧。2016年12月，小张长时间未到学院，精神状态差，觉得生活没有意义，不愿出门，手机不离手，长期点外卖，经医院诊断为中度抑郁。学院对小张进行了200天左右的积极关注和帮扶，经过家校多方努力，2017年7月28日，小张顺利完成博士学位论文答辩，并成功就业。

（二）问题本质

小张因性格内向封闭，加之遇到学业压力，难以应对导致心理障碍。

二、解决思路及实施办法

1. 导师责任制。当发现小张状态异常时，辅导员及时将情况告知导师，并从导师处进一步了解情况，同时与导师保持密切联系，毕竟导师是研究生第一责任人。但学生还是主体，导师表示，小张必须完成论文初稿方可给予指导修改。小张的家长不止一次向辅导员提出找"枪手"代写论文的想法，均被辅导员否定。

2. 家庭配合。第一时间与小张父母取得联系，要求家人陪伴，其母到校陪读。小张父母文化层次较低，父亲是国企工人。小张舅舅大学本科毕业，非常关心小张情况，所以辅导员和小张舅舅也保持密切联系。

小张读了7年博士，如果退学，最后只能是本科学历，这对整个家庭和小张本人，都将是很大的打击。学院从学生为本出发，调动各种资源帮助她。患上中度抑郁后，家人、教师的陪护和关心非常重要，需要经常鼓励小张。辅导员也教小张妈妈一些陪伴的技巧及一些细微的肢体语言，让小张实实在在感受家人和教师是关心她的，她不是孤独的一个人在努力。

3. 开通学业绿色通道。学院本着以人为本，全力救助的原则，同意小张继续留校学习。同时，依照小张无法在学校要求提交论文的时间完成，所以申请延期是前提。经过学院领导的努力，学校研究生院最终同意将小张提交论文延时1周延期两个月。同时，密切关注小张动态。

4. 程序必须规范合理，要及时请示学院领导、上报学校，每周进行高危情况汇报。在这个案例中，小张被确诊为中度抑郁，本应该住院或回家治疗，但如果那样，其会面临退学，但小张和家人都非常希望继续在校写论文。本着以人为本、帮扶学生的原则，学院同意小张一边药物治疗，一边继续住校学习，但家人必须全程陪护，并签署安全承诺书。所以，当时小张父亲和辅导员说："老师，您这么帮我们，即使出了意外，我们也不怨您。"

5. 辅导员支持、陪伴和督促。小张本人的内驱力和行动很重要。辅导员不断督促小张要到实验室学习，但发现其经常盯着电脑发呆或刷网页。距离提交论文的时间越来越近，小张完成论文初稿到了关键阶段。辅导员找来小张，向其了解论文的进展，并与其一起讨论制定论文进度表。从最初一两天要求其每天写1页，到后面每天至少写5页，要求其将每天写好的论文电子版发给辅导员。辅导员通过短信、QQ留言或电话等方式提醒小张及时完成进度。20天时间，论文初稿如期完成，经反复修改，终于在截止时间提交了学位论文。

半年多，辅导员与小张共发送215条QQ信息，7个邮件，58条短信，进行多次电话沟通和面对面交流；同时加上导师的积极协助和配合，最后，小张不仅顺利毕业，还顺利就业。

三、案例总结及经验启示

1. 规范程序。处理心理高危案例，光有爱心是不够的，一定要程序规范，手续齐全。

2. 积极共情。共情是重要的心理咨询技术，它不仅仅是一个概念，更需要用在实际工作中。以人为本，设身处地地为学生、为家庭着想是妥善处理此类案例的基石。

3. 助人自助。调动学生本人的毅力和改变的意愿。在家人、导师、辅导员的推动下，案例成功和当事人自己的努力是分不开的。

4. 狠抓落实。家校齐用心、共用力。导师、家人、辅导员和当事人一起把工作细化，每一项工作落实到位，持之以恒。

（许海燕）

抑郁症，如何与你和平共处

一、案例概述及问题本质

（一）案例概述

王某，家中独子，家境较好，性格内向。来自西南边陲，基础教育水平较弱，入学后成绩中等偏下，但无挂科情况。大二上学期成绩骤降，达到学业危机预警，辅导员找其谈话，该生表示读书无用，无学习动力。大二下学期6月，班委反映该生持续不上课，少言少行，经常一个人静坐抽烟，言语观点偏激。辅导员当即与其家长联系，建议就医心理诊断，后经诊断结果为中度抑郁。经多次谈话，了解到该生因遭遇亲属变故，心理失衡，抑郁成疾，后经家长辞职在校陪读并持续跟踪治疗，最终顺利毕业。

（二）问题本质

该问题属于典型的由生活创伤事件引发的心理与学业双重问题。该生原本性格内向，在经历家庭亲属变故后无法接受，情绪低落，心理失衡，最终导致抑郁症，学业也因此受到严重影响。后经家长陪伴与持续治疗，最终克服抑郁，实现正常学习生活。

二、解决思路及实施办法

该生出现的抑郁症状，需进行专业的诊断及治疗，同时从家庭和学校两个方面对该生进行帮扶，以帮助其度过心理危机，顺利完成学业。

1. 在处理这类由于心理问题而引发的学业问题时，辅导员应深刻明白不能一蹴而就，心理问题会影响学业，而学业压力的加重又会加剧心理问题，形成恶性循环。单靠一己之力难以解决，需要家长密切配合，先解决其心理问题，再采取措施解决其学业问题。

2. 该生的情况已超出学校心理咨询的范畴，需到精神专科医院进行诊治。

在家属到校后，及时陪同该生前往医院就诊，经诊断为中度抑郁，需进行一定的药物治疗。鉴于王某有就医愿望，尚无自杀企图，结合医生建议，要求其家长在校陪读，进行 24 小时陪护，安排同学进行照顾，防止发生意外。

3. 药物治疗期间，辅导员多次与该生谈心谈话，与其建立信任关系，鼓励其说出自己的想法，深入了解其思想上的症结所在，找到面临的压力源，鼓励其进行情感宣泄，并给予其支持与鼓励。

4. 家校密切配合。家长在知晓该生情况后，第一时间赶到学校，深入沟通与交流后，辅导员了解到其思想症结，鼓励家长用适当的方式向该生解释其舅舅的行为，并鼓励其了解真相，接受真相，建立正确的世界观、人生观、价值观，同时给予亲情上的支持和慰藉。在王某确诊为患有抑郁症后，其母当即表示愿意辞去工作进行陪读，家长的密切配合是该生情况好转的关键。

5. 学业帮扶。除了心理方面的疏导和支持，辅导员同时安排宿舍成绩好的同学对王某进行学业帮扶，带动其上晚自习，并随时关注其学业情况，采取有针对性的帮扶措施。在延期一年后王某最终顺利毕业，走上工作岗位。

三、案例总结及经验启示

（一）案例总结

1. 问题始于家庭亲属变故。案例中的王某是独生子，生活学习一直比较顺利，没有经历过严重的挫折和打击。其舅舅曾任区银行行长，和王某感情较好，王某从小到大深受其影响，视他为家族骄傲，并以他为榜样。在王某大二上学期时，其舅舅突然因经济问题被判入狱。这一事件超越了他的心理承受能力，由此认为读书无用，社会不公平不公正，生活失去目标，万念俱灰，心理难以承受其重，学业一落千丈。

2. 应激事件导致该生出现抑郁症症状。对于舅舅入狱事件，王某难以理解更难以接受。他不明白长辈的世界里，行为及其背后的意义，对复杂的社会产生了极度的惶恐情绪。因生性内向敏感，事情发生后很长一段时间，王某不能进行合理的心理调适，与家长之间也缺乏交流，王某逐渐出现少言寡语、注意力不集中、记忆力减退、对生活失去希望、失眠烦躁等抑郁症状，社会功能弱化，进而影响学业。

3. 缺乏社会支持系统致使负性情绪没有出口。在学校里，王某因来自西南边陲城市，学习基础薄弱，加之性格内向，日常不喜与人主动交流，在班级里只有一两个关系尚好的朋友；在家庭里，由于其父亲性格也非常内向，母亲忙于工作，王某从小与父母之间的交流也较少。舅舅事件发生后，父母由于事件的复杂性没有告知其相关细节，王某按照自己的理解，存在认知误区。社会支持系统的缺乏导致负性情绪积压，没有及时宣泄，导致抑郁情绪出现。

（二）经验启示

通过解决王某的问题，总结出了以下几点经验。

1. 辅导员在日常工作中需具备心理方面的知识。随着社会的变迁和竞争的加剧，相当一部分学生容易受到心理问题的困扰，如情绪情感问题、恋爱问题、人际关系问题、求职择业问题等，辅导员心理知识的储备有助于更好地开展学生工作。

2. 加强学校心理健康知识普及，提高学生自我心理调节能力。授人以鱼，不如授人以渔。大学生只有充分了解心理健康知识，才能树立心理健康意识，进行自我调节，适应外在环境的变化。高校校园中，大多为95后、00后，他们成长在剧烈变迁的时代，物质生活极大丰富，大多为独生子女，自我意识较强，抗挫折能力普遍较弱，需要普及心理知识，增强心理调适技巧。

3. 心理危机干预需要家长的密切配合。发生心理危机的学生，大多数社会支持系统存在问题，家长的密切配合有助于完善他们的社会支持系统。同时，心理危机关系到学生的生命健康，家长负有不可推卸的责任，家长的支持与配合，有助于化解危机。

4. 心理危机预警和干预工作要发挥学生的作用。通常，学生对同学中存在的问题可能发现得更早，了解得更确切。因此，辅导员在日常工作中，要注意发挥学生的力量，从而做到早发现、早预警。遇到心理危机发生的情况，在教师的指导下，学生干部和其他普通同学也能够帮助有心理问题的学生，形成教育合力。

5. 学院和学校共同化解学生中出现的心理危机。学生的心理危机事件解决的成功与否事关校园的安全稳定和学生家庭的幸福。因此，必须群策群力，依靠集体的智慧和力量化解危机。本案例中，学校心理中心在心理疏导方法，谈话技巧方面给予了充分的支持，并担任了后期的咨询辅导，为学院具体工作的开展提供了有力支持。

（谭晓兰）

再次绽放自信的微笑

一、案例概述

高某，女，18岁。来自云南山区的贫困家庭，家中共七口人，父母务农，家中姐姐和高某为在校大学生，弟弟就读于中专。在整个家族中，高某是唯一考上"211"大学的人。据高某说，她从小学习成绩很好，虽然存在偏科现象，但一直名列前茅，并以当地中学前三名成绩考入大学。家中为供养两姐妹上大学负债累累。因家庭经济问题，高某的父母经常吵架，有时甚至大打出手。在高某心里唯有认真学习，才能报效父母。功夫不负有心人，高某终于没有辜负众人的期望考上大学。来上学之前，高某心中充满了对大学生活的热情和对未来生活的美好憧憬，但入学半个学期后，她就陷入了烦恼的苦海。

高某宿舍共四人，除了她来自农村之外，其余的舍友都来自沿海发达地区，家庭条件都比较好，形影不离。高某也想和她们亲近，但她们谈的一些事情高某总是插不上话，例如，提到某某明星的轶事趣事、某某地方有什么好玩的去处或某某服装品牌，高某几乎闻所未闻，而且她也没有经济能力与同学一起消费。看着大家每天快快乐乐，高某心里很羡慕。但是渐渐地，高某心里开始感到压抑、孤独，终日闷闷不乐，感觉舍友在有意孤立她，原本外向的她多了几分自卑，集体活动也很少参加，和宿舍同学的关系一度很紧张，甚至提出想休学回家。

二、案例分析

高某身上出现的问题，可能是一部分大一新生都会遇到的。很多新生进入大学后，因人际关系、学习方式、生活环境等有了很大的变化，会表现出不适应，如果不及时发现、及时开导，后果可能会很严重。

该生主要是适应问题，首先表现出的是孤独、压抑、缺乏自信，在同学面前过于自卑，也不善与人交往。另外，其社会活动的积极性不高，对大学生活也逐渐失去了热情。

三、解决思路与解决过程

（一）挖掘长处，增加积极的情绪体验，增强自信

高某的孤独感、压抑感主要还是由于缺乏自信引起的，因此要克服她现在的自卑心理，首要就是发掘她的闪光点，帮助她走出心灵的低谷，找到属于她自己的自信。鉴于此，辅导员同她的班长以及寝室同学进行了沟通，并商议在以后的日子里，多关注高某，慢慢走近她，并逐渐和她成为好朋友。

在与高某的接触中，辅导员发现她是一个善于思考、动手能力很强的女孩。作为心理保健员，她主动承担情景剧的排练获得了较好的成绩，并在班级建立"解忧杂货箱"鼓励班级同学说一说自己各方面的心得或者困惑。在班委述职大会上，她害羞地发言，阐述自己的工作心得，班级同学带头鼓掌，鼓励她开口。由于高某平时的努力付出，大家向她投去了赞赏、肯定的目光。她非常开心，大家也都很高兴。

接着在年级的主题段会活动中，她主动承担起宣传工作，凭借她的书画功底，连夜制作出非常精美的宣传海报和 PPT 文稿，受到教师、同学的一致好评，高某因此更是开心不已。

（二）巧设机会，加强沟通，及时给予积极鼓励

高某的书画特长受到同学的一致好评，辅导员将她任命为班级副宣传委员。一方面可以发挥她的特长，树立对生活和未来的自信心；另一方面又可以促使她多参加活动，在各项校内活动和社交活动中及时调整心态，正确认识自我，学会更好地与人沟通、交往。

辅导员也在多次"偶遇"的时候，与她聊天，同时不定时地找她谈心，及时了解她近期的思想动态，对她积极的思想和行为进行充分的肯定与鼓励，并进一步引导她积极的思想情绪。

两个多月后，高某有了明显的改变，内向的她变得开朗、外向起来，参加校内活动更加积极，朋友也逐渐多了起来，在校内，辅导员又看到了她快乐的身影和自信的微笑。

四、案例总结

大一新生刚刚步入大学，大部分人第一次离开家，离开自己熟悉的环境、

熟悉的人。因此，辅导员不仅要做好管理者，更要做好教育者，不仅是良师更要是益友，在日常工作中应当做到如下几点。

1. 保持日常观察。通过谈心谈话、走访宿舍等方式，了解、关心每一位同学，认真分析每一次出现的情况，真正用心去体贴、帮助学生，引导学生用健康、快乐的心态迎接大学四年的考验。

2. 帮助特殊学生。对于家庭经济困难学生、学业困难学生、心理特别关注学生等特殊群体，辅导员在工作中应当多关注，做好有针对性的教育引导及成长引领计划，重视其成长需求。

3. 定期筛查跟进。用好班级心理保健员、班级信息员等学生干部队伍，通过新生入学心理测试，对班级、年级的学生心理健康状况进行筛查和回访。

4. 做好教育引导。对学生的引导、教育工作，不仅关系学生大学四年的生活，更关系着学生未来的成长与发展。因此，必须关注学生的每一点思想动态，积极开展心理班会、团体辅导、户外拓展等活动，及时地对学生进行引导、帮助解决新生遇到的问题。

（廖烨檬）

第三篇

03

学业与就业指导

留级生的学业和心理危机处理

一、案例概述及问题本质

（一）案例概述

学生 L，男，留级生。福建宁化人，父亲务工，母亲为家庭主妇。高中阶段曾有一年时间沉迷网络游戏。L 与家庭的亲密度较差，缺少沟通和交流。2016 年 L 进入大学后，因大一挂科情况严重而留至 2017 级重修大一课程。一年中辅导员多次催促下仍未按时完成重修选课任务，导致其在新的大一上学期没有上课且未能参加期末考试。2018 年 1 月，2017 级年段的辅导员在召开主要学生干部例会时，L 所在班级的班长向辅导员反映了 L 的学业问题。

（二）问题本质

高校留级生，是指因学业不良，按照学校有关管理要求跟随下一年级学习和生活的大学生。因中途进入新的班级，学习环境、交往群体等方面都发生了较大变化，学习和心理适应状况需要引起关注和重视，是高校大学生教育管理工作中的重点和难点。因此，对学生 L 进行教育引导时，既要关注 L 的学业问题，也要关注学生 L 因学业问题而引发的心理情绪变化，把解决学业问题和解决心理问题结合起来。

二、解决思路及解决方案

作为刚接手 L 的新辅导员，须运用相关理论知识对留级生 L 做一个全面、立体、深入的分析，初步制订解决方案，分步骤有条理地处理好 L 的学业问题和心理问题。

（一）案例分析

1. 运用立体分析的思想政治教育方法对 L 进行全面深入分析。

人的思想行为往往是多种因素作用的结果，这就要求人们在考察教育对象的思想行为的变化发展时，对与其相关的各种因素做多变量的综合考察。只有从多角度、多侧面对人的思想和行为进行综合分析，才能较全面地把握教育对象的思想特点，进而调动各方面的力量，形成思想政治教育的合力，发挥出协同效应。在本案例中，辅导员主要通过立体分析法对 L 进行多层次、多侧面、全方面分析。既要对 L 入学后的学习生活状况做一个全面的了解，也要对 L 入学前的学习生活状况做一个摸底调查；既要通过 L 的家长掌握 L 的状态，也要通过 L 的舍友和主要学生干部了解 L 的情况；既要通过 L 留级后的前辅导员对 L 的状态做一个研判，也要通过 L 留级前的前辅导员深入了解 L 的实际情况，力求通过多角度、多侧面地调动各方面力量对 L 的家庭背景、学习情况、生活状态做一个科学、准确的研判。

2. 运用心理危急干预的心理学相关理论知识对 L 进行心理干预。

个体心理危机，是指当事人认知、情感和行为的失调。对大学生来说，青年大学生一般会遇到恋爱和学业等方面的危机。对个体心理危机进行干预需要遵循既定的方法与流程。尤其是对存在心理危机倾向的个体，特别是对有明显心理障碍、心理疾病的个体，以及遭受挫折、面临危机、有自杀倾向的高危对象，要给予特别的关注和干预。针对案例中 L 的情况，辅导员主要采取危机前、危机中和危机后三个阶段进行干预，在每个阶段采用不同的干预方式。

3. 运用社会支持的社会学相关理论知识为 L 构建社会支持体系。

社会支持，是个体从其所拥有的社会关系中获得的物质上和精神上的支持，这些支持能减轻个体的心理应激反应，缓解精神紧张状态，提高社会适应能力。对大学生来说，社会支持是一种有效应对压力的资源，当社会关系消失时，大学生便会表现出与倦怠有关的负面情绪，如对所做的事情丧失信心（如对学业成就失去信心）、体会不到行为的价值（如学业成就低）等，甚至容易导致多方面的负面情绪，直接影响个体的身心健康。对案例中的 L 来说，其家庭支持系统较为薄弱，因此，辅导员需要帮助其构建家庭和学校的支持体系，缓解其负面情绪，提升其应对危机的心理素质能力。

（二）处理方法

首先，主动找 L 谈话，了解 L 的学习、生活情况，联系其舍友、同学、前辅导员及其家长了解 L 高中及大学两个阶段的在校、在家表现，初步评估 L 存在一定程度上的学习困难和人际交往障碍；其次，在征得 L 及其家长的同意后，并在请示学院有关领导、学校有关部门的情况下，按照危机前、危机中、危机后三个步骤，借助专业医疗机构的帮忙，对 L 的学业危机、心理危机进行改善，恢复 L 的基本社会功能。

（三）处理过程

1. 危机前：2018 年 1 月中旬，期末考期间，L 在校。

第一，摸底调查。找 L 前辅导员，一学期以来的学习生活状态和未选课原因；找教学秘书，从教学管理角度了解 L 未选课原因以及未参加期末考试原因；找 L 宿舍舍友及班干部，深入了解其留级后的学习、生活状态；找 L 留级前辅导员，从前辅导员角度，了解 L 留级前一年的学习生活状态及其留级原因。

第二，谈心谈话。在了解 L 基本情况后，通过谈心谈话了解 L 对自己没有选课、没有上课及没有参加期末考的看法，了解 L 是否将在校学习生活状态告知家长，谈话中要仔细观察 L 言行和精神状态，为下一步工作开展做出初步研判。同时，对 L 不按照学校、学院规定完成选课的行为做出批评，引导其正确认识自己的错误行为。谈话中，L 承认错误但消极回答，精神状态一般。

第三，家校联系。向分管领导汇报 L 的情况，请示下一阶段工作开展要求和安排。联系 L 家长，请其来校协同解决问题，并与家长对 L 未能选课未能参加期末考的原因、对 L 这一阶段无课、无考的去向、对 L 下一阶段的学习调整达成共识。L 家长来校后，将责任全部推卸给学校，且拒绝让 L 立即回家做休整，经过多次沟通，L 家长最终同意期末考试阶段将孩子带回家里休整。与此同时，建议 L 家长要关注 L 的精神状态。

第四，持续关注。基于 L 的情况，通过段会、主题班会的形式对全体学生重新进行了学分与学籍管理教育。同时，通过 QQ、电话等方式持续关注 L 在家的学习、生活状态。

2. 危机中：2018 年 4 月，经过寒假 1 个月左右的在家休整，L 回校。

第一，重点关注。2018 年 4 月，L 家长带 L 返校，要求继续就读。在确认 L 本人的就读意愿后，在 L 家长的见证下，为 L 制订了个人学习计划，带 L 到教学办处理重修选课事宜，安排舍友和班干部关注 L 的学习、生活状态。

第二，家校联系。L 重新入学第一周，上课和参加集体晚自习情况良好，QQ 说说没有发现不良情绪。入学第二周某个晚上，L 突然缺席集体晚自习，辅导员、班干部、家长多方尝试，均联系不上 L，直到当天晚上 9：30 左右，其在 QQ 上回复辅导员："心里烦，在图书馆。"之后辅导员从图书馆接回 L，期间 L 拒绝回答任何问题，并出现了肢体僵化的现象。当晚在请示学院分管领导的前提下，紧急联系 L 家长，请家长务必尽快到学校协助处理，同时安排 L 舍友 24 小时轮班看护 L。

第三，治疗休学。L家长来校后，在请示学院分管领导的前提下，经学校心理咨询中心建议，与L家长一同带L赴精神病专科医院就诊。经医院确认，L罹患重度抑郁症，需要立即入院治疗。经过与L家长的再三沟通，L家长同意L入院治疗。在L入院后，协助家长办理了休学手续，同时对L的舍友、班级同学进行了一次心理健康知识的教育普及，避免不良消极情绪的蔓延。

第四，继续关注。在L休学治疗期间，与L家长保持联系，及时了解L的治疗和康复情况。

3. 危机后：2018年9月，经过1个学期的休学治疗，L回校。

第一，复诊复学。2018年9月，L家长带L返校，携带齐全的复学材料证明，要求复学。与L家长及L的沟通中发现，L在2018年5月治疗出院后，擅自停止服药，目前身心健康状态不明。在向学院有关领导和学校心理咨询中心请示后，征得L家长和L同意的情况下，带L及其家长重新到原就医专科医院复诊。经复诊，L当前心理状态正常，社交能力恢复，医院建议恢复上学，且不建议在停药的情况下重新服药。鉴于抑郁症为易高发的精神疾病，且L自行停止服药这一特殊情况，在为L办理复学手续时，与L及其家长商议建议L每月赴医院进行咨询辅导，并按时反馈咨询结果。

第二，重点关注。L重新入学后，辅导员为其安排与同一生源地的新生住宿；安排同一宿舍主要学生干部关注L状态，协助L到教学办重修选课，每周与L家长进行持续沟通；每周至少去一次L宿舍探视；与校心理咨询中心保持紧密联系，及时反馈交流L的情况。重新为L制订了个人学习计划，安排优秀学长、学姐指导其学业。

（四）处理结果

危机事件处理结束后，L的学习状态、精神状态有了明显的改善，与辅导员沟通意愿增强，并自发到健身房持续锻炼，精神面貌、身心健康有了较大的提升和改善。同时，与L家长的沟通不再停留于对L学习层面的交流，而是更多地引导L家长将关注的重点放在L的身心健康问题上。

三、案例总结及经验启示

留级对高校大学生而言，是一种重大的负面性质的生活事件，容易引发自我封闭、抑郁、焦虑等情绪。对留级生L来说，全面准确的分析、及时的心理危机干预、良好的社会支持系统是解决其问题的重要途径。在长达10个多月的接触中，辅导员持续关注L的精神状态及其言行变化，及时发现L的异常，得到 L 的信任。但在处理 L 案例的过程中，也出现新入职辅导员在危机事件处理经验和心理学理论知识方面的欠缺。应对此类案例主要经验启示如下。

1. 既要具体问题具体分析，也要抓住问题的本质。对大学生的各类问题既要全面深入地了解情况，也要对问题的本质做一个明确清晰的界定。

2. 既要充分发挥辅导员的主观能动性去解决实际问题，也要借助专业医疗机构的帮助。在实际工作中，应充分调动各方资源和力量去解决问题，在非辅导员工作寻求专业机构的帮助。

3. 既要分析学生当前存在的主要问题，也要从学生的成长经历中为学生构建支持系统。大学生在校期间所发生的各类问题，往往可以溯源自其成长的各个阶段，尤其是其原生家庭。解决大学生的实际问题需要充分改善其社会支持系统。

4. 既要在实际工作中丰富实践经验，也要通过思考总结不断提高理论水平。大学生思想政治教育是一个理论与实践紧密结合的工作，定期撰写辅导员工作案例和学术论文，积极参加辅导员技能大赛和职业能力提升培训、增强辅导员间的经验分享交流并形成新、老辅导员"传帮带"制度，有利于辅导员不断思考总结，提升工作实践能力。

（庄志英）

面对学业与心理双重压力，该如何解决

一、案例概述及问题本质

（一）案例概述

2016 级学生李某是土木工程专业大二学生，性格内向，较少与同学交流，但在网络平台上表现较为活跃。该生大一时成绩一般，到大二上学期成绩骤降，班级助导和班主任分别找他谈话，该生表示会努力学习，扩大交际面，但到了大二下学期不及格科目数量持续增多，在补考成绩出来后主动找到辅导员表明自己内心比较压抑，已经萌生退学的想法。经过多次谈话，了解到该生从小家庭矛盾重重，在大二上学期时家庭突发变故，导致其出现精神萎靡，在学校变得更为消沉。

（二）问题本质

该问题属于典型的由家庭问题引发的心理与学业双重问题，成长经历导致其性格内向，而家庭矛盾爆发进一步激化其心理问题，学业也因此受到严重影响。

二、解决思路与解决方案

在处理这类问题时，不能一蹴而就，可以通过多次谈话，建立信任，再逐渐缓解其心理压力，进而采取进一步措施解决其学业问题。

首先，在谈话前，快速浏览一遍李某一年来发表的说说和朋友圈，了解其关注的方面，然后在下班后找到该生，与他约在一间安静的会客室见面，关心他最近的生活状态、班级同学相处状况，以其进入大二生活的感受以及一些感兴趣的电影为切入点，让学生放松警惕心，缓解其紧张感。

其次，待谈话开始变得轻松时，把话题引入学业方面，了解其学习状态，是否遇到问题，并把打印好的教务处成绩单给他看，让他分析科目不及格的原因。一开始，该生不愿意多说，只是表明没有认真复习，以后会注意，与之前跟班导说的话差不多。于是辅导员严肃起来，表明之前李某已向班级助导和班主任保证会好好学习，然而这学期仍然不及格科目较多，如果再这样下去，就要找家长过来。在说完这话时，李某情绪开始激动，目光变得躲闪，职业本能让辅导员感觉该生有深层次原因没有袒露，于是，就其家庭情况进一步了解。后来李某表示，上学期家里出了点事所以没心思学习，辅导员试图进一步询问时，该生明确表示不想回答，其情绪变得更加激动，脸色通红。为了不再刺激李某，辅导员没再追问下去，给他倒了杯水，然后转移到其他话题上，之后结束了第一次谈话。

通过第一次谈话，辅导员发现了异常，为了解更多事实，尝试从李某关系最好的朋友入手。于是在第二天，专门请了李某关系最好的同学丁某来到办公室，通过丁某侧面了解一些李某的信息。由此得知，李某大二上学期，家庭确实发生了一些事情（父母吵架离婚，甚至动手）。学生疲于插手家庭事件，半年来学习意志消沉，目前已出现一定的抑郁和焦虑倾向。

了解完情况后，辅导员打电话给李某的母亲，告知李某在学校的表现和成绩情况，并希望李某父母能来学校一趟。李某母亲听到后大哭，从头到尾道出了其家庭的种种变故以及李某从小到大在家暴的环境中长大，性格变得时而偏激时而内向，上大学以来一直害怕见父母。掌握了这些情况后，辅导员利用一次听讲座的机会再次约李某见面，并把了解到的情况委婉地告诉了李某。此时，李某的心理防线彻底崩溃，一边哭一边说着自己和母亲曾受到的委屈，希望能化解父母的矛盾，但自己心里仍然把要让父母过上好日子当作自己的奋斗目标……耐心听完李某的倾诉后，辅导员给他倒了杯水，并递上，在他擦拭完眼泪后，鼓励他在现实中仍然有很多人关心着他，如果此时失去信心，选择逃避，非但解决不了问题，反而让自己和家人的将来陷入更大的矛盾之中。

待李某心情平复后，辅导员与他共同把其在学校近两学期的表现做了一次梳理，并告诉该生如何利用在校有限的时间有效学习。同时，利用多年担任辅导员的经验，辅导员把李某所挂科目做了一次回顾，与李某制订了"学习成长计划"，让李某掌握学习的大方向，李某也当即表示，等家庭问题解决后，会全身心放在学习上，按计划开展学习。

在李某回去后，辅导员进一步联系了李某的班主任，把大致情况与班主任做了沟通，并让班主任多留意该生情况。同时，联系李某班上获得奖学金的两名同学，根据二人意愿结成"帮扶小分队"，对李某开展为期一学期的学业帮扶。叮嘱丁某平时多关注李某的宿舍表现，定期汇报。

鉴于李某心理问题的根源还是在于其家庭关系，辅导员两周来保持与李某父母的沟通，并最终请李某的父母到校，与他们做了一次长谈，把父母关系对李某的影响、李某不及格科目情况和李某最后的表态全部告知其父母。李某父亲听后，表达了惭愧也当即表示为了孩子，会改正自己的态度。李某母亲也表示父母这两周在家也做了沟通，会好好相处，不给孩子增加负担，并会经常打电话关心李某。辅导员进一步建议李某父母利用暑假时间，带孩子一起出去旅游散心，让李某感受到家庭的温暖，其父母表示非常认可，并说当天晚上就会带着李某在校外餐馆吃饭，一家人好好团聚。半个月后，李某向辅导员发短信，说看到父母关系变好，自己也没有包袱了，学习变得更有动力。

三、案例总结与经验启示

通过解决李某的问题，总结出以下几点经验。

学生学业成绩下降往往有着深层次的原因，不能仅仅为了提高成绩而去盲目搞帮扶，必须对症下药，在多角度、深层次了解情况后，从问题的根源入手才能真正解决问题。

解决学生问题，不能只是"点对点"，更多时候需要借助于支持系统形成"面对点"，如借助社会、家庭、学校相关机构及上级领导等，通过争取支持，形成合力，才能更为有效地加以解决。

学生学业问题的解决首先需要多投入关心，多给予肯定，帮助学生提高学习的信心，然后以学长的身份与学生共同商讨出学生可以接受的学习方法。对于工科生，可从简单课程开始通过，逐步增强其信心，最后再逐个突破困难科目。

（徐剑）

后进学生也将是一颗璀璨的星星

一、案例概述

某学院 13 级学生张某，男，海南文昌人。家庭经济困难，性格内向。身体素质较差，无法进行剧烈体育锻炼；睡眠质量差，小病不断，因生病身体不适申请体育课免修。学生循规蹈矩，从不旷课，但数学和英语基础差，涉及数学计算的课程基本都挂科，大一下学期开始学业预警。学生本人和家长都非常沮丧，觉得其毕业无望。

二、解决思路及解决方案

通过与学生本人、家长和同学的沟通了解，发现张某学习成绩差的原因主要有以下几点：首先，学生本人数学和英语基础差，经常生病且沉迷网络小说，无法全身心投入学习；其次，缺乏自信心，对于稍有难度的课程心里存在畏惧；再次，性格内向，学习上遇到困难未主动寻求同学和教师帮助，导致成绩迟迟没有提高。

针对以上原因，辅导员从以下几个方面帮助学生。

1. 关心学生生活，与学生建立良好的关系。

从入学贫困生谈话开始，辅导员便对该生印象深刻。该生说话语速慢、声音小，虽不善言辞，但有问必答且诚恳。表现十分乖巧，给人感觉比较孩子气。辅导员从入学开始就注意和学生在生活中建立良好的关系，关心学生生活和学习。因此，学生有困难会与辅导员沟通并寻求帮助。

2. 鼓励学生参与党团活动和竞赛，增强学生自信心。

该生文笔不错，辅导员鼓励他参加征文比赛，增强自信心。学生性格比较内向，让同学与其组队参加营销比赛，提高交际和组织协调能力。在学生表现有进步时，给予适时奖励。大二下学期，该生绩点排名进步 30 名，辅导员在段会上公开表扬，据班委反映该生从中获得较强自豪感和满足感。

3. 与家长保持密切联系，相互配合督促鼓励学生。

该生成绩与其他同学相比差距较大，家长比较沮丧。辅导员告知家长，要给孩子信心，只要持续努力，毕业还是有很大希望的，并定期和家长沟通学生近况，共同督促学生努力学习，减少看小说的时间。

4. 成立学习帮扶小组，帮助学生提高成绩。

由学习委员、舍友组成特别帮扶小组，辅导该生学习和课后作业，传授学习技巧，提高学生成绩。

5. 在临近毕业时，为学生提供就业指导和推荐。

在大四上学期时，辅导员多次与该生交流职业规划并指导其简历制作和面试技巧。经过努力，该生在大四下学期修完所有课程，顺利毕业，并找到省农村信用社的工作。毕业后该生工作认真努力，性格变得活泼，交际能力也有所提高。逢年过节不忘给辅导员发送祝福和感恩短信。

三、案例总结及经验启示

1. 辅导员工作中应注重严爱结合，亲切、随和更能够拉近和学生之间的距离。但在日常管理过程中，应"恩威并重"，切勿"过于严格，疏远距离"。在与内向学生交流时，应注意说话语气和态度。

2. 每个"后进生"的形成都有综合原因，并不能以不用功、不求上进为单一的理由进行评价，要避免对他们采取冷漠、嫌弃甚至粗暴的方式。没有绝对的、永远不变的"后进生"，只有暂时的、相对的"后进生"。与其叫他们"后进生"，不如将他们视作正在发展、成长着的、暂时有些困难和问题的学生。

3. 落后的学生，可能本是闪闪发亮璀璨的星星，只是由于暂时的困境而没能闪耀出该有的光芒，而作为思想政治教育工作者需要做的就是，在学生遇到困难的时候扶他一把，帮助他找回自信、重塑自我，健康快乐且有意义地度过大学时光。

（王丽丽）

引导和帮助学生做好职业选择

2015 届毕业生是学校近几年就业形势较好的一届，学生中出现较多对就业单位的质量好坏和职业岗位的发展前景如何的问题，包括一些学生在就业过程中收到多个"offer"（录取通知）及该如何进行抉择的问题。

一、案例概述

学生丁某，三明人，2015 年 4 月致电辅导员，陈述自己的情况。即其已在某航空公司实习，目前人在长乐，在前两周收到了某国有四大银行的录用通知，还有几天就是银行规定的最后签约日期了，他很困惑自己该去哪一家。航空公司岗位为货运服务，他在该公司实习已近一个月，对该公司有一定的了解。但他隐约觉得银行会更好，不过要回大田，而他本人不太愿意回老家。

辅导员次日下午约谈。学生详细介绍了在航空公司实习的一些情况和他所了解的情况，航空公司工资不错，工作比地勤要轻松很多，但是学生自我感觉发展前景比较渺茫。学生还表示，他知道国有四大银行各方面还不错，但是具体怎样不错不太了解。辅导员向其介绍了四大银行的工作环境、内容、业务压力以及发展前景等，并介绍了一些在银行工作的学长给他，让他电话询问具体情况。

当天傍晚学生决定违约，跟银行签约，并询问了违约的一些流程。但第二天上午 8 点多，学生再次短信辅导员，将自己骂了一通，说自己是个窝囊废，他虽然知道应该去银行，可是一想到要回大田，他就无法入睡，他还特别提到不能接受大田的电影院屏幕太小等细节。辅导员回复表示支持他的最终决定。

二、案例分析

该生形成这样的疑问，并最终又做出这种选择的原因，主要有以下几个方面因素影响。

1. 就业形势。2014年和2015年就业形势表明，学生就业用人单位数量和质量都还不错，这是出现较多学生面临多个"offer"选择的前提条件。

2. 个人性格能力原因。该生在学生会工作多年，大三时也担任部长级干部，平时也表现出能分清形势、心思细密的性格特点，并在进入大四时，主动了解就业的各种信息，在暑假时进行了实习，这些都使其对较多的用人单位的质量有了一定的了解。

3. 个人价值判断。不同的人希望从一份工作中获得的满足不同，职业决定该生最终选择是在福州还是回大田、去银行还是航空公司这两个问题哪个更重要。

三、解决方案

该生在整个择业就业过程中，注意收集信息，能全面客观地了解两家公司，并在全面了解的基础上，结合自己的职业价值观进行最终选择。

四、经验与启示

（一）辅导员要了解近几年就业形势和就业单位

辅导员首先要了解就业才能对学生做出指导。辅导员是学生就业信息的汇集处，与就业单位的相关信息接触增加，辅导员对用人单位的了解会更进一步。另外，辅导员可与已就业的校友多沟通，了解行业岗位的最新现状和具体细节，紧跟就业形势对学生做最新的引导。

（二）提供以往2~3年的学长学姐的就业情况信息

学生可以针对这些用人单位进行就业质量分析，如通过网络信息搜集或与学长学姐电话交流，了解就业单位的质量，结合自己的就业条件和能力预估自己能找到哪种工作。

（三）提醒暑期实习

通过实习能在较短的时间内了解一个公司甚至一个行业，所以暑期尤其是大三的暑期，务必要提醒学生进行实习。一般应在未来就业的同一行业进行实习，不要随意地、盲目地实习。

（四）在面试和实习中了解单位情况

随着面试经验的增加，学生不光对面试流程有了了解，而且也会通过面试尽可能多地了解一家公司和整个行业。如果能进入未来的工作单位实习一段时间，那无疑能使学生更好地了解该单位，可以做出更准确的选择。

（五）在面临多个"offer"选择时要向了解情况的人员询问

在具体做决定的时候，要尽可能全面客观准确地了解各个"offer"的情况并全面收集信息，如咨询在该单位就业的学长、学姐或公司老员工、人资，以及辅导员等。

（六）充分利用职业生涯规划中的各类理论与工具

辅导员可以结合霍兰德职业兴趣测试、MBTI 职业性格测试、"职业能力评估单"等测评工具，快速地了解学生现在的职业兴趣、性格、能力等，帮助学生正确认识自我和了解自身优势，做出适合自己的最优职业选择。

（张华）

转专业之困

一、案例概述

张晓伟（化名），2012 年报到入学后不久开始咨询转专业事项。该生大学录取专业为电子科学与技术，但其本人喜欢建筑类专业，其家人也多从事建筑类相关行业，对建筑行业从小耳濡目染，了解较多，但因为高考分数的原因，调剂到现专业。该生转专业意愿强烈且明确，大一第一学期成绩出来后，虽努力学习但成绩未在专业前几名，且转专业名额不易获得。

二、解决思路

了解到该生的情况后，辅导员进行了分析，因为当时转专业的学生手册的规定较宽泛，只要达到成绩绩点 1.0、无不及格课程、无违纪情况都可以申请转专业，但因为名额有限，所以学业成绩排名就占很大优势。大一第一个学期，辅导员告知张晓伟转专业的流程和大概的要求，提醒他要专注于学习，争取每门课程均取得高分，因为大一第一学期所修课程都是基础课，各个专业课程设置相差不大，学习成绩好说明学生学习能力和态度也好，同时要多加了解建筑学院学生的培养方案，加强对专业认识。

在大一第一学期成绩出来后，了解同专业同样有转专业意向同学相关情况后，辅导员发现该生的成绩排名很难获得转专业名额，在跟其分析现状后，建议加强建筑类专业学习，并向建筑学院院长汇报其情况及今后的学习计划和将来的职业规划。最后该生在自学的情况下，设计作品水平达到建筑专业大三学生中上水平，获得建筑学院认可，通过两个学院沟通，报请教务处审核，批准该生转专业到建筑学院。

三、案例总结

张晓伟同学的案例说明，如果职业规划目标明确，个人行为将有明显的指向性。从该案例中可以明白，当学生职业规划目标确定，就要仔细搜索该目标需要的条件和要求，将它们细化成一个个子目标，设置时间表和考核标准，这样才能更容易实现目标。另外，要合理地利用各类资源，以达到人与职位或者人与专业匹配，用实力（例）证明本身具体相关的技能和素质。

目前部分转专业的学生后期学习都出现学业问题，究其原因，总结为以下几点。

第一，多数学生对大学的专业设置和将来的就业方向，在读大学之前甚至读大学期间都不甚了解，体现了我国对青少年职业生涯规划教育的缺失。大部分学生在读书期间，只是单纯地学习理论知识，并未较多地参与社会实践和调查，不了解职业要求。很多学生填报大学志愿时多数是盲从，对专业不甚了解，一旦大学入学发现所读专业不喜欢就想转专业，却对想转什么专业、为什么想转去某专业不明确，最后在纠结中荒废学业。

第二，部分学生在高考填报志愿时有初步的专业意识和兴趣，但家长以将来就业条件好等因素替学生选取专业。学生正处于逆反期，这容易导致其大学后对所读专业有厌恶情绪，想转去自己感兴趣的专业，但往往阻挠很大，故这部分同学大多因为学习态度不端正，导致学业不理想，最后成为学业困难学生。

第三，部分学生高中读书辛苦，到大学后心态涣散，想不劳而获，发现本专业课程较难后选择转去"容易"读的专业，但也因为学习态度不端正，成绩不好，很难转去相关专业。

从长远看，需要加强从中小学生开始的职业规划教育和社会实践实习，短期看，大学从入学后应加强职业规划的指导，拓宽学生转专业的渠道和标准要求，做到人尽其才、人岗匹配。

（顾训明）

一个厌学新生引发的思考

一、案例概述及问题本质

（一）案例概述

小李（化名），家境良好，爱好踢球。一次小李在学校足球场踢球，把书包和手机放在球场边上，但物品丢失后未能找回。李小为此感觉失望，慢慢觉得在学校没有意思，在同学中也没有存在感，进而开始经常旷课，不交作业，有时晚上一个人在宿舍喝酒，借酒消愁。

经过前期的帮助，辅导员帮他戒掉了喝酒的习惯，还鼓励他去竞选体育委员，增加在班级的存在感，努力学习，争取拿奖学金，弥补损失。小李渐渐开始不在意丢手机的事，想为班级做点事，但竞选当天他改变主意，去竞选班长结果落选，同时他在足球队一起踢球的小伙伴也不是很"听"他的话，对踢球的战术也产生分歧，小李觉得自己是对的，但为什么别人都不听他的，他很失落。他开始觉得这个大学不是他想要的样子，想回高中复读，重新开始，然后考体校，逃避现状。为此，辅导员及时和小李的家长取得联系，了解情况。在辅导员的劝说下，小李决定留校继续就读。通过一个月的观察和了解，他虽然和原来有所不同，不会晚上喝酒，也会按时上课，但学习状态不佳，开始不爱和同学交流，变得内向。小李自己也试图想改变，但是都以失败告终。辅导员在和家长的沟通中了解到小李依然存在辍学的念头。

在充分了解事情的各方面情况，结合对小李本人进一步了解，辅导员进行了认真分析。家境较好，父母较为宠爱，小李性格比较好强，又很倔强，从入学以来便比较高调，可以说是知错难改，或不知道怎么改，在同学间有一种高高在上的感觉，不会主动与同学打交道，但是有同学请他帮忙他会热心帮助，只是有点强迫症，让同学不自在。自从手机丢失后，小李对学校和社会都有负面的情绪，再加上班级竞选落选、和球友踢球的不顺利，便觉得自己什么事都做不好，导致对什么事情都提不起兴趣，开始厌学，同时没有明确的目标，以至于开始觉得读大学也没有什么意思，想辍学。

（二）问题本质

该生性格好强，不善于沟通、交流，对学习缺乏坚持，做什么事情都想着有立竿见影的效果，学习的自觉性较差，又没有明确的目标，不知道往什么方面努力，而且总想得到别人的注意，但又没有太多值得关注的地方。

二、解决思路和解决方案

（一）解决思路

小李的情况，是新生当中较为常见的问题，但是该生的情绪十分低落且较为不稳定，如果不紧急处理，会引起较为严重的后果。辅导员多次与该生的父母沟通交流，并与班主任、学生干部以及舍友进行交流，利用家校、师生和同学联动互助的方式帮助小李重获对大学的生活热情，打消辍学的念头，回归班级，树立目标，努力学习。

（二）解决方案

1. 主动出击，全方位了解。通过与学生家长、班级学生干部、该生舍友以及学生本人交谈，全方位了解该生具体情况，明确学生具体的问题，并做好相关记录。

2. 家校联系，共同协作。通过与家长定期有效的沟通联系，让家长积极配合学校工作。建议父母平时多关心小李，让小李感受家庭温暖，促进小李打开人际交往的心门，愿意尝试与班级同学多接触、多交流。

3. 树立信心，寻找方法。在和学生交谈中，辅导员肯定了他在高中时期是"火箭班"的出身，肯定了他自身的能力，帮助他树立自信，同时让班级班委增强与他的接触和交流。在运动会期间，鼓励他参加运动会，在他获奖的同时给予赞许。同时帮助他分析比赛过程中存在的问题，探讨如何从自身出发找到解决方案。

4. 确立目标，稳步前进。经过多方努力，虽然小李不再有旷课、喝酒等不良行为，但是他的学习状态不佳，通过了解，发现该生目标不明确，下课后不知道要做什么，课余时间的安排也不合理。于是辅导员根据小李的实际情况，帮助他调整好作息，把目标定在学习考研方向。同时帮助他做好计划表，按照计划执行，并针对他的不自觉性，特地让他记录好每天计划的完成情况，并每周汇总后向辅导员汇报计划完成情况。在之后一个月，小李都能按时完成计划安排。

5. 持续关注，严防复发。良好学习方法和学习习惯不是一朝一夕养成的，这需要长期的努力实践。通过前面制订计划的实施和反馈监督，还应通过思想政治教育，引导小李树立正确的价值观，帮助其明确人生目标，鼓励其为之努力奋斗。

三、案例总结及经验启示

通过分析该案例处理过程，为今后工作提供借鉴，提炼出一些开展同类教育工作的经验或启示。

（一）深入其中，弄清事实

认真了解每一个同学的情况，引导他们融入大学生活，是每一位辅导员应尽的职责。对大学生的教育而言，辅导员要做的不仅是一种技能技巧方面的运用，而更应该倾听学生的心声，了解学生心中所想。用一颗真诚的心，以朋友或者学长的身份与学生沟通交流，让学生感受到关爱和大学校园里的人情味，这样学生才会对辅导员有信任感和热爱之情。对于很多不合理的要求和想法，辅导员应该多问为什么，深入地了解背后的实际情况，设身处地地站在学生的立场为学生考虑问题，学生才会敞开心扉。以爱之名，用爱之举，来触动学生的心弦，进而抓住真正的问题，帮助学生了解自己存在的问题，才能真正地解决问题。

（二）树立信心，寻找方法

在学生工作中，辅导员很重要的一点就是，帮助学生树立信心，让学生觉得自己有能力做好，他才会努力地去做好，同时让学生小小的自尊心充分被尊重。这是辅导员开展学生工作重要的一步，在尊重学生自尊心的前提下，掌握了真实的情况，寻找恰当的时机，指出学生的"不当行为或不当情绪"会造成的不良影响。动之以情，晓之以理，让学生正确地认识和面对自己的问题，并督促学生主动地改正错误，纠正自身存在的问题，使其在今后的大学生活中能正确地直面问题和解决问题。

（三）融入班集体，适应新生活

大学新生不论在思想、人际交往还是生活自理等方面都是属于成长的阶段。作为学生知心朋友的辅导员对待学生的事物必须要有"五心"，把新生的血气方刚易冲动的情绪调整好。大学新生入学各方面都还不稳定，辅导员在帮助他们适应大学生活时要稳定他们的情绪，逐步提高他们的集体意识，培养集体观念，加强团队合作训练，帮助他们在集体生活中找到自己的定位，发现自己存在的问题并不断地改正自己存在的缺点和不足。在交办任务的时候，让学生参与到工作的过程中，并且能够与其他同学有沟通互动的话题和必要性，在适应生活的同时也逐步融入班集体中。

鲁迅先生曾说过："教育植根于爱。"作为一名辅导员，对每一位学生应该都要像对待自己的子女或是弟弟妹妹那样去爱他们，要用心呵护、用爱引导。特别是新生正处于角色转换的不稳定期，辅导员要认真倾听，抓住主要问题，同时照顾到学生的情感、隐私和自尊。要让学生充分地信任辅导员，愿意接受辅导员的建议并去努力。另外，帮助新生注意完善自我认知和集体意识，增强其人际交往能力培养及情绪调节方法的运用。树立坚定的信心和长远的目标，适时地给予鼓励，不断增强其前进的动力。

（王文栋）

与未来有约

一、案例概述及问题本质

吕小勇（化名），男，21岁，来自贵州的一个普通家庭，家庭经济情况一般，现为材料与工程学院2012级本科生。通过了解，吕小勇在过去三年大学生活里，为人勤奋上进，各科成绩比较平均，学习成绩排名班级40%，没有拿过一次任何形式的奖学金。在工作上，吕小勇未担任过任何学生干部职位，鲜少参加学校、学院的学生活动以及与专业相关的社会实践，在校期间，几乎未获得过任何荣誉。由于性格比较内向，吕小勇除了自己寝室及隔壁寝室的同学，很少与其他人接触。去年9月，正式成为大四毕业生后，吕小勇发现身边熟悉的人都开始找工作了，两个宿舍的同学每天都一起相约去参加招聘会。吕小勇也开始着手准备找工作、开始制作简历，当编辑完自己的基本信息之后，吕小勇才发现自己没有什么可写的，而看看身边一起准备简历找工作的同学，年级干部、学生会干部、多次校级奖学金获得者、社会实践经历十分丰富的同学，他们的简历写了满满的一页，有的甚至两三页，吕小勇觉得很挫败，于是停止制作简历。寝室同学邀请他一起前往招聘会，他总是找各种理由和借口拒绝，后来甚至直接告诉寝室同学："我不去了，你们去吧。"每次当同学离去剩下吕小勇独自一人待在寝室，他都会感到自己十分没用，认为自己的前途一片灰暗。

消极评价自己，缺乏就业自信心，是吕小勇的主要问题。这个问题主要来自小勇在对自我进行评价时，将本人放在了个人狭小的人际交往网络中，不能客观评价自己，不清楚自己在整个学院、学校、福建省乃至全国的应届毕业生所处的位置。在与他人进行比较时，吕小勇将他人的优长拿来对比本人的不足，并且将对方的长处和自己的短板扩大化，忽略了自身的优势，从而丧失就业信心和就业热情。

二、解决思路及解决方案

（一）巧设机会，鼓励为主，充分发挥学生干部作用

因吕小勇性格比较内向，辅导员又是新接手该年级，吕小勇并未主动向辅导员倾诉心中困惑。直到辅导员走宿舍时，其寝室成员也是本年级负责人李忠华（化名）才告诉辅导员吕小勇的情况。在了解清楚吕小勇的个人情况之后，辅导员再次来到宿舍，当时吕小勇正在洗漱，宿舍另一名同学许文（化名）正在玩电脑游戏。为了不让吕小勇感到辅导员是专门来找他而产生不安的情绪，辅导员先走到许文的床位，问许文"为什么见到我不站起来""简历准备得怎么样了""最近都去参加哪些招聘会""还有没有未过学分"等。正在翻看许文的简历时，吕小勇回到自己的座位。待他安顿完毕，辅导员转向他，对话如下：

　　辅：小勇，最近课程怎么样呀？

　　吕：老师，我打算找工作呢，课程，学得不好。

　　辅：哦，那你最近都参加哪里的招聘了？

　　吕：呃……我就没去参加招聘会。

　　辅：嗯？你为什么不去呢？

　　吕：我觉得……我觉得……我觉得我去了，人家也不会要我。

　　辅：怎么会这么想呢？我看你长得挺帅气的，人也很壮实，咱们专业，你这样的很吃香呢。吕小勇，我记得你的成绩应该还是可以的呀？在班级排名多少啊？

　　吕：二十名左右吧。

　　辅：你的成绩不错呀！人看起来也很聪明、很踏实，再加上这身体条件看起来就很能吃苦干活，我要是用人单位我肯定要你的。你的简历呢，来给我看一下。

　　吕：那个……那个……我还没有做。

　　辅：那你做好了给我看看。有什么不知道的可以随时给我打电话问我，好吧？

　　吕：好的。

出门后，辅导员嘱咐李忠华督促吕小勇制作简历，如果他仍然采取消极态度，再及时汇报。对话过程中，辅导员一直观察吕小勇的神色，当说到"你的成绩不错呀"，他的脸上浮现出欣喜的神色，可以看出，来自教师方面的肯定和鼓励给了他很大的信心。

据学生干部反映，在这次对话之后，吕小勇就业积极性明显有了很大提高，主动找同学帮忙制作了简历，并开始与同学一起去参加招聘会，主动参与同学之间关于就业的讨论。班级干部、年级干部、学生党员都第一时间汇报，一起给他加油打气。渐渐地，吕小勇建立起了良好的就业心态，辅导员通过与他的几次谈话，发现他已经渐渐明确了自己的优长与不足，能够较客观地定位自我。

（二）加强沟通，关注细节，做好就业指导服务工作

吕小勇对就业的消极态度一方面是由于与周围同学相比较后开始自卑，另一方面是缺乏就业的技巧。鉴于吕小勇性格内向，大学里几乎没有与辅导员、学院领导主动交流沟通过，辅导员在年级的QQ群里找到他的QQ号码，加其为好友。首先指导他制作简历，针对不同的企业制作个性化简历，因为所获荣誉极少，主要突出学习成绩排名、专业证书，并在简历上体现对用人单位的诚意和决心。在面试技巧方面，通过在网上筛选一些关于面试技巧的文章和案例视频来推荐给吕小勇参考，并一起分析、讨论。

吕小勇深知自己个性内向，面试时容易紧张，每当单位让其做自我介绍时都会面红耳赤、思维混乱。针对这一点，鼓励他准备3份自我介绍，时长分别为30秒、1分钟、3分钟，并请寝室同学帮忙进行拍摄，不断改善，力求语言自然流畅，语气、语速、面部表情、肢体动作都能落落大方。

三、案例总结及经验启示

从小学到中学再到大学，当代大学生是在父母亲人的全心呵护下长大的，成长的路上少有独自面对的坎坷。因而，在面临就业时，经常会出现两种截然相反的就业心理。一种是过于自信。有的大学生自认为是"天之骄子"，学习成绩优秀、政治条件好，有资本向高职高薪挑战，结果屡屡受挫。另一种是过度自卑。这类学生就业时只看到自己的不足之处，一旦应聘被拒，就觉得自己确实不行，渐渐失去就业的积极性。此外，近年来毕业生中"慢就业"的观念越发凸显，学生就业的主动性和积极性都有待提高，如何更好地为毕业班就业做好指导服务工作、助力学校人才培养，是摆在辅导员面前的一道难题。因此，辅导员不仅要从思想上高度重视就业指导工作，更要注重平时的积累。在知识信息层面，掌握好大学生职业生涯规划和就业指导的理论与知识，紧密关注国家就业形势及政策；在实际应用层面，一定要在摸清学生的个人情况、足够掌握学生心理动态的前提下开展工作，避免填鸭式的说教，以获得就业指导和服务工作的实效。

（王怡）

一位延长修读年限学生引发的思考

一、案例概述及问题本质

（一）案例概述

张三同学是辅导员在大四上学期开始接手的一位同学。该生幼年时期失去父亲，由母亲一人抚养长大。母亲对该生寄予了厚望，在中学时期管教较为严格。该生上大学之后思想有所松动，认为进入大学就不用像以前一样刻苦学习，故而没有把主要精力放在学习上，上课经常睡觉，沉迷于网络游戏，与同学不大交往。大一期末考试有8门课程不及格，大二期末考试有12门课程不及格，大三期末考试有9门课程不及格。在接手该生后，辅导员多次找其谈话，劝诚他改掉不良的学习习惯，养成正确的学习态度。虽然在谈话后一段时间内会有一定的效果，但一段时间过后起色并不大。最后，该生因为未修满学分不得不进入"大五"。不幸的是该生母亲在今年4月因长期操劳不幸离世，该生只能与奶奶相依为命。该生母亲在离世前唯一的希望就是该生能取得大学毕业证，好好生活。

（二）问题本质

一是摸清该生学习动力不足的根本原因；二是如何使该生正确认识自己的学习状况，帮助他提高成绩；三是应该如何避免"后进生"因家庭重大变故引发的心理问题。

二、解决思路及解决方案

因为辅导员是大四上学期对接该年级，对该生的一些基本情况不甚了解。为了更好地帮助该生，针对性地采取了一系列举措。一是在第一时间向该生的同寝室同学了解情况。得知该生学习落后的主要原因是缺乏学习主动性、自觉性、沉迷网络游戏，生活自理能力较弱。二是与该生的亲人联系。了解该生的一些基本情况，并向其亲人介绍了该生在学校里的情况，希望他们能与学校配合，共同加强对该生的关心与督促。三是加强关心引导。时常询问该生的学习情况，适时地鼓励他，并对所欠科目进行针对性的复习引导。开学初提醒安排好重修课程和正常课程的学习，期末时，提醒他安排好复习计划。四是调动集体的力量关心帮扶。安排班级班委和寝室同学在学习和生活上积极帮助和提醒。五是在家庭发生变故之际，引导该生积极面对生活和学习，针对平时学习上的难点，积极联络课程教师为其指导。

该生由于端正了学习态度，终于在今年的 9 月顺利通过了所有课程并取得了毕业证书。该生离校前特地到办公室对辅导员进行感谢，并表示今后将好好努力，回报社会。

三、案例总结及经验启示

辅导员工作是个"良心活"，需要在平时的工作中有爱心、要细心、富有责任感。由于是高年级介入，故而学生思想相对较为成熟，刚开始工作时学生可能对辅导员不是很亲近，因此更需要辅导员转换"后妈"角色，用心引起学生共鸣，针对不同的问题学生找准原因并有针对性地开展工作。

（林婧烨）

告别茫然，为前程铺路

一、案例概述

步入毕业班，就业成了大学生的头等大事。就在同学们都在积极备战就业的时候，物流专业李强（化名）经历几次面试失败后，情绪非常低落，与家人交流中流露出了对自己、对就业、对未来的各种失望，家人非常着急与辅导员联系，希望能够帮助孩子走出困境。

二、案例分析及案例处理

（一）案例分析

为了更好地开展学生工作，年级建立了家长 QQ 群，在 QQ 群中定期交流学生学习、生活等情况，让家长更好地了解孩子在校的情况。进入毕业班阶段，也利用 QQ 群及时告知家长一些就业信息。有了这个联系的渠道，很多家长能够更方便地聊聊孩子的情况，反馈一些工作上的建议。

某天，李强的母亲通过 QQ 留言沟通表示李强经过几次面试失败，与家里人交谈中流露出对就业失去信心，也对自己失去信心，整个交谈体现出来的言语都比较悲观。父母对此非常担心，希望教师能够多关注李强，帮助他建立自信，争取早日找到满意的工作。收到信息后，辅导员从文字中能感受到父母焦虑的心情，孩子能不能找到满意的工作虽然很重要，但是对未来、对自己的信心更加重要。学生在就业过程中容易遇到挫折，不能很好地进行调整，对整个就业阶段有很大的影响。

知道这个情况后，辅导员首先与班委进行交流，从侧面先了解李强的情况。班委告知说，李强很认真地准备每次面试，因为个人的表达能力和实践经历有一些欠缺，几次面试都没有成功。而李强平常与人较少沟通，朋友也比较少，遇事都自己一个人面对。一个人处理面对事情的能力有限，容易出现情绪低落。

（二）案例处理

初步了解情况后，辅导员进而直接与李强进行约谈，意外的是李强能够大方地答应见面。几句闲聊后，谈话进入了正题。辅导员把了解的情况、家人的担忧与李强进行了沟通，并了解他目前的就业情况。李强告知就业中因为实践经验较少、面试经验不足一直失败等情况。一直失败的经历，让自己很沮丧，情绪也有些失控，言语就会比较冲动。从交谈中，发现李强因为性格比较内向，与人较少沟通所以说话不够流利，但是还是愿意与人进行交谈的。李强也知道自己与人沟通这方面的确比较差，情绪比较容易波动，让家人和教师担心了。

通过交谈了解情况后，辅导员鼓励李强，就业面试中的失败是很正常的，失败的次数有时候不只是几次，甚至会是几十次、几百次，失败时人的情绪会受到影响也是正常的，但是要懂得调整，总结经验才能更好地继续前行，相信不放弃加努力一定会找到好工作。待情绪稍微稳定后，李强也提出了一个疑问：为什么其他同学面试就成功，他却失败，是不是自己被面试单位针对？李强的这个想法，让辅导员感到意外，不过也说明李强好胜心还是挺强的。故而辅导员继续引导李强，有好胜心是好事，能够使人不断进步，但是对比要客观。例如，有没有看过其他同学的简历？有没有了解其他同学是如何准备面试的？对此，李强摇摇头表示不知道。

辅导员看了李强电子版简历后，发现简历方面存在个人资料不多、设计比较简单、个人特色不突出等问题，特别是他提到的闽台交流实践经历方面的确没有在简历中看到。与李强进一步沟通发现，他认为这些只是正常学习经历，每个人都有，不应该是个人特色。这样的回答让辅导员发现李强想问题比较简单，没有很好地总结自己的优点，这也是面试失败的原因之一。辅导员给李强举了几个例子，引导李强如何把学习的点滴在面试中进行组织，让面试官了解不一样的自己。李强听完，惊讶地表示，原来还可以这样准备面试。

经过交谈，辅导员对李强的情况有了进一步了解，李强也能够更信任地和辅导员进行交流。这样一次交流，是不能够完全改变李强的，但交谈的最后辅导员给李强提了几个意见。首先，遇到困难，希望他能够多寻求帮忙，找同学、找教师都可以，"一个篱笆三个帮""众人拾柴火焰高"，多个人帮忙，能够给自己带来更多的建议、帮助，也避免一个人思考容易情绪走向极端。其次，人要有自信，自信需要来源于多学习、多锻炼、多思考，不能把自己关在自己的世界里，多看多听总结别人的经验，让自己真正地自信起来。再次，就业面试中的失败是正常的，面对失败要总结经验，才能更好地前行。对于如何在面试中取得成功，辅导员建议他咨询就业课教师或者学校就业指导中心，让教师对自己进行一个合适自己的职业规划和指导，也可以上网从一些视频中学习面试的技巧，根据视频进行练习。最重要的是，一定要挖掘自己经历的点滴，寻找事例进行故事组织。李强听完，答应回去后好好进行调整修改。

一周后，李强母亲与辅导员联系，说李强与导师进行沟通协调，打算近期去深圳亲戚处实习一段，提高自己的实习经历，希望学院能够同意李强的请假。与李强导师联系后，确定近阶段物流的课程已经结束，可以外出实习。因此将李强的情况向学院汇报，学院研究后同意，李强办理好离校请假手续，外出实习两周。李强来办理请假手续的时候，辅导员再次询问了李强谈话完后回去的情况。李强表示，回去后自己进行了思考，的确在很多方面比较欠缺，他还会继续参加各招聘面试寻找工作。也与家里沟通，希望家里能够联系亲戚介绍实习，提高自己的实习经历，为就业面试做更充分的准备。辅导员对李强的状态表示肯定、鼓励，强调了外出实习安全，希望他实习中能够总结经验，早日在以后的面试中取得成功。

两周的外出实习中，辅导员经常通过 QQ、短信与家长及李强本人保持联系。整个实习阶段的沟通，李强在慢慢进步，对自己更加自信。实习结束后，辅导员也交代班级党员对其进行一对一关注，定期发送短信进行鼓励。几周过后，传来了李强面试成功被一家公司录用的消息。

三、案例思考

应届大学毕业生群体是宝贵的人力资源，是社会主义现代化建设的主力军。大学生就业问题不仅仅是单纯的教育问题，更是深刻的社会问题和经济问题，关系到民生保障和社会稳定，一直受到国家的高度重视以及全社会的广泛关注。在高校中积极开展大学生职业指导，对于促进应届大学生较好就业，具有十分重要的作用。

在就业过程中，用人单位青睐综合素质高、实践能力强的毕业生，学生的道德素质被高度重视，高学历不再诱人。大学生要逐渐适应市场要求，在四年学习中努力提高实践能力，多到校内各社团或社会中锻炼自己。大学生的就业选择，可能成为影响其一生走向的关键环节。大学生的职业选择是否适合，与他们的一生密切相关。在现阶段严峻的就业形势下，帮助大学生在择业、升学和出国等多种选择进行取舍的过程中增强自主性，减少盲目性，帮助大学生在工作岗位上充分施展个人才华和人生抱负，具有积极的效果。

现在的大学生特点是骨子里的冲劲足、接受新事物的能力强。但他们受挫能力较弱，容易情绪低落，遇到困难时需要家长帮助出面解决。在日常思想教育中，应加强培养大学生适应社会的能力和正确认识自己的能力，以及根据自己所学专业的情况，对就业做好规划。同时要引导大学生保持一种健康、积极、乐观的心态，不断调整人生目标，发挥自身良好、端正、正确的职业观，不断努力最终找到更加适合自己的工作岗位。

在就业指导中，面对大学生择业期望值过高的情况，出现的焦虑自卑等现象，辅导员要做好指导和心理疏导工作，引导学生自我理解与分析，更加客观地评价自己，以一颗平常心面对竞争，正视现实中存在的问题，敢于投入社会竞争，不惧就业过程中遇到的挫折，在困难中积累经验，在竞争中提高自己，加速从大学生向社会人的转变，更好更快地适应社会。

（颜芳杰）

高校学生学业问题产生原因及应对措施

学生毕业率具有深刻的质量内涵，是衡量高校教育的一个重要标准，而学生学业问题是导致毕业率下降的主要原因。学生学业问题逐渐引起社会、学校和教育主管部门重视。而随着社会发展和高等教育的大众化，高等教育也迫切需要从以规模扩展为基本特征的外延式发展，转到以质量提升为核心的内涵式发展。研究学生学业问题产生原因以及应对策略不仅是辅导员提升工作成效的需要，也是高等教育发展的内在需求，具有重要的现实意义。

本文通过对经济与管理学院 2015 级 245 名学生调查分析，整理收集学生学业问题产生的外在表现、学生主观态度、学习基础、家庭情况、个人综合能力等，分析学业问题产生的外在表现、具体原因、根本原因，针对学业问题在工作实践中采取的应对措施，从而对辅导员工作提供案例参考，提高工作效率。被调查的 245 名学生分别来自会计学、财务管理、工商管理、市场营销、经济统计学 5 个专业。出现学业问题的学生中，重修两科以上的学生有 11 名学生，其中 3 名学生重修两科、3 名学生重修 3 科、4 名学生重修 5 科、1 名学生重修 6 科。学生重修科目集中在概率论与数理统计、线性代数、高等数学 3 科，其余学生重修科目也集中在与数学关系密切的科目。会计学专业出现 4 名学业问题学生，工商管理专业出现 2 名学业问题学生，市场营销专业出现 6 名学业问题学生，其中经济统计学和财务管理专业没有出现学业问题学生。

一、典型案例

范同学，男生，外省生源，独生子女，家庭经济情况良好，该生累计重修科目达到 6 科。该生学业问题由多种原因所导致，其中主要原因是沉迷于网络游戏。该生旷课，不做作业，不复习。在学校生活中，个人卫生杂乱，作息不规律，人际关系处理能力差，和宿舍同学产生矛盾。该生父亲曾长期在部队工作，教育该生时使用部队严格管理方式，而打骂教育导致该生出现叛逆心理。

李同学，女生，外省生源，少数民族，独生子女，家庭情况良好，该生累计重修科目达到 5 科。该生学习基础差，尤其在数学类科目方面。该生上课听不懂部分科目，又因入学初期对学习不重视，态度不端正，课后没有及时温习功课，导致大一第一学期出现补考不及格情况。虽然从大二开始，该生认识到学习的重要性，学习态度发生转变，但又因该生学习基础太差，学习能力不强，成绩改善情况不乐观。

蔡同学，男生，省内生源，独生子女，家庭情况良好，该生累计重修科目达到 5 科。该生大一大二学习态度不端正，学习不认真，有旷课现象。该生明确表达不喜欢自己所学专业，沉迷于网络游戏，导致学业问题严重。辅导员在和该生父母沟通时，该生父母表示不能督促学生学习。因为该生自我意识强，不听取他人意见，该生父母希望学生自己能纠正学习态度。该生学习上出现问题，但同时又表现出矛盾的一面，准备跨专业考研究生，并且积极报名考研补习班，能自觉学习考研材料。

张同学，女生，省内生源，单亲家庭，家庭经济情况良好，该生累计重修科目达到 5 科。该生高中是文科生，数学基础差，进入大学后上课听不懂，课后不能主动复习，产生厌学情绪，后逐渐发展到旷课。该生表示自己不喜欢现在所学专业，自己爱好画画，高考后自己原本打算报考美术类专业，但听取母亲意见填报了现在所学专业。现在没有学习动力，专业学习时会产生较大情绪，只有画画能让自己平静。该生能认识到完成学业的重要性，但不能承受挫折，面对困难时会情绪化哭泣。

二、学生出现问题的具体原因

（一）学业问题

1. 痴迷于网络游戏等休闲娱乐，不能养成良好学习习惯。电脑和手机的普及，一方面给学生带来学习便利，另一方面也带来负面作用。学生通过电脑和手机来完成学习的同时，也会通过电脑和手机进行休闲娱乐，其中自控能力差的学生会过度使用电脑和手机，沉迷于网络游戏等休闲娱乐，进而出现学业问题。在调查中发现，学生痴迷于网络游戏，有被动和主动之分。主动沉迷于网络游戏的学生属于爱好网络游戏，但学生自我管控能力差，没有处理好学习和网络游戏的关系，导致痴迷于网络游戏；被动沉迷于网络游戏的学生则是为了逃避学业，通过网络游戏来回避现实问题。

2. 学习能力差，没有及时改变学习模式。大学在学习环境、内容、方式方法和教师授课模式上都有非常大的变化，最为明显的不同是，高中教学是填鸭式教学，教师把学生教会了为止，呈现出被动学习的特征；大学教学则是课堂一遍过，课后主要靠自己温习，缺少督促，教师和学生课后联系减少或者没有，学生要靠主动学习才能完成学业。进入大学后，部分学生没有及时适应大学学习环境和模式，心态仍然停留在高中阶段，出现补考情况。而个别学生因为懒惰、基础差、学习态度不端正等原因，遇到学习困难，出现补考后，不仅不认真努力、刻苦学习，反而采取逃避方式，学习懈怠，甚至旷课，导致学业问题的产生。

3. 父母介入学生的专业选择，学生不喜欢现在所学专业。学业问题学生中，有相当比例的学生不喜欢自己所学专业，学生表达出转专业的强烈愿望。这种情况说明父母在学生成长过程中过多干涉孩子的自主决定，不仅导致学生缺少自主能力，还影响学生对自己职业进行规划。学生对自己所学专业没有兴趣，缺少内在学习动力，遇到学习困难则轻易放弃。

4. 生源地区差异性大，学习基础差。少数民族学生和体育等特招生相对容易出现学业问题。这类学生本身的学习基础较差，上课听不懂，下课自主学习学不会，其中大部分学生能通过艰苦学习，用时间和汗水来弥补学习基础上的不足，但也有学生没有认识到问题严重性，缺乏学习主动性，没有艰苦学习的精神，不能知难而上，开始出现考试不及格，之后逐渐放弃学习，导致学习问题越来越严重，甚至出现不能毕业的情况。这部分学生有免修科目，但个别学生会出现等、靠、要的极端例子。

5. 娇生惯养，缺乏艰苦奋斗精神。学业问题学生所遇到的困难，其他同学同样也会有，但很多学生能够直接面对问题，认真对待，刻苦学习，解决困难。部分学生在成长中被父母过于溺爱，缺少战胜困难的信心和艰苦奋斗的精神，选择回避和放弃，导致在学业上积重难返。

（二）具体原因

1. 缺少独立生活能力，自我管理水平差。高校学生中，独生子女比例占多数，而被调查群体中出现学业问题的 11 名学生皆为独生子女，这 11 名学生生活能力相对比较差。父母在培养独生子女的过程中，从幼儿园到高中，父母较多把子女生活中需要子女自己处理的事情代为处理，引导子女把学习作为关注重心，忽略了对子女独立生活能力的培养。在调查中发现，学生在大学开始了独立处理自己分内事情的众多"第一次"。许多学生都遭遇了大学独立生活的一个困难期，特别是在人际关系处理中遇到困难，个别学生不能很好地适应独立生活，产生较多的挫败感，进而影响到学习，导致学业出现问题。

2. 心理素质差，不能承受挫折和压力。父母在培养子女过程中，避免子女承受风雨洗礼，对子女过度保护，忽略了心理发展规律，没有培养子女的心理素质。家庭对子女的溺爱导致其在大学独立生活过程中不能抗压。学生心理年龄小，抗挫折能力差，遇到困难采取回避模式，不能很好地直接面对困难。

3. 人际交往能力缺失，负面情绪多。由于存在升学的压力，中国的学生从小学到高中主要任务就是学习，人际关系单纯，较少遭遇社交难题，即使有人际交往困难，往往也是父母家人代为出面解决。特别是在子女的成长过程中，父母较多包容子女的缺点，没有及时纠偏，学生缺少发现自身缺点的能力，学生在处理人际关系时，较多注意个人感受而忽略他人，这导致人际关系紧张，从而影响了学习。

4. 叛逆心理，逃避约束。在调查中发现出现学业问题的学生，或多或少都存在叛逆心理，这和应试教育存在较大关系，特别是高中，除了来自高考的压力，学生还要面临父母督促学习的压力，个别学生缺少正确的认知。在调查中还发现来自外省的学生更多呈现叛逆心理特征。这类型的学生来校后，大多采取解放自己的心态，在缺少父母约束的情况下，学生在遇到学习困难时易放弃。

5. 自我认知不足，缺少职业规划。高校普遍开设了职业生涯规划课，或者通过其他形式对学生开展职业规划教育，但在调查中发现学业问题学生普遍存在缺少自我认知，不知道自己的优缺点，不知道自己适合做什么工作，缺少职业规划，缺少学习内在动力。

三、辅导员在工作实践中采取的措施及经验总结

1. 加强课堂纪律检查，提高外在约束力。出现学业问题的学生开始会偶尔旷课，在缺少外在约束力的情况下，会形成习惯性旷课。开展课堂纪律检查工作，通过课堂点名，一方面给学生形成压力，提供外在约束力；另一方面也可以提前发现问题学生，给相关工作提供预警时间，能在问题处于萌芽时就开展工作，发现问题越早，越能轻易解决，可以防止学生出现积重难返的情况。

2. 积极推动家校联系工作，父母继续开展家庭教育。在学生家长的认识中，学生一旦进入大学也就代表自己的学业教育责任结束。个别独立生活能力非常差的学生反而需要父母的指导和帮助。通过家校联系，及时将学生情况通报家长，家长除了给予关心、指导和帮扶外，也有很好的督促作用，给学生形成一定的约束力，能有效帮助学生适应大学生活和学习，将工作做在问题出现之前，

预防学业问题的产生。

3. 加强班风建设。通过会计学、财务管理、工商管理、市场营销、经济统计学几个专业班级的对比，发现会计学专业中 4 个学生出现学业问题，工商管理专业中 2 个，市场营销专业 6 个，而其中经济统计学和财务管理专业没有学生出现学业问题。通过对比不同的班级，发现经济统计学和财务管理专业学生学风好，学生整体的内在学习动力强，学生能够相互促进，同时发现课堂违纪少，学生补考率相对低，而最终出现学业问题的学生概率也低。学风建设有利于减少学业问题学生的出现，学校开展了不同的工作，辅导员在落实班级工作建设的同时，应从班级的角度继续紧抓学风建设。

4. 尽早发现问题，开展学习帮扶工作，给学业问题学生提供外在支持。调查中发现，对学业问题发现得越早越容易解决。出现学业问题的学生一般存在一个最佳的帮扶窗口期，学生刚开始遇到学习困难，这时候自信心还没有丧失，也不存在积重难返心理，因此可以根据具体情况，安排同宿舍同班级的同学开展帮扶工作。一方面可以在学业具体学习内容上进行帮助；另一方面也可以帮助学生养成良好的学习习惯，帮助学生适应学习环境，防止学生逃避学习问题。

5. 辅导员积极介入，尽早开展相关工作。辅导员应把学生的学习问题作为日常重点工作，提高思想认识，制订工作计划，积极开展学业问题摸排工作，及时发现问题，尽早解决问题。针对学业问题学生，积极开展谈话，加强思想教育，引导学生正确看待学业，帮助学生纠正学习态度，督促学生养成良好学习习惯；根据学业问题学生的具体情况，制订不同的工作方案，开展不同的工作，认真安排帮扶，定期联系家长，形成一套工作方案；经常性地走访宿舍，下课堂，多与存在学业问题学生接触，给予生活上的关心，让学业问题学生感受到教师的爱护。

6. 尽早建立学习小组，开展学习督促工作。针对学习基础差的学生，特别是少数民族学生和体育等特招生，可以从大一第一学期就建立学习小组，安排学习成绩好的同学进行带动。一方面可以给予这部分学生外在约束力，帮助学生培养良好的学习习惯，尽快适应大学学习环境，减少外界干扰，引导学生进入学习状态；另一方面，学习成绩好的同学可以在具体学习上帮助同学温习功课，及时发现该类别同学存在的具体困难和问题，并及早采取措施，尽快解决学习基础差的同学"上课听不懂，下课学不会"这一难题。

（尹作县）

探索未知的自己

——大学适应与专业抉择

一、案例概述及问题本质

小李（化名），家境中等偏下，无课余爱好，平时不喜欢关注手机，经常一天就看一两次，不擅长人际交往。进入大学之后，经常错过各种通知，导致被教师批评、同学埋怨；同时不擅长做读书之外的事情，觉得无法同时开始做几件事；人际关系也不好，觉得自己被周围同学尤其是舍友歧视（两个舍友均为城市户口，家境优越，爱好广泛，喜欢人际交往）。之后的学习当中，发现建筑学完全和自己想象的不一样，整晚熬夜画的图，经常达不到及格标准，只有高数英语之类的传统课程才能放松。开学两个月之后，他开始觉得这个大学不是他想要的样子，想回高中复读，重新开始，然后考军校，不用跟人交际；还想跟堂兄一起出去打工，逃避现状。辅导员及时和家长取得联系，了解了他的情况。在辅导员与家长的共同劝说下，小李决定还是留在学校继续就读。辅导员帮他调整了宿舍，同时提供转专业信息，半年之后他顺利转专业。转专业一个月后的回访，小李表示自己学习状态良好，在现在的专业比在之前的专业适应太多，但是和同学交流还是比较少，没有较好的朋友。他也试图想改变，但是都以失败告终，不过现在也基本适应一个人了，表示不会再考虑退学或者休学。

在充分了解事情各方面情况，结合与小李本人的谈话，发现小李存在以下几个问题。

1. 没有做好前期职业选择与规划，导致选择了自己完全不了解也不喜欢的建筑学专业。选择建筑学仅仅是因为上一年该专业的分数跟自己考的分数比较接近，报此专业分数不会"浪费"，这是高考填志愿的误区。

2. 爱好贫乏、生活阅历较少，跟不上时代的潮流，对新生事物接受程度比较低，很少使用手机，完全不会用电脑。

3. 不擅长人际交往，同时又对同学尤其是舍友有依赖情绪，人际上不成熟且不独立。

二、解决思路和解决方案

（一）解决思路

鉴于小李的情况，需要从三个方面来进行解决：

（1）职业/专业选择问题，考虑目前专业不合适的情况下有什么解决途径；

（2）阅历与经验太少的问题，鼓励该生多尝试，考虑帮扶途径；

（3）人际关系和宿舍关系，考虑调整宿舍并引导同学关心帮助，同时发挥小李社会支持系统的作用。

此外，定期与学生进行交流与沟通，及时解决新问题，并验证解决效果。在调整宿舍、学习帮扶、提供详细转专业信息、利用家校师友同学等社会支持系统等一系列措施之后，小李终于打消辍学打工与退学重考等念头，回归大学生活，并成功转入自己喜欢的专业。

（二）解决方案

1. 充分探究，全面了解。通过与学生家长、班级学生干部、该生舍友以及学生本人交谈，全方位了解该生具体情况，找出学生具体的问题，并做好相关记录。

2. 多方联系，共同协作。通过与家长定期有效的沟通联系，让家长积极配合学校工作；建议父母平时多关心小李，让小李感受家庭温暖。与小李的舍友进行深入沟通，使舍友能理解小李。同时将小李调整到另外一个与他关系比较融洽的宿舍，帮助他适应大学生活。与班干部尤其是心理保健员保持联系，发挥心理保健员和班委作用，热情对待小李，促进小李打开人际交往的心门，愿意尝试与班级同学多接触、多交流。

3. 探索自我，寻找方法。在和学生交谈中，肯定小李数理化等学科的成绩和能力，帮助他树立信心。同时劝慰其虽然对目前专业不适应，但是不一定要重新高考，还可以尝试其他多种途径。但是在此之前，要尽可能努力地学习专业。

4. 确立目标，奋勇向前。经过多方努力，尤其是看到希望和目标之后，小李的学习成绩有所提高，动力上升。在得到转专业信息之后，发奋努力，最后终于顺利转专业。

5. 持续关注，认真记录。（部分记录节选如下）

序号	时间	地点	主要内容	采取措施
第1次	20170918	活动室211	1. 家庭情况：漳州漳浦人，独生子，家庭比较贫困；父亲为园丁，做一些零工赚钱，母亲在家务农。 2. 人际现状：宿舍关系不太好，总是觉得自己被孤立，感觉大家不太喜欢跟自己玩，自己有时也不想勉强自己去适应其他人。 3. 总体评价：不擅交流，话少；社会经验不足，想法过于单纯	1. 告知学校针对家庭贫困生的补助政策，详细讲解。 2. 鼓励主动和人交流。 3. 和该生宿舍同学了解情况
第2次	20171011	活动室211	1. 人际现状：和新宿舍关系还可以，温和的宿舍关系；和宿舍之外的同学接触较少。 2. 大学适应：不喜欢QQ等通讯方式，不喜欢看手机，各种通知总是接收不到，希望能够所有事情单独通知他一次；觉得大学好复杂，事情好多，他只想做一件事情，觉得在学校如果只需要学习就好了，不喜欢每天要同时做很多件事情。 3. 总体评价：人际方面稍微好一些，但还是不太适应大学丰富多彩的生活，有逃避倾向	1. 持续向班委、心保员、宿舍同学了解情况。 2. 教给学生一定调节方式，告知其可以向班导、学长学姐求助。 3. 持续的心理鼓励
第3次	20171021	活动室211	1. 人际现状：和新宿舍关系稳定，没有关系特别好的朋友；但是也没有之前感受到歧视。 2. 学习情况：学习跟不上，觉得画画非常难，认为自己选择了错误的专业。 3. 个人总体评价：想辍学，询问自己如果辍学是否可以做中小学教师，得到否定答案后，继续追问"即使考上清华北大然后辍学，也无法做中小学教师吗？"认为不能理解。耐心沟通和讲解后，有所缓和	1. 持续向班委、心保员、宿舍同学了解情况。 2. 持续的心理鼓励。 3. 学习方法方面，提高帮助

三、案例总结及经验启示

（一）案例总结

辅导员所做工作的对象是人，这就意味着需要爱心、细心和耐心，需要积极关注每一位同学。倾听学生的心声，了解学生心中所想，这样辅导员才能真正发现问题、瞄准问题，进而解决问题。

（二）经验启示

对于小李的后续工作，除了一个月的回访以外，并没有进行长期的跟踪与沟通，这点做得不好。后面会进一步追踪学生最新情况，以形成完整的总结。

（张静丽）

一个留级学生的处理方式案例

一、案例概述

小余（简称），男，云南昆明人。2016 年 9 月入我院数学专业学习，后因成绩较差，自愿休学一年，在大一下学期转入 2017 级数学专业。转入新专业后，成绩仍不理想，上课状态较差，考试缺考，终日不在状态。辅导员曾两次找其谈话，交谈中该生基本只是听，没有回应，当问及其是否有意愿继续读书时，才表示仍愿意继续留在现在年级，并保证会跟上进度。

在一次期末考试缺考后，辅导员再次与其进行交谈，耐心分析问题及现状，希望他和父母都可以理性思考，是否考虑继续休学或者退学的时候，该生忽然暴跳如雷，歇斯底里地冲辅导员大吼大叫，并用言语进行辱骂，认为辅导员觉得他成绩不好就逼迫他退学，不让他念书。

二、解决思路

1. 及时将已了解到的情况向学院领导汇报。

2. 及时与家长反映了学生总体情况，详细了解学生成长经历，并让其舍友及班长对其特别关注，同时也要注意不要让小余察觉到自己受到特别关注。

3. 小余有轻微的自闭现象，加上是留级生进入新班级，平时与同学交谈较少，只会偶尔和班级同学做简短交流，由此判断该生较缺乏安全感。

三、解决方案

2017 级计算机专业的另一位辅导员教师与小余再次进行了谈话，目的在于尽量激发学生将内心的想法阐述出来。在谈话过程中，辅导员了解到该生近日除学习压力较大外，个人感情生活也遭受打击，导致情绪失控。在与其耐心交谈后，该生情绪得到暂时缓解，并就之前的言语攻击行为道歉，表示自己之前情绪没有控制好。但因其出现过突然的暴躁反应，故而在接下来的学习生活中仍对该生保持高度关注。

对小余成绩较差情况，安排主要班委高度重视，班级组织帮扶团队，对其进行学习辅导。半年后，该生总体状况有所好转，但成绩还未见成效。

四、案例总结

1. 辅导员应给每一个办理休学的同学做好建档工作，对同学的情况须与该生复学年级的辅导员进行深度的交流沟通。

2. 进行必要、有效的沟通工作，包括和学生本人、家长、周围同学沟通，及时全面地掌握信息，做出判断，必要的时候求助心理中心等专业机构，寻求指导，便于后续工作开展。

3. 开展学生工作出发点是促进学生成长成才，对于一些情况特殊的同学，要做到特殊情况特殊处理。

（程瑶函）

有心插柳，柳成荫

一、案例概述

A 同学，男，2018 届土木工程学院学生。2014 年入学，高三阶段没有修习物理专业，在专业的学习中有较大的压力，2014—2015 学年第一学期排名 23/71，对创新创业活动没有基本的了解，对自己今后也没有清晰的定位。

二、解决思路及解决方案

该生入学时出现的情况是当代大学生普遍存在的。大批高校新生入学时，对于今后的学习生活都准备不足，对于部分课程理解不够充分，在刚刚入学的成长阶段没有对今后的大学生活有一个充足的规划及思考。辅导员针对这一现象，制订了长期工作方案，在对该生有一个清晰的认识和了解后，发现其特质，随后从特质开始着手，帮助学生全方位提升自己，培养对未来的明确目标。在和该生多次的谈话中，发现他是一个有自己想法的学生，其知识面也较广，谈话的过程不会十分紧张，较为自信。于是，辅导员心中便升起了推荐他从事创新创业的想法，恰逢李克强总理在 2014 年夏季达沃斯论坛上发出了"大众创业，万众创新"的想法，认为该生较有潜力，可以通过一定的学习和了解大幅度提升自己。辅导员通过分享本学院学生的成功创新创业案例想法告诉学生之后，他也十分感兴趣，仔细询问了创新创业需要什么。告诉他创新创业需要不懈的努力、独特的想法、稳定的团队等后，最初他也十分犹豫，觉得自己可能不太了解这一方面的信息。辅导员积极鼓励他，告诉他没有人是一开始就什么都了解的，都是要靠自己一步一步努力打拼，想要成功光靠想象是没有用的，需要付出实践和努力。在有了一定的了解后，他也鼓起了勇气，有了从自己专业着手从事创新创业活动的想法。

一个月后，他满心欢喜地找到了辅导员，讲了一个"网卡芯片帽行"的想法。在经过他的仔细讲解后，辅导员明白了这是一种基于 RFID（射频识别）的安全化智能工地管理项目，这个项目他自己非常有想法，且与他的专业有着一定的关联，辅导员肯定了其想法，并对他项目未来的发展提出了几点建议：①名字需要修改，名称让人不了解具体在做什么；②项目技术需要完善，单纯的RFID 技术精度较差；③商业计划书做得不美观，没有引人入胜的感觉；④团队构成不合理，需要专业 PPT 和视频的人才加入。在听到这些建议后，学生表示十分认可，却面露难色，因为缺乏资源。辅导员随即鼓励他不要害怕，可以帮助他物色团队成员，可以帮他们凝练项目，给他们试运行的途径。该生听到这些话，眼神随即充满了坚定。辅导员又告诉他，可以通过参加各类创新创业比赛，听取评委教师的看法和意见，从而进一步完善项目，不要闭门造车，要对自己的项目和别人的项目都有广泛的了解。在听取建议后，该生报名参加了第一届福州大学创新创业大赛，在初赛阶段，辅导员帮助他修改和精练商业计划书。原来的商业计划书中有很多重复的内容，重点内容也不够突出，不能让人明确地了解到他们具体是在做些什么。辅导员帮忙召集团队成员并开始修改商业计划书，以及完成 PPT 的制作。在大家的共同努力下，经历了一周不眠不休地修改后，商业计划书也有了一定的雏形，PPT 信息展示也变得更加清晰。最终该生进入了校赛决赛，在决赛上台之前，他十分紧张，但辅导员不停地鼓励他，告诉他要展现创业者大气自信的一面，不可以太紧张，吐字要清晰，讲话要有逻辑。上台之后的他，仿佛换了一个人，不再紧张，把自己的想法完全展现出来，最终获得了第一名的好成绩。在获得第一名以后，辅导员鼓励他不能太过于放松自己，要对自己有更高的要求，不能只是把目光放在眼前，不能因为一次比赛的获胜就太过于沾沾自喜，要放平心态。

随后的一段时间里，他也开始积极报名各类创新创业赛事。在每次大赛之前，辅导员都会帮他们重新培训，以及修改 PPT 和商业计划书，仔细锤炼演讲稿中的不足之处，最终他们成功进入福建省"互联网+"创新创业大赛，并荣获银奖。除了在创新创业之外，也要要求学生不能放松自己的学业成绩和对自己的要求，要求他在带领创新创业队伍之外，不能对自己的学业成绩有着丝毫的放松，要对自己的主要任务和目标有着坚定的信念，把自己剩下的精力放在学习和学生工作上，让自己全方位的发展。在辅导员不断地叮咛下，该生在2014—2015 学年第二学期开始，连续获得综合奖学金、阳光奖学金、宝钢奖学金等各类奖学金 5 次。

三、案例反思与启迪

在辅导员的不断努力下，该生终于在大学四年的时间中发生了质的飞跃。该生获得了"2017年度全国优秀共青团员""2016年中国大学生自强之星"，也积极参与创新创业活动，担任院学生团委副书记、院科技创新中心主任，成绩排名7/69，被成功保送浙江大学。事实上，刚刚入学的大学生普遍存在像A同学这样的问题。对自己的未来没有明确的思路，不知道自己今后应该往哪一个方向前行。有时候也会被社会舆论影响，片面地认为大学生只需要每门课考试及格拿一个毕业证就可以了。

作为一名高校辅导员，在对学生的培养过程中要注意以下几点。

1. 因材施教，发现学生自身优势。在本案例中，最重要的一步是开始阶段对学生有深入了解，只有让学生敞开心扉，畅所欲言，才会真正了解到每一个学生截然不同的性格和思维方式。作为辅导员，要做的不是设立一套所谓优秀学生的模板强行套在每个不同的学生身上，这是不负责任的行为。辅导员要根据学生的不同优势，在确保学业成绩和遵守纪律的情况下，让他们能够在自己所擅长的方向发挥自己的能力。例如，本案例中的A同学，思维活跃，有较强的表达能力，就需要以此作为培养的基础，需要因材施教，给学生推荐适合他们的工作，随后再由小见大，逐步使他们全方位地发展。

2. 时刻关注，了解学生实时动态。作为高校辅导员，时刻了解自己的学生也是非常重要的，了解学生的动态，知晓他们会碰上什么样的难题，给予及时的帮助。每一个学生在成长的过程中会碰到很多酸甜苦辣截然不同的事情，辅导员要做的是时刻了解学生的动态，让他们在成功时不得意忘形，失败时不妄自菲薄，要做到时刻成为学生的引路人。在本案例中，学生在创业的过程中会遭遇很多的难题，有些时候他会不好意思跟别人提出，这就需要辅导员有敏锐的直觉，在他们需要的时候给予他们所需的帮助，如同该生需要办公场地羞于启齿时，发现他的困境，帮忙提供办公场地，使得项目能够继续进行。辅导员要真正做到时刻掌握学生动态，而不是只是口头上说关心他们。

3. 提供平台，给予学生长远发展。辅导员应当做到给学生提供一个展示自己的平台，只有让学生有平台施展自己的能力，他们才会发现自己的不足，发现自己需要进步的地方。学生有了展示自己的地方，自然而然也就会不断努力攀登，追逐更高的目标。在本案例中，辅导员曾在A同学毕业时问过他，对于大学生活有什么想法。他说，他完全没有想到自己能够取得今天这样的成果，从一个空有想法却不知如何下手的懵懂新生，到了后来有了自己的成果，他对于学校和学院所给予的平台表示深深地感谢。

4. 树立信心，鼓励学生砥砺前行。在大学生涯中，学生常常会碰到挫折与难题，很多时候他们会陷入不断地自我反思和内疚中，有时一个失误会让他们耿耿于怀，也会使得他们丧失继续前行的勇气。在本案例中，哪怕是较为乐观的 A 同学也会碰到挫折，比如，在某次省赛中折戟，该生十分自责，认为是自己的发挥失常导致了团队的努力付之东流。辅导员在那一段时间时常找他谈心，告诉他一次挫折不算什么，人人都会有失误，同时积极地鼓励他，要积极地面对。在之后的大赛中，他也终于鼓起勇气上台，最终获得金奖，并从中幡然醒悟，了解到承认失败其实就是为下一次成功打下坚实的基础。刚刚入学的学生会很迷茫，辅导员要做好他们的引路人，只有这样才能助力他们的成长。总之，辅导员要真正做到因材施教，让刚刚入学的新生能够对大学有一个明确的了解，对自己的未来有一个明确的了解。

（许长宾）

亡羊补牢，犹未为晚

——挽回学业危机学生案例的思考

一、案例概述及问题本质

付某某，男，土木工程学院 2015 级土木工程学生。大一刚来不久，家境贫寒的他，立志自食其力，打算靠自己完成大学学业。于是，他悄悄加入了一个不正规的英语组织，并经常逃课去参加活动，又在毫无资本和资源的时候被机构忽悠放弃自己的学业去创业。辅导员和班干部多次对他进行劝告，但他依然相信机构的谎言，一心扎在所谓"创业"骗局中，无论家长还是教师的劝告，都置若罔闻。对于辅导员和班干部多次关心和询问，他不仅没有感激，反而选择了疏远教师和同学，以各种理由拒绝教师和同学对他的关心，甚至完全脱离了班级。到大二，他挂了 12 门学科，累计重修学分达到 34.5 分，收到学业劝退警告，成为全年级第一个因学业问题被辅导员叫来家长的学生。

二、解决思路、方案及结果

该同学之所以会出现这样的问题，一是由于他长期没有与家长进行沟通，而家长也未及时关注他的内心想法；二是在校期间他没有主动与辅导员、同学进行交流，班级活动经常缺席，喜欢自己一个人往外跑。渐渐地，他脱离了班级，认为在学校感受不到家的温暖，一心只顾在外打拼自己的"事业"。

针对这样的情况，辅导员和同学们做了以下几方面的努力。

1. 辅导员将付某最近的情况告知其家长，并与他们进行当面的沟通交流，希望家长配合学校，明白问题的严重性，劝导该同学，多与其进行沟通，关心孩子的生活和心理动态。

2. 辅导员多次对该生进行心理辅导，鼓励他，坚持学习，希望他能够把功课补上，不要放弃，努力改变自己，有困难及时与辅导员反映。

3. 班级同学、舍友经常与该同学进行交流，主动为他提供学习上的帮助，给予关爱和支持，邀请其参加集体活动，希望他能够重新融入班级。

4. 班级班长、党员同志时刻关注其心理动态，当他的生活和学习状态出现波动时，及时与他进行聊天谈心，替他排忧解难。

在大家的共同关心和帮助下，付某的心态也开始慢慢转变，心里面装的不再是那份不成熟的事业，而是一份坚持、一份憧憬：尽全力补上学业，追上同学们的步伐，重新融入班集体，不让家长和辅导员、同学们失望！

从大二下学期开始，付某坚持跟着班级成绩较好的同学一起学习，每次去上课他都和同学们坐在第一排，认真听讲并做笔记。课后积极向大家请教不懂的问题，和同学们一起去自习。同时他也主动参加班级的活动，努力融入大家庭，喜欢唱歌的他在后来还担任了班级的文娱委员。

就这样，从《结构力学上》成功及格考到71分，再到《结构力学下》取得92分的好成绩，付某通过自己不断努力和改变，以及伴着大家的鼓励，大二大三两年狂补了11门学科，累计32.5个学分，综合成绩绩点总排名从年级倒数进步了110多名！大三下学期单期的成绩更是在专业180多人中排在28名！他的努力、坚持，让他成功实现了自己的蜕变。

三、案例总结及经验启示

在家长的及时沟通、辅导员和同学们的积极引导，以及自身醒悟与努力下，付某同学从大家眼中几乎被劝退的问题学生，成功地实现了自己的蜕变。

通过这个案例，我们能得到几点启示。

1. 充分发挥学生干部和党员这两支队伍的作用，及时关注、把握学生日常行为表现及心理动态，一旦发现异常行为的学生，第一时间了解并妥当处理，及时阻止学生误入歧途。

2. 加强对学生的思想教育，提高学生自身的安全防范意识，做好朋辈教育和引导，发挥朋辈引导的优势与作用。

3. 做好家校沟通，对存在问题的学生及时给予关注，及时与家长联系、沟通，帮助学生克服困难，引导学生走向正确的道路，解决困难。

（陈秋兰）

当兴趣与所学专业"撞了车"

一、案例概述

2018 年 3 月，2017 级实验班新生 A 某频繁缺课，多次无故晚归，与舍友关系紧张。且据其舍友反映，该生晚上失眠严重，引起辅导员关注。据了解，该生平时性格外向、待人友善，且在高中担任过学生会主席。本着对该生负责的态度，通过与主要班委、班级心理保健员以及学生本人谈话了解到，该生酷爱画画，对于实验班的数学、金融等相关课程极度缺乏兴趣，但专业课程难度大，课时长，导致该生没有时间做自己感兴趣的事情，导致其情绪波动较大，厌学情绪强烈，身体上出现了较大的反应。经过与其家长的联系共同商讨对策，以及与该生的不断接触开导疏解压力，最终解决问题。该生休学半学期去学习画画，在家长和辅导员的引导下在大二上学期选择重回原学院，较轻的课业压力可以给他在兴趣和学习中寻求更好的平衡。

二、原因分析

从案例来看，该生出现强烈厌学情绪及不良的身体反应，原因有以下几点。

（一）自身兴趣与目前所学专业严重不符

该生对于画画有着浓厚的兴趣及很强的内驱力，但实验班的课程压力和强度使其没有闲暇时间去做自己感兴趣的事情。该生的学习能力没有太大的问题，但对于数学和金融学科天生不敏感，使其感觉学习过程异常痛苦，且没有时间可以在这两者之中调整自己的心态。久而久之，厌学情绪严重，心境的改变也让他晚上难以入睡。

（二）离异家庭，父母沟通不足

该生父母在其小时候就已离异，父母对于孩子的教育想法各异，沟通不足，对孩子内心需求的关爱也较匮乏。在与其父母的沟通中发现，该生父亲对于孩子的专业选择较为强势，要求该生要学习金融知识并在毕业后从事金融的相关职业。加之父母对其学习成绩要求较高，该生心理压力较大。

（三）新的环境，新的起点

大学伊始，对所有学生而言都是一个新的开始。这是一个相对于高中更加自由的环境，有一片更宽广的舞台。而所有人都站在同一起跑线上。过去的优秀令该生对于自身定位较高，因而无法接受自己在大学屡屡挂科的事实，以及身边的同学十分努力，在繁重的课业和激烈竞争中无法得到从前在高中一般的成就感，因此萎靡不振，有"破罐子破摔"的心态，甚至为了被学校退学而故意挂科。

（四）个性偏激，心理承受力差

该生的家庭原因导致其对问题的看法较为偏激，在面临压力之时，不愿与任何人进行沟通，选择深夜不归，频繁缺课，且与舍友关系紧张，进而导致状况进一步恶化，其心理压力更大。

三、工作方法与过程

（一）第一阶段：发现问题，解决问题

1. 与该生保持密切联系，积极疏导内心压力。通过班委、心保员、该生舍友多渠道了解情况，并与该生多次谈心，倾听他内心的想法，了解其需求，与其谈论其所感兴趣的话题，如画画，打破沟通的隔膜，从而更好地舒缓该生情绪，助其排解内心压力。与该生保持密切联系，掌握其去向，保证该生的人身安全。

2. 积极与学生家长联系，共同商讨对策。在了解情况后，立刻与该生家长取得联系，经多次电话沟通，要求家长到校共同商讨对策。在沟通过后，家长充分意识到问题的严重性，也意识到对孩子人生选择的强势干预而不顾孩子自身兴趣的做法是不对的。家长主动提出让该生休学一段时间去做自己真正感兴趣的事，以及会与孩子进行深入的谈心，了解孩子的内心需求，疏解孩子的内心压力，以更加尊重和理性的方式促进孩子未来的发展。

（二）第二阶段：制订长期工作计划

1. 建立全方位信息渠道。即辅导员要通过与任课教师、学生骨干、家长及时交流，建立各层面信息反馈队伍，了解学生在课堂、宿舍、集体活动中的情况，从而能对学生进行全面把握，随时调整工作内容、方法。

2. 加强家校联系。在问题出现时就要积极与家长沟通联系，例如，将多门挂科、频繁缺课、无故晚归等情况告知家长，令其知晓学生的在校动态，并在与家长沟通交流的过程中，不断加深对学生的了解，并不断修正应对策略。让家长平时多参与对学生的管理，能较大程度上避免危机事件的产生以及提高对危机事件的应对能力。

3. 切实加强学生心理辅导。随着社会的发展，就业压力、失恋、学业、社会工作等问题使当代大学生走进了所谓迷茫。如何解决这一棘手问题，成为我们工作的当务之急。为此配合学校的工作，开展了"心理健康活动周""心理健康活动月""心理普查"和"心理情景剧"等一系列活动，帮助同学们关注自己的心理健康。

四、案例总结及经验启示

通过一系列工作，本案例取得成绩显著，学生 A 某已回到原专业继续学习，身体上的不良反应已经消失，与身边的同学相处融洽，回归到正常的生活。

由上述情况可以看到目前高校的思想政治工作依然存在一些漏洞和薄弱环节，不是每个学生的内心动态我们都能及时触及。因此需要从做好思想政治工作出发，建立健全全方位的信息渠道，及时发现问题，同时加强家校联系，积极与家长共同商讨对策，化解危机。工作中还要坚持贴近实际、贴近生活、贴近学生为指导思想，努力提高思想政治教育的针对性、实效性和吸引力、感染力，切实为学生的成长成才服务。

（张炎琳）

因材施教，育德育才

一、案例概述

A 同学（化名），2015 级本科生。该生性格上较为恬静、胆小、内向、软弱，自大一入学以来，与同学交流较少，在集体活动中表现不太积极。在专业学习上，热爱学习，对法学专业表现出较大的兴趣，但其处于"理科"转"文科"的情况，对于法学专业的学习方法认识不清，较为混乱，努力学习但取得成绩不够理想，大一上学期民法学考试仅 65 分。在职业规划方面，处于迷茫状态，不知道如何规划，如何提升自己。在个人能力上，见识面较窄，综合能力较低，大局意识不足，处理问题比较依赖他人。

在辅导员工作中，立足于关注每一位同学，因此在经过和 A 同学的交流与谈心，意识到 A 同学在学习、生活中虽存在很多不足与缺陷，但其考虑问题较为全面、学习态度端正、有较早的目标意识、性格文静安谧、热爱学术研究、思维较为活跃，潜力较大，具备一定的可开发性。因此，将 A 同学纳入重点培养、培育的对象中，将其定位为学术型人才并展开帮扶，从学业、综合能力、性格等各个方面指导 A 同学，立足将其培养成一个高素质全方面的法学人才，为社会为国家输送高端法学人才。

二、解决思路及解决方案

1. 深入了解学生，想其所想，思其所思。在经过与 A 同学较为深入的交流谈心之后，发现其对自己未来的担忧与迷茫，同时也认识到该生较为不自信，不能发现自己的优点等问题。

2. 对症下药，制订帮扶方案。知道学生不足后，针对其存在的不足，进行指导，帮助学生定位自己。例如，鼓励其更多地参加学生工作，教导在学生工作上遇到的问题，包括如何处理、如何高效高质完成等。使学生在学生工作的过程中锻炼自己的实践能力，处理好人际关系，提高自己的组织管理、交流沟通能力。

3. 循序渐进，帮助其树立自信心。育德育才，需要在一件一件事中慢慢提升，因此不能过于心急。一步步教导，手把手帮助。随时了解其学习、工作状态，进行疏导、鼓励、帮助解决。了解 A 同学状态，帮助其克服遇到的问题。在此过程中，帮助其树立自信心。

4. 学业上，改进学习方法，给予专业指导。首先，及时纠正 A 同学的错误的学习方法，帮助其联系专业教师，让其在与教师的沟通交流中改正不足。其次，收集相关专业学术讲座信息、高质的学术论文让其旁听、阅读，提升法学素养。再者，积极帮助其联系专业教师，让其尽早地加入一些课题研究、论文撰写过程中。

5. 提供信息资源，完善未来规划。结合 A 同学的个人能力、个人性格、个人实际情况及其未来的就业兴趣，帮助其制订未来规划。鼓励其提高专业成绩，争取保研机会，攻读研究生，更专业化学习。

三、教育效果

在辅导员的教育及帮助指导之下，该生找到自己前进的方向，树立了本科学习期间的奋斗目标，极大地发挥了自己的潜力，克服了自己的不足，各方面均有较大的突破，取得了很好的成绩。

1. 在学业上，该生成绩优异并具有较高的法学素养，具备专业化人才发展素质。其以优异的成绩成功保送至西南政法大学攻读研究生学位。截至入学第六学期，平均成绩达到 89.3，专业排名居于年段第 3（3/99）。获国家奖学金、厦航奖学金等，连续 4 次获得校一等奖学金、1 次获得校三等奖学金，等等。同时完成学术论文 3 篇，并成功在期刊、学报上发表。

2. 在性格方面，克服自己胆小、内向的性格，组织管理能力得到极大的提高。积极参与学生工作，担任法学院团委学生会团委副书记、法学院本科生党建负责人、组织部副部长、班级党支部书记、团支部书记、暑期社会实践队队长等职务，并带领所在集体获得"2016 年全国高校'活力团支部'""福建省五四红旗团支部""福建省社会实践优秀团队"等 10 余项集体荣誉。

3. 综合能力上，克服了"只读书"的状态，开始走出自己的世界，去接触更多的活动，全面提高自己，培养自己的综合能力、综合素质，并取得很好的成绩。例如，在创新创业方面，组织参与的创业项目"VR family"获得省级创新创业训练计划项目；加入法学院法庭辩论队，积极参加法庭辩论赛，如"厦门联合信实杯"等，获得"最佳辩手""团体冠军"等荣誉。

总之，经过三年的培养与教育，该生在人生目标上从一个迷茫、不知所措的状态到目标明确、理想坚定、未来规划清晰。在学习上，从"理科"转"文科"学习方法错误到年级第三、成功保研政法院校；在个人综合能力上，从单一化学习到各方面兼顾，组织能力强，综合素质高；在性格上，从胆小内向到积极开朗、独当一面；等等。在各方面均完成了一定的蜕变，并朝高端法学人才方面发展。

四、案例总结及经验启示

1. 培育高素质综合人才是辅导员工作的重要课题，如何以正确的思路、正确的方法去发现、激发学生的潜力至关重要。因此，需要辅导员全身心投入学生教育工作中，深入学生之中，发现每一个学生的潜力与能力，想其所想。

2. 分类培养绝不是单一化、机械化的统一帮助、统一帮扶，而是结合其个性、能力、兴趣、特点，逐一分析，分别制订培养方案。因此，每个学生适合什么领域、适合什么方向便需要花费一定的时间去分析、去了解。

3. 通过思想政治教育和日常管理对学生进行正确的指导和引导至关重要。积极采取侧面引导、学业指导，及时了解其动态，发现问题并及时纠正，及时疏导。但必须以尊重学生个人意愿为前提，以学生为主，辅助为辅，为其提供信息资源与经验指导。

4. 培养高素质综合人才是一项有计划性的长期工程，要花费巨大的时间与精力，绝不可以短期完成，因此，必须静下心来，有足够的耐心。在这个过程中，可能会因帮扶体系的尚不完善而感到压力重重，但是要在力所能及的范围内，疏导学生的心理压力，在学业生活上给予关怀和指导，帮助其真正实现自立自强、健康快乐成长。

"大学之道，在明明德，在亲民，在止于至善。"大学阶段是青年学生人生观、价值观形成的重要时期，也是人才培育的重要时期，在这个时期大学辅导员是高校对学生进行思想政治教育和管理工作的重要力量。因此，作为辅导员，应该要致力于当代大学生的分类培养，注重培育方法，发挥出每个学生的潜力，为国家输送专业人才。

（茹晓冬）

第四篇 **04**

| 危机事件应对 |

学生非法买卖支付宝险被外省警方带走

一、案例概述及问题本质

（一）案例概述

一天中午，D学院党委副书记接到属地派出所H警官关于Z学生涉嫌网上买卖支付宝的电话后，通知辅导员带上该生到学生宿舍区警务室配合外省警方的调查。初步调查得知，该生在网络上买卖支付宝，涉案金额几千元。初步调查结束后，该生被带到属地公安分局进行隔离，单独接受调查，外省警方还有意将该生直接带回当地公安机关进一步调查。最后，该生如实交代了整个网络购买支付宝过程并真诚接受警示教育，经该生辅导员及学院分管领导积极与警方沟通，并经请示，鉴于该生的深刻反省和涉案金额以及该生在校学习的特殊性，且该生保证根据警方案件调查需要随时赶赴当地警方接受进一步调查，外省警察同意不带走该生。

（二）问题本质

网络买卖支付宝，是指从固定上家拿货后提高价格直接卖给下家，赚取其中的差价。这其中，包括出卖居民身份证号等信息属违法行为。这是一起学生受"上大学就是玩的"错误思想影响，在大学期间抵制不住各种诱惑，花钱大手大脚，欠下网络贷款2万多元，又因父亲投资失败不敢向家里要钱，为还清网络贷款而在网上找到了买卖支付宝这一"赚钱"买卖，误涉信息买卖的学生违规案例。问题的本质在于学生法制观念淡薄、法律常识缺乏，不根据家庭经济情况量入为出、勤俭节约，缺乏奋斗目标，投机取巧、不想通过自己的诚实劳动获取报酬、心存侥幸心理。

二、解决思路及实施办法

（一）解决思路

这是一起学生涉及公民身份信息网络买卖非法获益的案例。这种案例要在尽快准确掌握学生涉及情况的基础上，在国家法律和制度允许的范围内，本着"治病救人、惩前毖后"的原则，保护学生、爱护学生，帮助学生走出误区，及时带学生赶赴现场，引导学生配合调查，及时通知学生家长，主动与警方沟通，争取学院领导及学校保卫部门等专业人士指导，密切关注舆情，将事件控制在最低的范围之内。

（二）实施办法

1. 第一时间赶赴现场。辅导员接到电话后，马上按照要求带领学生赶赴警务室的调查现场，并确认警方的身份信息和调查内容，了解该生涉事的基本情况和可能最坏的后果影响，做到心中有数，并将初步了解的情况报告副书记，请求指导。

2. 做好学生的思想工作。引导学生配合该警方的调查，诚恳承认错误，争取从轻从宽处理，表明回心转意争做好学生的决心。明确该生不会被带离学校、待该生情绪基本稳定后，从重从严批评教育该生引以为戒、下不为例，让其深刻认识到自己因为糊涂所做事情的严重（违法）性质，向学校和家长保证不再做违法乱纪的事情，全力以赴集中精力学习。

3. 及时通知学生家长。大概了解该生所做的事情后，及时电话通知该生家长，讲清该生涉案的基本情况和警方的初步处理意见，明确给家长表示在案情还没结果的情况下学院、学校会关心关注孩子的人身安全，请家长高度重视并立即赶赴学校配合处理此事，不得拖延和耽搁。妥善安排家长来校，掌握家长到校的动态。和家长见面后，稳定好家长的情绪，协助安排好家长的住宿，听取家长的心声和意见，想家长之所想，急家长之所急，共同等待处理结果。

4. 主动与警方沟通。及时了解警方的调查进度及处理意见。主动和警方正面接触，聆听他们已掌握的案件情况和初步的处理意见，报告学生在校的实际表现，争取警方的宽容处理，及时向学院领导报告反馈，聆听领导新的指导意见。

5. 争取保卫部门的支持。本着以生为本的原则，寻求学校保卫部等部门的支持，争取专业指导，在条件允许的情况下，尽量保护和带回学生，给学生留下继续在校学习完成学业的机会。若警方确需带走学生做进一步调查，一定要请学校保卫部当天值班人员到现场指导，协助负责做好学生的相关离校手续并且及时报告学校相关部门备案。

6. 关爱学生、帮助学生走出误区。警方带走该生手提电脑和银行卡后，要引导该生尽快消除这一（违法）行为带来的心理阴影，从内心深处认识到若继续那样做会带来的不敢想象的后果，让学生坚定信心，以回头是岸的勇气、奋发进取的劲头投入专业学习。同时，若警方真有需要该生去当地接受继续调查的要求，学生也得积极配合，承担后果。

三、案例总结及经验启示

（一）案例总结

这起学生涉及非法买卖支付宝险被警方带走的事件，在学生辅导员、学院分管领导及校保卫部门的第一时间介入，以及学生本人的正确对待和学生家长的积极配合下，本着"以人为本，保护学生、爱护学生，关心帮助学生成长，引导学生走出误区"的原则，在国家法律规定允许的条件下，争取警方的理解和支持，使得整个事件得到妥善处理，最终，在辅导员的帮助下，学生走出误区，改头换面，奋发进取，全身心投入学习，顺利毕业。

（二）经验启示

1. 当代大学生要清醒认识到网络的"双刃剑"作用。一方面，网络确实有很多的优势，了解时事、学习知识、与人沟通、休闲娱乐，便捷高效的网络信息、益处多多的网络健康交往等，网络给人们的生活、学习、工作等带来了种种便利；另一方面，网络也有可能给当代大学生造成很多伤害，沉迷于网络游戏、网络成瘾症、诱惑欺诈、网络贷款、各种名目的"套路贷"等，网络对现实生活中问题较多的学生有了更大的"杀伤力"。大家要用好网络的益处，回避网络的陷阱。上述学生就是一再利用网络"赚钱"，最后落得被警方盯上险被带走。

2. 对当代大学生的普法宣传教育只能加强不能削弱。法制教育是高校思想政治教育的重要内容，是培育大学生良好的法律品质、提高他们的社会主义法律意识、增强法制观念的重要途径。目前，根据已经出现的网络贷款、网络买卖支付宝、各种"套路贷"以及网络彩票等，学校应该列出常见的学生涉法清单，扎扎实实做好学生的法制教育，而不是等学生网络贷款累积到不能还款、跳楼跳河时才谈法制教育，要着力做好学生的法制常识教育，让学生懂法敬法。

3. 辅导员工作要精细化，于人于物于心。潜伏的网络贷款和"套路贷"等学生如何被发现？一些潜伏的网络贷款和"套路贷"等的学生，他们不暴露则已，一暴露就会做出一些让人不敢想象甚至无法挽救的举动。那么，这些潜伏者有无暴露出一定的先兆呢？实践证明还是会有的。就以上述学生为例，在大二下学期学习成绩下滑得很厉害的时候，辅导员找其谈心，他给出成绩下滑的原因是喜欢上了网络游戏，为了保证不再打游戏并将成绩提升到专业前50%，他甚至把手提电脑交给辅导员保管。像这时辅导员不应该完全听信他的说法，而要多角度深挖他成绩急剧下滑的原因，顺藤摸瓜找到问题的症结。事实上，他在把手提电脑交给辅导员保管一学期后，又利用网络贷款私自购买了一台手提电脑，干起了网络买卖支付宝这一"赚钱"的活。为此，抓好学生干部队伍、学生信息员队伍，非常重要。

4. 加强当代大学生勤俭节约、艰苦奋斗的教育。该生上大学后花钱变得大手大脚，在家里不能供给他随意花钱时他找到网络贷款这一来钱渠道，当网络贷款挖下深坑不能还款、家长又被骗巨款时，其就自己多方寻找还款途径，最后就找到了网络买卖支付宝"赚钱""还贷"这样一个简单路径。最根本的原因在哪？该生上大学后抵制不住诱惑，花钱不量入为出。花钱大手大脚的根本原因在哪？勤俭节约、艰苦奋斗的传统被抛到九霄云外了。俭以养德、立志成才，勤学苦练、逆境出人才，温室里的幼苗怎能经受得住复杂社会的风吹浪打？通过诚实劳动获取报酬、树立劳动光荣的观念、遵循"幸福是靠奋斗出来"的教导，争做合格大学生，这是高校"培养什么样的人、如何培养人以及为谁培养人"必须长期坚持的育人理念。

（尹万东）

一起因情感问题引发酒精中毒
突发事件的紧急应对

一、案例概述与问题本质

（一）案例概述

学生刘某，女，来自江西农村，父母离异，性格内向要强。平时学习成绩较好，与男友分手后情绪低落，深陷失恋情绪中难以自拔，时常寻找好友倾诉内心苦闷。分手几日后找男友复合，男友却拒绝了该女生的复合请求，两人发生争执不欢而散。当夜学生刘某独自外出借酒浇愁晚归，同学和学生干部担心其安全，外出寻找，终于在学校附近路边找到已烂醉的刘某，打算将刘某带回宿舍，但该生酒醉严重，呈现意识模糊呼喊不应的昏迷状态。学生干部意识到事态较严重便告知辅导员，辅导员赶到现场。

（二）问题本质

这是一起因陷入失恋难以自拔的情感问题而引发的酒精中毒突发安全事件，究其本质，这是学生个体成长的原生家庭影响下自身无法正确对待失恋问题所引发的。

二、解决思路与解决方案

（一）解决思路

1. 学生刘某处于昏迷状态，当务之急是送往医院救治。学生的生命安全永远第一位。当前情况表现为学生昏迷，甚至可能引发休克状态，及时救治才是当务之急，如果不及时处理危机状况，学生生命安全将有危险。

2. 借助科学的危机应对策略。学生失恋痛苦而至情绪低落是核心问题。男方提出分手后，刘某情感失衡产生绝望心理，感到人生从此失去色彩。分析其深层原因，刘某来自一个父母离异家庭，成长的环境一定程度上影响了刘某的爱情观。刘某内心深处渴望完美的爱情，不希望爱情生活出现破裂。但生活还要继续，加强心理疏导，及时心理治疗才能真正帮助学生从负面情绪中走出。

3. 要找准解决问题的关键，同时发挥好学生朋辈的帮扶作用。要帮助学生走出失恋阴影，树立正确的恋爱观。在紧急治疗的基础上，还要给予学生关怀和教育，帮助学生培养积极健康的爱情观。借助班主任和周边同学好友的帮助，依托学生家长的力量，合力帮助学生走出失恋的沼泽地。

（二）解决方案

1. 联系医院妥善治疗，确保学生生命安全。辅导员见到醉酒学生时，判断该生情况比较紧急，便立即将学生送往附近中医药大学附属第三医院急诊科诊治，先垫付挂号费用及部分诊治费用，保证学生及时接受治疗。同时，及时向院系学生工作负责人汇报，请求领导的支持和指导。

2. 联系家长，加强沟通。加强与学生家长的联系，及时向家长通报该生情况及学校学院所采取的措施，征求家长的同意和授权。首先，向学生家长通报当前学生的具体情况以及学校采取的相关措施，表明学校在处理此次事件上的积极负责态度。其次，希望家长多与学生联系，对其多关怀、多鼓励、多沟通，配合学校处理相关事宜。

3. 全面准确了解学生情况，做好学生心理干预和思想教育工作，旨在使她重新树立起生活的勇气与信心。青春中难免遭遇迷茫和灰暗，重要的是重拾对生活的信心。通过该生的同学好友了解情况，寻找该生谈话，教育该生客观对待情感不要过分夸大或缩小爱情的作用，生活仍将继续。

4. 积极发挥朋辈帮扶的力量，鼓励学生多参与集体活动。安排班级心理保健员密切注意其心理并及时通报。考虑到刘某特殊的家庭环境，安排同学给予适当的帮助与关爱。鼓励学生积极参与文体活动，投身于集体活动中，在集体氛围中感受快乐和温暖，化解负面情绪的笼罩。

三、案例总结及经验启示

（一）案例总结

在急诊科，医生及时进行输液治疗，并安排 CT 检查，确定无因酒醉跌倒所致的脑部伤害，继续留院治疗。次日清晨，学生意识已经清醒，留下 3 名同学继续陪护观察。至次日中午，学生已经出院返回学校。辅导员及时约谈学生，通过与学生谈话，学生表示对自己借酒消愁的行为后悔不已，此次事件使自己成熟了许多，明白了生命中不仅有爱情还有师生情、同学情、家人情，每份情意都真挚而温暖，今后自己将走出失恋阴影，刻苦学习，不辜负众人的期望。

经过之后几个月的观察，该生与班级同学关系融洽，性格也趋于开朗，学习成绩明显提高，对生活充满信心。

（二）经验启示

当前，大学校园里的学生恋爱现象较为明显，恋爱带来的各种矛盾和问题也凸显出来，逐渐成了高校辅导员工作中的又一课题，帮助大学生树立正确的恋爱观和处理恋爱中出现的问题，既有助于大学生健康成长，也有利于高校进一步做好学生教育管理工作。本案例中，学生缺乏正确的爱情观，不能正确处理好由于情感挫折带来的各种影响与打击，深陷失恋痛苦情境之中。本案例带给我们的思考就是，加强恋爱观教育帮助大学生树立正确的恋爱观一定要抓早、抓小、抓细、抓牢，帮助大学生学会正确处理情感问题，需要家庭和学校齐抓共管，相互支持。

1. 抓早：正确的恋爱观教育要提前着手，防患于未然。在新生入学之初便加强恋爱观的教育，开设两性关系学、人际关系学等相关课程。举办指导大学生树立正确恋爱观的专题讲座，引导学生正确处理恋爱与学业、恋爱与身心健康的关系，进一步为大学生情感问题提供咨询平台，帮助学生端正恋爱态度。由此，让学生意识到爱不仅是一种权利，更是一种责任。

2. 抓细：润物细无声，关键在日常。我国教育部令21号《普通高等学校学生管理规定》中取消了原规定中"在校期间擅自结婚而未办退学手续的学生，做退学处理"的条例。尽管国家的政策允许在校大学生恋爱、结婚，但这并不意味着两性交往没有约束，必要的情感教育一定要落实到位。日常生活中辅导员要加强对恋爱学生的关注，及时把握学生思想动态，一旦发现有学生情绪波动较大应及时介入，为学生解疑答惑。深入学生群体中，依据学生特点，个别谈心，工作要做到全面、细致。

3. 抓小：得其大者可以兼其小。依托第二课堂等课外活动，促进男女大学生的正常交往，避免个别学生轻易陷入感情的旋涡不能自拔。在集体活动中，培养学生的集体意识和交往能力，引导大学生掌握与异性交往的正确原则和方法，培养学生正确处理学业与恋爱关系的能力。让学生明确恋爱在大学生活中的位置，坚持学业第一的观点，明白未来的美好蓝图的基础在于今天的努力学习。

4. 抓牢：三观不牢，地动山摇。当前，大学生恋爱在高校已经成为普遍现象，但由于不成熟的心理和生活经验的欠缺等原因，大学生总会在恋爱中遇到各种矛盾，如不能妥善处理就会引发心理障碍。失恋者因恋爱受挫往往出现悔恨、痛苦、抑郁、焦虑、颓废等情绪，严重影响了大学生的身心健康。因此，必须持续加强学生恋爱观及生命观教育，引导和帮助学生树立正确的三观，明确人生的价值和追求。

（鲍星华）

学生考试作弊受处分，情绪崩溃难自抑

一、案例概述及问题本质

（一）案例概述

学生小杨，女，宁夏固原人，来自农村家庭，父亲是小学教师，母亲在家，家中有一个弟弟，家庭经济状况不是很理想，入学以后被认定为一般贫困生。从高二起，小杨每天要到凌晨两三点才能入睡，长期缺乏睡眠，造成记忆力严重下降。大一上学期期末考试，小杨开始挂科，一直到大四学年依然有部分课程没有通过考核。大三下学期省计算机等级考试中，小杨在考试过程中拿出手机查试题答案，未被当场抓到，本以为能够瞒天过海，但省教育主管部门在考试结束后，通过查看考试视频监控录像，发现小杨在计算机等级考试中拿手机进行作弊。因此，省教育主管部门要求学校要严肃处理。知道要被处分以后，小杨跑到辅导员办公室，情绪崩溃，泣不成声，请求辅导员能否从轻处理。

（二）问题本质

这是一起因考试作弊被查面临被处分而导致的学生情绪崩溃难自抑的案例。该问题的本质是学生因学业问题，抱着侥幸心理，冲破诚信底线而考试作弊面临处分。该生面临着被处分拿不到学位的后果，因而无法面对、无法承受而情绪失控。

二、解决思路及实施办法

（一）解决思路

解决该问题的思路是先稳住学生，做实、做细、做通学生的思想，做好学生的心理疏导，及时排解学生心理情绪，使学生能够意识到并能正确面对接受处分的现实，同时要通过多方合力，让学生从作弊处分的消极影响中走出来，帮助学生解决学业问题，重新拾得生活的信心。

（二）实施办法

1. 及时向领导汇报相关情况。在事件发生第一时间，做好小杨同学相关情况的收集汇总，及时向学院领导汇报相关情况。通过其舍友、同学及其交往较为亲密的朋友了解相关情况，具体包括小杨自大学入学以来的基本情况，包含学习、生活、心理、人际交往等各个方面。

2. 与小杨进行谈心谈话。一是通过谈话让小杨深刻认识到在考试中携带手机进行作弊这一问题的严重性、错误性和消极影响，不仅影响到个人的诚信问题，也会给周围其他同学带来不良的示范效应。二是向小杨详细解读《福州大学学生手册》中有关于考试作弊的相关处理规定，从学校相关政策让她认同对于其本人作弊的处理办法。三是对小杨同学进行心理疏导，通过积极、正向的谈话和引导舒缓她的心理压力，正确面对考试作弊这件事，鼓励她在接下来的考试中靠自己的努力考出好成绩。通过利弊两方面以及列举以往类似情况最终顺利毕业的成功例子对她进行劝导，鼓励她继续升学考研。

3. 叮嘱相关学生干部，掌握思想动态。在事件发生后，第一时间联系小杨舍友以及班级主要学生干部，让小杨舍友私底下关注小杨情绪变化以及其行为动态，一旦发现异常要及时向辅导员汇报，做好防范预案。叮嘱学生干部以及舍友，在事件发生之后，多与小杨同学接触交流，引导她转移注意力，通过多种方式尽量舒缓小杨巨大的心理压力，一起帮助她渡过难关。同时，叮嘱学生干部做好每日关注动态汇报，及时掌握小杨的思想动态。

4. 共同做好家校联系相关工作。在事件发生之后，及时告知小杨父母这一情况，避免信息不畅通造成误会。考虑到小杨家长对小杨在校学习情况抱有比较大的期待，在与家长沟通过程中，向家长解释学校的相关规定，同时告知家长配合学校工作，不要用责骂的口吻训斥小杨，以免造成更大的心理压力，通过鼓励等方式积极疏导小杨情绪。不定期与家长进行沟通，向家长反馈小杨近期在校情况，让家长放心。

5. 做好相关帮扶措施。一是对小杨的心理建设进行帮扶。通过谈心谈话进行心理疏导，通过借助心理咨询室，让小杨接受心理咨询，帮助她克服心理压力。二是对小杨的学习进行帮扶。通过组建学习帮扶小组，对小杨学习进行有针对性的帮扶，帮助她树立学习的信心。三是加强小杨诚信帮扶教育。引导她意识到诚信对于个人发展的重要性，让她将诚信考试谨记于心。

6. 心理跟踪及长效机制。考虑到小杨面临着如此大的打击，加之她之前又有严重的失眠症，担心其通过服用大量药物帮助睡眠，在通过其舍友加强对小杨关注的同时，辅导员在平时通过与小杨的谈话交流以及从其他地方，及时对小杨的心理进行了跟踪。同时建立预警长效机制，一旦发生状况，辅导员要能够及时介入，将伤害降到最小。

三、案例总结及经验启示

总结该案例，在开展大学生日常管理和思想政治教育过程中，主要有以下几点启示。

（一）重视专业知识的学习

学习是大学生的主业，只有学好知识、扎实掌握相关专业知识，才能在未来的就业与升学中取得优势。案例中的小杨就是因为进入大学以后成绩不理想导致所欠学分较多，因此才会选择这种错误的方法。因此，辅导员在开展日常思想政治教育过程中，要重视学生对专业知识的学习，让他们充分意识到学习的重要性。通过开展相关学习活动，例如，"学习成长计划""学习帮扶计划等"，通过切实有效的措施，帮助学生顺利完成大学学业。

（二）加强日常诚信教育

在日常开展大学生思想政治教育过程中，要注重对学风、考风的教育，加强对大学生的诚信教育。通过年段会、主题班会等有效形式，加强诚信教育；在重要时间点通过开展相关主题活动，如签订考试诚信承诺墙、线上开展考试诚信大讨论等，不断强化学生关于诚信考试方面的意识。同时，在开展诚信教育过程中，跟学生讲清纪律、讲清政策，把规矩立起来，促进学生把诚信考试的观念内化于心、外化于行。

（三）重视学生心理素质的提升

大学生的心理健康关系到学生的一生。因此，在开展大学生思想政治教育过程中，要重视对大学生的心理建设，从抗挫能力、应变能力、情绪调整等多个方面开展建设。通过开展相关心理活动不断提升学生心理素质。同时要重视个体，注重对心理问题学生的关注，建立完善的心理干预防御机制，借助外力解决问题。

（四）多维度提供日常帮扶

在开展大学生日常思想政治教育过程中，要具备一双发现学生问题的眼睛，了解学生所思、所想，知晓学生心理活动，知道他们的需求，注重日常介入和帮扶。在学习、助学、心理建设、职业生涯规划等方面尽可能给予他们更多的帮助，成为他们的引路人。要在帮扶过程中，注重思想观念的帮扶，这才是开展大学生思想政治教育的根本。

（李辉容）

一起疑似食物中毒突发事件的紧急处置

一、案例概述及问题本质

（一）案例概述

2018 年 6 月 27 日傍晚，辅导员接到 4 名学生反馈身体不适并有呕吐、全身乏力现象的报告后，立即通知学生干部将身体不适学生送至学院医务室，同时也第一时间赶到医务室，并把情况报告给学院副书记。经医务室值班医生初步诊断，4 名学生疑似食物中毒。因涉及多名学生且医务室设备过于简陋无法进行后续处置，学生安全无小事，辅导员立即请示领导，并和医务人员商量，将学生送往当地医院检查治疗。学院立即启动突发事件应急处置方案，进一步排查后发现，共计 12 名学生相继出现呕吐、胃部不适和腹胀等情况并送医院检查观察。学院领导立即赶赴医院看望学生，了解情况，并通知食堂所用食材均要留样封存，待后续调查。当晚经医院观察治疗，所有学生情况均有好转，并于当日凌晨返回校区。

（二）问题本质

这是一起学校食堂某个菜品加工不慎、卫生处置不当导致的学生食用后产生身体不适，疑似食物中毒突发应急事件。

二、解决思路及实施办法

（一）解决思路

这是一起疑似食物中毒的突发紧急事件，学校应启动紧急处置预案。学生安全无小事，必须高度重视。辅导员要第一时间到达现场，并将有症状的学生立即送医，学校排查并统计类似情况；立即向学院相关领导、学生处相关领导报告，并协助对食堂食品卫生情况进行调查；对网络舆情进行监控和引导，避免事件负面影响进一步扩大，引发其他群体性事件；配合有关部门调查，并协助制定相关卫生监督制度，避免同类事件的发生。

（二）实施办法

1. 在多名学生反馈出现食用食堂食物后出现呕吐、腹泻后，辅导员要第一时间到达现场，并将学生送至医务室，由值班医生进行初步诊断和处置。当发现医务室无法对该症状进行后续处置和治疗后，辅导员马上将情况报告院领导，并同医生商量，提出将出现症状的学生送至当地较权威的医院，同时立即让学生干部排查是否还有食用同类食物出现类似症状学生，排查出有症状的学生立即送医。

2. 第一时间向学院分管学生工作副书记和分管校区工作的行政副院长汇报。学院立即启动预案，组建由学院领导、相关教师与学生代表的调查组立即对食堂进行情况了解，对当晚食堂留样的相关食材进行封存。让学生参与本次事件调查，增加事件调查和处理过程的透明度，及时向学生反馈情况，减少因信息不对等而引起的误解，使沟通渠道畅通。

3. 安排学生干部对本次事件进行网络舆情监控，在本次事件还未认定之前，安排主要学生干部安抚班级同学，不要在网络上传播未经核实的信息，以免夸大事实，扩大不良影响，等待官方调查结果公布。及时向学生公布最终调查结果，消除学生负面情绪，同时监控学生群体情绪情况，防止出现其他衍生事件。

4. 学院领导也在第一时间赶到医院看望学生，关心学生，了解情况，并迅速利用医护资源寻找病因，诊断治疗。

5. 要配合学院领导和相关部门组织学生谈话，在学院领导的指导下向学生通报有关情况，使信息畅通、透明，平息谣言和传言，以免造成恐慌等。力求在调查中查明事件起因，保持公平、公正态度。

三、案例总结及经验启示

（一）案例总结

这次突发的学生疑似食物中毒的事件，对辅导员工作来说是一次不小的考验。在启动突发事件应急处置预案后，辅导员第一时间赶赴现场、领导及时到达现场指导、关心学生，及时送医就诊、及时排查、及时舆情监控并适时向学生准确反馈相关信息，避免了一场可能引发的舆情事件、群体性安全事件。在学院师生的共同努力下，避免事件进一步扩大而出现其他衍生性群体事件。当晚经医院观察治疗，所有学生情况均有好转，并于当日凌晨返回校区。学生安全无小事，务必保证思想上高度重视。

（二）经验启示

本次事件的发生及后续处置，对辅导员今后工作有以下几点启示。

1. 学生安全无小事。通过本次事件，加强学生的安全教育工作，无论是食品安全还是其他方面的安全教育工作，都应该贯穿于整个思想政治教育工作中。

2. 加强网络舆情监控，针对事件发生和处置情况，加强对网络舆情的掌控是保证工作顺利开展的保证，通过学生干部群体，进一步引导网络舆情。

3. 加强食堂监管制度建设，为了防止此类事件的发生，建立健全的食堂食品安全监管制度，在原有的食品安全条例的基础上，进一步进行完善。从源头杜绝此类事件再次发生。

（林泉富）

心若向阳，无惧艰难

一、案例概述及问题本质

（一）案例概述

小 A，大二学生，家在中西部偏远地区，学习基础薄弱。父母年事已高且疾病缠身，病退在家，收入微薄，家庭经济困难。入学后小 A 遵纪守法，学习勤奋努力，成绩排名较为靠前。小 A 阳光开朗，体格健硕，积极参加学校各类文体活动并取得优异成绩，表现突出。责任心强，热情友好，人际关系和谐。

2018 年 5 月 25 日，小 A 感觉自己身体不适，脚有点麻，便到某医院就诊，医生检查后表示没什么问题，建议回去安心休息几天。小 A 不放心，第二天在同学的陪护下到某三甲医院做全面检查，在医院候诊期间小 A 病情急剧变化，大小便失禁，无法行走，医生初步诊断是急性脊髓炎症状，要求立刻住院治疗。小 A 打电话告知了辅导员这一情况。

（二）问题本质

该案例是一起家庭经济困难学生因身体病变，突然遭遇重大疾病，医药费难以筹措，家长无法第一时间到校处理的突发事件应对。从上述情况不难归纳出本案例的核心问题，主要有两点：一是该生突然遭遇重大疾病，须及时救治；二是该生家庭经济困难，医药费筹措困难。

二、解决思路及实施办法

（一）解决思路

学生出现突发疾病，辅导员应以"生命至上，以人为本"的原则，第一时间汇报，第一时间到场，想学生之所想，急学生之所急，组织动员尽可能多的资源帮助学生和其家庭渡过难关。

（二）实施办法

1. 及时准确向上级汇报情况。第一时间上报学院分管副书记、学生处详细排查了解学生的基本情况以及病情发展情况，及时准确地向上级领导汇报学生情况，争取领导的支持和指导。第一时间赶到医院，关心、帮助小 A 同学，与医生联系，与其父母沟通，反馈相关情况。

2. 做好监护与家长通知。因该案例涉及手术等生命安全问题，须第一时间联系该生家长，要求家长以最快的时间赶到学校处理相关事宜。此外，因该生家路途遥远，建议家长委托学校周边的近亲属代表父母先赶赴医院（小 A 的父母已联系其舅舅尽快赶到医院）。在家长和亲属未到校期间，安排班级干部和辅导员本人亲自陪伴学生，安抚学生情绪，实时看护。

3. 做好证据保留和记录整理工作。在学生手术需要确认签字时，家长不在现场，并委托辅导员行使监护人权利，作为辅导员应第一时间请示上级领导，在上级领导同意后应向家长说明手术的风险、时间、费用、医院的医疗水平及手术成功率等问题，同时请家长签署电子版授权意见发给辅导员，以便留档。留取相关证据以免后续出现纠纷。

4. 做好后勤保障和医保对接工作。在家长到校后，将学生交由家长，同时安排做事细心、周到且没有课的学生干部排班次在医院轮流陪护，协助家长。着手帮助学生对接医保中心、启动大病医保，详细告知家长该留存何种材料并告知报销流程。

5. 发动募捐协助筹措医药费。组织学生干部通过线上水滴筹以及线下扫码的方式募集治病善款。通过微信群、QQ 群、公众号推文等发动全年级学生、学生家长以及院校师生的力量，短时间内迅速筹集 30 多万元医药费，在一定程度上缓解了小 A 治疗费用的困境。

6. 动员社会资源帮助学生。由于小 A 被确诊为先天脊髓内动静脉畸形，普通的三甲医院无法提供合适的手术治疗。在学院领导及校领导的关心和帮助下，联系北京某医院的知名专家，帮忙手术治疗，学院副书记、团委书记及辅导员也多次去医院看望，并派辅导员代表学院去北京看望。

三、案例总结及经验启示

（一）案例总结

全程参与小 A 的突发事件处理，从发病送医到善款筹措，从陪同到北京就医到辗转各大医院，从无助的绝望到满满的希望，虽谈不上完善，但也感触良多。在多方的共同努力下，在家长的精心呵护下，在名医的帮助下，学生病情好转，下半身已恢复知觉，并已转回家乡所在地医院康复治疗。

（二）经验启示

首先，建立健全突发事件的应急预案，建立各部门协调互动的联动机制尤为重要。小A能得以顺利就医，得益于校院两级各部门的协同配合。联络权威专家、启动大病医保、学生临时困难补助、校友会大额捐赠等都离不开各部门的协作。

其次，我们应该强化学生的保险意识，提高大学生基本医保与补充医保的参保率。人的身体和生命有时是很脆弱的，当疾病突袭，保险不仅可以为贫困的家庭减轻经济上的负担，更能带来生活的希望。小A同学的疾病较为罕见，人群中发病率约为二百万分之一，阳光健康的她却患病了，好在她有购买大学生医保。

再次，加强心理知识的培训和学习，并能够学以致用，帮助学生化解心理问题。"人的情绪来自人对所遭遇的事情的信念、评价、解释或哲学观点，而非来自事情本身。"小A曾一度陷入无助与深深的绝望，掌握一定的心理学知识，运用认知领悟疗法，能够有效地帮助她重新构建认知结构，重新评价自己，重建信心。

最后，提高新媒体运作能力，正确有效地发挥新媒体在学生工作中的积极作用，教育引导学生形成自身的价值判断和评价标准。小A突遭重大疾病休学，班级同学通过视频制作、"水滴筹"募捐、公众号"加油站"专栏等新媒体运作给她带来很大的助力。因此，我们应努力提升自己的媒介素养，不断创新工作方法，引导大学生正确面对、认识、使用新媒体。

（章小妹）

贫困学子突发疾病送医，紧急处置化险为夷

一、案例概述及问题本质

（一）案例概述

林同学，来自福建宁德偏远山区的一个建档立卡家庭，父母亲均为农民，家境贫困。2018 年 4 月 16 日下午，接到该同学紧急求助电话，辅导员立即赶往现场，发现林同学腹部疼痛难忍，同时有出现间歇性昏厥现象，难以站立。辅导员担心其病情持续恶化，恐引发其他问题，立马拨打 120 急救中心，与此同时，立马联系校医院医生前来采取一些送医前的紧急救护处置。送达医院后，医生初步确诊为胃穿孔，情况危急，要马上进行手术，由于无法第一时间联系到其家长，后经多方联系，多次转接，联系到其弟，最终联系上其父母。然而，其父母表示，家里极为贫困，无法一时间筹到两万元的手术费用，且无法在最短的时间内赶到医院。

（二）问题本质

这是一起典型的学生突发疾病送医救治，须立即手术，却因联系不上家属，且学生家里极为困难的紧急事件。需要面对的是立即送医救治、紧急联系家人、筹集资金垫付医疗费用、手术风险及签字等一系列问题。而本着"生命安全第一，工作风险化解"的原则，须做好科学、规范的处置措施。

二、解决思路及实施办法

（一）解决思路

做到及时到位，迅速回应，沉着应对，保持事态沿着好的方向发展，始终将学生生命健康安全作为一切行动的方向标和价值取向，坚持做一个有爱、有温暖、有能量的辅导员。遵循着及时向领导汇报，取得领导的支持和指导，紧急送医救治、联系家长、关爱学生、配合医院开展救治、应对可能突发情况的

工作思路和原则。

（二）实施办法

1. 快速反应，及时送医，科学救治。到达现场后，辅导员立即帮其拨打120急救中心电话，同时在医院急救人员尚未到达之前，请学校医务人员帮忙处置昏厥现象。因其寝室其他舍友在上课，其又是大一学生，生活经验欠缺，辅导员采取科学、规范、理性送医救治。

2. 做好沟通与协调，全过程陪伴，做好家校联系工作。该生家长住在偏远的宁德山区，多次联系，尚未接通，林同学又一直处于昏厥状态，辅导员经过多方了解，得知其有一个弟弟，在宁德市区工作，与其联系，他表示会尽快联系上其父母。家长得知情况后，家长情绪较为激动，辅导员反复安抚，耐心解说每一项检查结果，为充分尊重学生家长的知情权。其间，辅导员让主治医生帮忙多次解说医疗专业性问题。同时，辅导员也通知家长，要尽快赶到医院，做好术后的照顾工作。

3. 帮忙筹集费用，协助做好术前准备工作。该生情况非常危急，必须马上手术，经过多次沟通和协商，辅导员帮忙筹集垫付术前医疗费用。至于手术签字，经过多方协商，由辅导员代理签字。为了谨慎起见，辅导员与其家长沟通，让其找同村有使用微信的亲戚加辅导员微信，使用视频聊天方式，让其一同关注医生的术前注意事项说明程序，让随诊陪同同学在一旁帮忙录像和拍照，确保整个处理过程有委托、有解说、有依据。凌晨3点手术结束后，林同学被送往监护区，为了其弟方便照顾，辅导员帮忙其弟安排住宿，同时亦告知林同学家长，手术一切顺利。

4. 协助做好医保理赔，为其争取相关补助，做好善后工作。协助将住院费用缴费方式改为医保直接结算方式，考虑其家庭经济情况，辅导员主动跟医院科室主任做了进一步沟通，让医院帮忙提供一个简易床铺给林同学亲属，解决其陪伴家属的住宿问题。帮助争取临时性困难补助，积极为林同学办理大学生城乡基本医疗保险理赔，与学工处协调申请大学生商业补充医疗保险理赔金，让林同学不用为其高昂的医疗费用发愁而耽误学习。

5. 事后关心与提醒，总结经验，整理成典型案例。事后，辅导员通过多次谈心，提醒林同学要注意饮食和起居规律。同时根据本次处理紧急医疗事故的经历，多次在全年级范围内进行医疗知识和医疗保险教育，希望全体同学要时刻注意饮食起居问题。

6. 规范应急事件处置，做好处置记录。辅导员及时做"辅导员日志"记录，记录整个事件的处理过程，包括何时接到电话、何时联系何人、相关环节的讨论和处置结果等，进行情况全过程记录，确保处置工作有记录、有痕迹。

三、案例总结及经验启示

（一）案例总结

这是一次具有突然性、紧急性、复杂性、风险性的学生突发疾病紧急事件。经过学院领导、辅导员、同学、医生、家长的共同努力，林同学的病情得到及时治疗。通过此事件，有助于辅导员工作在精细化学生工作中对突发事件处理的把握与掌控，实施专业化、规范化的工作流程，做到处置应及时到位，有序安排，务求工作要规范清晰，扎实深入。总之，平时工作一定要在细微处上下功夫。

（二）经验启示

1. 高校学生管理工作需要深入精细化。作为高校学生工作管理者，在平时学生工作管理中，除做好两本账本即简便性学生通讯录和框架性学生信息表外，更加要注意的是，将现有学生根据其本身特点，对学生进行分类管理。例如，类似林同学情况，父母的知识水平较低，若在紧急医疗专业性问题上处理和理解都有一定难度，对于此类学生，平时应进行排查摸底，对于该生其他亲戚朋友中有较高知识水平的人员应进行备案，一旦有较为专业和复杂性知识要沟通者，可邀请这类人员进行居中协调，甚为关键。

2. 学生突发性疾病处理务必要科学。对于本次事件，当辅导员看到学生在他面前极为痛苦，其脑中曾闪过无数个快速送其就医的办法，但科学送医救治处置原则，让他在进行一番思想上的斗争和内心对话后，还是坚持了科学救治方式。一定要让医院救护车过来，若辅导员只身将其送往医院，路上有突发事情，出于专业问题，辅导员无法做出处置，更为尴尬的是这种看似充满"爱"的处置方式却是一种违规性的紧急处置方案。

3. 开展安全教育实践活动具有必要性。将本年级发生的安全事件进行整理归纳并在年级会上进行隐名性安全教育。在安全教育工作中要坚持两个原则，一是连贯性教育原则，学生安全教育工作时刻不可松懈，安全教育警钟要长鸣不止；二是学生安全教育不能总仅限于口头描述，每次安全教育大会必须充分准备，采用现场视频、当场图片、真人演说等方式进行教育，每次学生安全教育务求触动性教育，不能仅仅是为了开会而开会。

4. 完善学校学生紧急医疗救治方案的紧迫性。从法律角度而言，该生已是成年人，有独立承担民事责任的能力。高校学生是一群较为特殊的群体，其直系亲属可代为履行责任，然而，前面已提及，该生家庭是低保户，短时间内难以筹集如此之多的费用，在具体现场处置的辅导员，也是一般收入群体，费用少尚可垫付，多者也爱莫能助。因此，建议各学校可成立学生紧急医疗救助基金会，一旦出现如此局面，可通过简易程序提取一定资金，事后由基金会会同学生所在院系在一定期限内向学生本人或者学生家长提出返还。

（王宏鹏）

求职女生误入传销陷阱，
多方接力助其化险为夷

一、案例概述及问题本质

（一）案例概述

在毕业生求职过程中，辅导员所带学生中一名女生在网络上看到一家名为"利智机电厂"公司的招聘信息，单位地点在东莞，该生电话联系后，对方要求求职对象要到东莞笔试面试。6月10日，该生向辅导员请假到东莞面试。对方人员在接到该生后，将该生带到城乡接合部一民房内，编造理由骗走该生手机，并以集中培训为名限制该女生人身自由。该生当天晚上在对方逼迫下向辅导员和舍友谎称平安到达，正在公司培训。6月15日晚，该生编造理由说要向家里要钱交所谓"加盟费"，拿回手机，趁对方看管人员没有注意，发短信给辅导员，说明自己被骗，让辅导员马上报警。

（二）问题本质

这是一起典型的学生在求职过程中误入传销组织，被传销人员限制人身自由，陷入危险的案例。

二、解决思路和实施办法

（一）解决思路

该生误入传销组织，未被"洗脑"，且主动机智地寻求逃脱是该案例的关键。解救陷入传销组织人员的关键是在警方及家庭的支持下，在保证安全的前提条件下争取多方资源共同接力解救被困学生。

（二）实施办法

1. 及时上报，制订方案。辅导员接到学生短信后，首先向学院、学生处领导、保卫部领导汇报具体情况，并上报校领导，会同学生处、保卫部及地方公安局，协助领导、干警制订解救方案。其次，辅导员注意保持与该生的联系，每隔一小时尝试用电话和短信与该生联络，经学校领导及公安分局干警共同研究决定，由学生处教师、辅导员和派出所民警共同乘坐飞机前往东莞处理。

2. 联系家长，通报措施。及时与家长联系，告知具体情况，并通报学校警方所采取的措施，要求大家共同配合做好解救工作。

3. 解救行动，强力施压。经了解，该传销组织隐蔽性较强，在网络上发布的就业信息，直接冒用其他正规公司网络主页增强隐蔽性，然后填写假冒联系方式，发布虚假用人信息，利用高工资吸引学生注意力。该生在东莞一下火车即被传销公司成员接走，打车到传销公司的窝点，手机被骗收走，人身被控制，每天参加所谓"培训"，均为传销公司的"洗脑"内容，并在胁迫下向辅导员和同学报平安。其间该生数次提出退出该组织，均被恐吓利诱，不让退出。15日晚发给辅导员的报警短信被传销组织成员发现后，该生被成员恐吓，但传销组织也获知学校和公安部门已经知情并正在进行解救行动。特别是辅导员每隔一小时即来电，其中传销分子曾用免提接通一次来电，听到辅导员说已经反映给当地政府教育部门和警务部门，会强力进行解救，迫于压力，当晚该组织成员将该生带至东莞市内一旅馆，并警告其不许向外界透露该组织一切信息，然后离开。

4. 有效接洽，成功解救。16日早上9：00左右，到达东莞的学校辅导员收到该生发的短信，说已经脱离传销组织，正在回福州的大巴上，经与派出所民警商量，要求该生立刻在东莞市内找繁华的地点下车，等候教师和干警的接应。上午11：30左右，学校教师和干警在东莞大朗汽车站接到该生，经请示学校领导后决定，被解救学生和3名教师、干警一起乘坐飞机于第二天凌晨回到福州。

三、案例总结和经验启示

（一）案例总结

毕业生就业工作是高校学生工作的重要一环，毕业班辅导员应具有强烈的责任感，在毕业生求职就业阶段的任务，除了解用人单位需求、寻找就业信息、举办专场招聘会等就业服务工作以外，很重要的一点就是要配合学校就业中心严格甄别用人单位的资质，甄别用人需求信息的真假，尽可能帮助毕业生规避各方面的求职风险，特别是传销陷阱、诈骗公司等，以保证毕业生求职安全。

（二）经验启示

1. 辅导员应该在日常工作中教育毕业生规避求职陷阱，时刻掌握学生动向，在学生请假离校时，应认真核查其离校原因，强调安全事项。对外出求职的学生，应认真审查学生就业信息来源是否真实，交代学生贴身收好手机和钱，随时与同学及辅导员保持联系，特别是遇到突发状况时如何应对。案例中的女生就是按照辅导员的事前提醒，找准时机发送了报警短信，及时向辅导员报告了陷入传销组织的实际情况，为学校和公安部门部署下一步行动提供了正确信息。

2. 若学生求职时发生突发状况，如陷入传销陷阱等，辅导员应及时汇报，并配合领导及公安干警做好解救工作。

3. 辅导员在学生就业工作中应该保持警惕心，在得到用人单位招聘信息时，应该先审查其是否有正当的经营资质，如应要求对方提供其营业执照复印件等材料，并向就业指导中心报备。在有条件的情况下，应上网查看该单位网站，了解单位历史、经营范围、经营规模等状况。

4. 毕业班辅导员在审核用人信息时，应该注意相关细节。比如，提供的联络方式是否有固定电话，是否有详细地址，网络主页上是否有上述通信信息，信息又是否相符。

（周越）

一起因考研压力引起的心理危机事件处理

一、案例阐述及问题本质

（一）案例阐述

W 同学，大四学生。该生为转专业学生，到大四上学期依旧存在课程重修问题，而这学期又是大四考研复习攻坚期。学生开学初错过了重修课程的选课时间，担心自己不能正常毕业，考研也没有机会，因此情绪尤其低落，感觉万念俱灰。辅导员接到该生家长电话，得知该学生给家长发微信表示对不起家长，觉得自己没办法正常毕业，没办法考研，之后家长一直联系不上学生。家长非常着急，担心学生会出现意外，请求辅导员联系和帮助。

（二）问题本质

该生因考研及毕业压力导致情绪失控，言语中透露了对父母的亏欠及对生活的绝望，涉及学生的心理健康教育问题。另外，该生出现失联，事关人身安全问题。综上，该案例本质属于考研及毕业季压力引起的心理问题爆发。

二、解决方案

1. 高度重视，及时掌握情况。通过其任课教师、身边的同学、舍友及社交网络平台了解其近期的生活状态，启动危机事件处理预案，及时找人。

2. 准确判断，及时上报。通过初步了解，发现学生不在宿舍，并得知学生晚饭之后便将手机留在宿舍人离开了，出门已有一个多小时。得知这一情况后辅导员第一时间将学生情况上报分管领导。按照领导指示，继续寻找学生，与家长、舍友保持时刻联系，并将相关情况及时向心理中心、保卫部报备。

3. 多方聚力，找寻学生。通过学生家长、同学、朋友多方渠道，学生微信、QQ、电话等各种手段，全力与学生联系。协调事件涉及的学工、保卫等部门迅速反应，筛选有效信息，借助保卫部、家长等各方面力量全力找寻学生。前往该生平时常去的晚自习教室、图书馆、学校湖边、宿舍区等地点进行寻找。大概一小时后在学校的操场找到了该生。找到学生以后，第一时间告知学院领导、家长。

4. 掌握情况，对症下药。找到学生后，在其稳定情绪后深入细致的谈心谈话。详细了解事情的原因，安抚学生情绪，帮助学生减轻压力，替学生分析利弊，以及可能的解决方案，减轻学生焦虑感；对其可能引发的心理困扰，转介心理咨询中心帮助解决，予以化解。持续关注学生的后续状况。

5. 控制舆情，实时关注。让其他同学自行返回宿舍，交代学生做好保密工作，避免舆论对该生造成二次伤害。同时叮嘱舍友、主要学生干部，做好 24 小时的监护工作，避免该生再次失踪。

6. 家校携手，共渡难关。由于该生之前便是"心理特别关注"学生，在此次事件发生后，家长来校陪读。针对毕业的问题，帮助学生及时与教学办进行沟通，寻求可能的解决方案。针对学生心理方面的问题，及时转介至心理中心，与家长一起帮助学生早日改善心理方面的问题。

7. 由点及面，强化教育。辅导员要进行事后集体和个体的心理疏导，通过主题班会、团体辅导等形式开展教育活动。

三、案例总结及经验启示

（一）案例总结

学生突发事件是高校辅导员工作当中的一个难点。如何有效地应对学生突发事件也是对辅导员工作能力的一个检验。作为辅导员，要努力成为学生的知心朋友，及时掌握学生的情况，并及时化解学生的困扰，让问题排除在萌芽状态。同时提升应急事件的反应能力。

（二）经验启示

1. 在日常管理中，有意识加强学生心理健康教育，培养学生良好的心理品质和健康的心态，增强学生承受挫折、抵抗压力的能力，增强自我调整能力。

2. 健全和完善学生信息员队伍，依托学生干部及时了解学生信息，以便对突发事件及时采取有效的措施。

3. 加强家校联系。对学生尤其是各类特别关注学生，平时要保持家校联系，在突发事件发生时与家长达成共识，尽快处理问题。

4. 面对突发事件，辅导员一定要及时赶赴现场，一方面向分管领导汇报，一方面冷静、客观、全面分析和评估事件起因以及发展态势，果断采取措施，控制局面，防止事态扩大。

5. 要及时做好突发事件的善后工作，及时总结经验，不断提高处理突发事件的素质和能力。

（唐斌湖）

学生聚餐酗酒意外摔伤事件的处理与思考

一、案例概述及问题本质

（一）案例概述

刘某某，男，90后，学校某学生组织新上任主要负责人。开学初，该生组织40余人在学校周边饭店（二楼）举行换届后聚餐。当天下着小雨，聚餐过程中，刘某某喝了一箱多啤酒，外出到一楼与二楼夹层处接电话，电话不慎掉到挡雨棚上，该生伸手去取手机时重心不稳摔到雨棚上并跌落到楼下昏迷不醒。该生外出期间没有人注意到他离开，直至聚餐结束他同学发现刘某某昏迷躺在饭店外面地面上。随后学生拨打120并报警，上街公安分局和学校保卫部人员赶到现场，一方面对现场进行勘查，另一方面协助120救护车紧急将刘某某送附近医院急诊室。经医院诊断，该生右额部少量硬膜下血肿，少量蛛网膜下腔出血，血点如果扩散就会比较严重，随即将其安排到ICU病房进行重点观察。第二天，经CT复查，诊断为颅内有挫裂伤，并由此引发了颅内血肿，已渡过危险期，第三天转至普通病房进行消肿治疗。经过12天的住院治疗及详细检查，该生最终康复出院。

（二）问题本质

该案例的本质是学生参加聚餐酗酒而不慎摔伤的意外伤害事故，也是一起涉及学生人身安全的突发事件。突发类事件是辅导员在学生工作过程中遇到的不可预测、不具普遍性的而往往与学生人身安全密切相关的事例，这类事件往往具有不确定性、紧急性和较大的危害性，在处置对策方面也具有非常规性。

二、解决方案

得知学生手术昏迷送往医院的消息后，辅导员第一时间赶往学生所在医院，了解学生伤情，及时与参加聚餐的学生了解详细情况，并向学院分管学生工作的副书记和学生处相关领导汇报。学院也立即启动安全预案，并将学生和事件的相关情况以书面形式，逐级上报学校职能部门。在得知学生伤情较严重后，经向学院领导请示，辅导员及时将学生受伤情况告知其家长，安排家长到校共同处理问题；做好值班表，由辅导员和本班两名主要学生干部24小时轮班陪护。第二天上午，学院安排人员在汽车北站接到了刘某某父母及亲属一行4人，随即将其带到医院。由学院党委书记亲自出面在医院当面将事件发生的情况和目前该生的伤情与其家属进行了交流，学院党委书记明确指出，学院将从学生生命安全角度考虑，尽最大努力让医院保障学生的生命安全。在了解事件的经过和孩子的伤情后，其父亲对孩子因其酗酒过多而引发的意外事件给学院带来的麻烦表示了歉意，对学院在抢救孩子上所做出的努力表示了感谢。

在刘某某住院期间，学校相关部门和学院领导也多次到医院对刘某某的伤情进行了解和关怀。由于刘某某来自农村，父母均为农民，家庭经济条件较差，是学校认定的贫困学生。考虑到该生平时良好表现，学院从人文关怀出发，对其予以了2000元临时困难补助，又向学生工作部（处）申请了2000元的困难补助，其间在校保卫部的配合下，饭店老板支付了3000元医疗费用，一系列的资金在一定程度上减轻了该生的家庭负担，对该生的治疗和康复起了重要作用。

三、案例总结及经验启示

（一）案例总结

1. 及时、正确、妥善处理。本次学生发生意外事件后，辅导员第一时间赶到现场，并及时向相关领导汇报，启动紧急安全预案，全力抢救学生生命安全，对于及时救助受伤学生起到了至关重要的作用。在学生无法确诊的危险情况下，和家长进行沟通，让亲属及时赶到，这样有利于受伤学生的治疗和事情的进一步处理。

2. 做好记录，层层上报。事发后，在学生治疗期间，辅导员及时向当时在场的同学做了笔录，了解了事情发生的经过，并立即以书面形式将事件发生情况和学生的伤情情况向学校相关职能部门进行了汇报。这样利于学校和学院及时了解事件的经过和进展，有效避免了谣言的传播，维护了校园的稳定。

3. 以生为本，加强人文关怀。此次刘某某的受伤完全是因其本人酗酒过多而引发的意外事件，学校学生手册有明确规定，学生酗酒过量是违反校纪校规的，然而事件发生后，学校没有过多地追究事件的责任归属，而是先从生命安全角度出发，与医院通力配合，以妥善处理该事件。意外事故发生后，学院和学校相关部（处）领导多次去医院探望学生，了解学生伤情，辅导员更是 24 小时轮班在医院进行了陪护，同时，考虑到学生的家庭情况及在校表现，学院本着以生为本的原则，无论是从前期医疗费用的垫付还是后期的临时困难补助上都体现了对学生的人文关怀。

4. 以此为契机，加强安全教育。事件发生后，学院通过年段大会和主要班委会上再次开展了相关的安全教育，包括酗酒安全、宿舍安全、防火防盗安全、交通安全、恋爱问题、财产安全等，提高学生的自我保护意识和安全防范能力。在刘某某出院康复后，辅导员对其也进行了批评教育，让其书面检讨了自己的行为。

（二）经验启示

辅导员作为学生日常管理工作一线的工作者，是与学生接触最多、了解最深的人，是学生思想政治教育工作的管理者、实践者、引导者，在大学生突发事件处理中扮演着重要的角色。在意外伤害突发事件面前，辅导员要沉着冷静，真正做到呵护学生的生命安全，为学生的健康成长保驾护航。发挥好辅导员在处理突发事件中的作用，对处理好学生意外伤害事件有重要意义。

1. 遵循生命至上的原则。学生事务无小事，学生无论发生什么样的突发意外事件，辅导员必须首先要确保的是学生的生命安全，以保障学生生命安全为前提再去处理其他问题。

2. 遵循第一时间的原则。辅导员在得知学生发生意外伤害后，要第一时间到达现场，要第一时间安排把学生送往正规的医院，并为学生提供最佳的治疗条件，最大限度保证学生的生命安全。在了解学生伤情后要第一时间向学院领导及校相关部门汇报事故情况，寻求各方支持。如果学生伤情严重，要第一时间联系学生家长，告知学生受伤情况、治疗事宜及事故处理进展，一方面安抚家长情绪，另一方面赢得家长的支持与信任，让家长尽快到校协助处理学生后续事宜。

3. 遵循以人为本的原则。在学生意外伤害事故处理过程中，对待发生意外的学生，辅导员要细心、耐心，并富有爱心。意外事故发生后，受伤学生往往会担心高昂的医疗费用，会担心家人为其担忧，会担心事故责任由谁承担的问题，会担心今后的学习，等等。作为学生的辅导员，要做到想学生之所想、急学生之所急、做学生之所需，整合相关力量，积极帮助受伤学生申请相应赔偿或补助，消除学生的一切后顾之忧，让其安心治疗。必要时，安排好值班学生轮流照看，学院领导和教师进行慰问，及时关心和了解治疗进展，让受伤学生感受到来自他人的关心和温暖。

　　4. 遵循舆情规律的原则。学校在处置意外伤害等突发事件时，一定要端正工作态度，多渠道、多方法全面了解事件真相，不推卸责任，勇于承担应负的责任，及时告知社会公众或受害者事情真相，进行真诚、公开、及时的沟通，不使矛盾进一步激化，赢得公众的理解和信任。只有充分保护和尊重学生和公众的知情权，他们才会明辨是非，不传谣、不造谣，自觉参与事件的处置，使事件向有利方向转化。更重要的是，高校的快速调查、及时回应的态度会提升高校在学生和公众心中的公信度，也更有利于事件舆论的引导和处置。另外，辅导员要以所发生的意外事件为案例，加强在校学生教育管理，防患于未然，避免类似意外事件的发生。

（庄琪）

在校留学生疑似肺结核感染的案例分析及应急处理

一、案例概述及问题本质

(一) 案例概述

2018 年 9 月 11 日,辅导员带领 12 名留学生前往福建省国际旅行卫生保健中心进行新生例行入学体检。经过胸透检查,来自老挝的女留学生 P 同学,肺部显示存在阴影,疑似感染肺结核。

随后,P 同学前往福州肺科医院做进一步检查。9 月 14 日收到福州肺科医院的检验报告单,老挝女生 P 同学的 CT 结果呈现肺部阴影,皮试结果呈现阳性,结核菌涂片检查暂时呈现阴性,确诊为继发性结核病,传染性较小。P 同学得知结果后,提出立即回国治疗的申请,经研究讨论,同意其回国治疗。

(二) 问题本质

本案例有两个关键点:一是对象为在校留学生,二是结核病是传染性强的疾病。因此,本案例的本质是,在入学体检时发现在校留学生疑似感染传染性疾病的突发事件。因此处理本案例的主要任务是隔离处理,阻断传染途径,避免传染群体扩大和引起不必要的恐慌。另外,要注意文化差异,做好人文关怀,确诊病情帮助学生早日康复。

二、解决思路及解决方案

(一) 解决思路

据世界卫生组织估计,2017 年全球结核病人数约为 17 亿,潜伏感染率为 23%,死亡数约为 157 万,死亡率为 17/100000 万。2017 年约有 1000 万新结核病患者,结核病发病率为 133 / 100000。由此可见,结核病是人类威胁最大的传染病之一,而结核病以肺部感染最为常见。

2010 年修改的《中华人民共和国国境卫生检疫法实施细则》中,取消了对

207

患有艾滋病、性病、麻风病等境外人员的入境限制，将开放性肺结核先定位传染性肺结核。临床上确定肺结核是否具有传染性，主要依据检测痰中是否存在结核杆菌，但是目前的检出率不高，且部分病例检测结果存在一定的假阴性，依据《肺结核诊断标准》，也就无法将其列为禁止入境病例。但是该类肺结核病人的传染风险依然存在，尤其是在高校等人口密集聚居生活场所中极有可能产生暴发或流行，因此必须引起高度重视。

（二）解决方案

1. 第一时间汇报，请示下一步工作。在得知该生情况后，辅导员第一时间向处领导汇报，请示下一步处理方案，制订应急预案。同时，与校医院联系，进行备案。

2. 第一时间处理，避免事态进一步发展。一是陪伴学生前往福州肺科医院做进一步检查，同时做好心理疏导。二是请教有经验的专业人员。一方面，向校医院医生进行专业咨询。根据校医的建议，鉴于该生暂未确诊是否感染肺结核，且发现时间较短，与其接触过的人可以暂时不做胸透检查。另一方面，请教有相关经历的辅导员处理流程和注意事项。三是妥善安排同行其他学生。安排助理将其余学生带回学校，并让他们暂时留在宿舍，在 P 同学确诊前不要随便外出，减少传染范围扩大。同时，关于 P 同学的病情暂不透露给他们，一方面保护 P 同学隐私，另一方面避免引起不必要的恐慌。

3. 排查相关接触学生，做好预防工作。体检 3 天后，收到福州肺科医院的检验报告单，皮试结果呈现阳性，结核菌涂片检查暂时呈现阴性，确诊为继发性结核病，暂时并无太大的传染性。安排该生亲密接触过的学生，做好相关检查，预防肺结核进一步扩散。同时，安排学生将做好宿舍通风和卫生消毒工作。

4. 积极宣传传染病防控知识，避免引起不必要的恐慌。肺结核虽然传染性强，治疗周期长，但不是所有肺结核病人都有传染性，且可以完全治愈。因此，要教育学生对肺结核有正确的认识，防止引起不必要的恐慌。

5. 积极沟通，提出对策。在 P 同学确诊为继发性结核病，在处领导的指导下，辅导员向闽侯县卫生防疫站和校医院汇报了情况。与 P 同学做好沟通工作，经处领导、校领导的同意，安排 P 同学回国治疗。治疗期间，辅导员与 P 同学保持联系，关心病情康复情况。

三、案例总结及经验启示

（一）案例总结

1. 积极宣传传染病防控知识。积极向留学生宣传传染病防控知识，组织学生进行传染病防控知识的培训。进行健康教育，做好学生居住环境和个人物品的防疫处理。

2. 做好来华留学生应急处理预案。建立健全的相应机制，完善留学生疾病突发事件应急处理预案，确保校园各项安全工作保障有理有据，顺利开展。

3. 建立留学生家长信息联系档案。当学生出现紧急情况时，第一时间通知家长，及时与家长联系沟通，有助于事情的处理。

4. 建立学生干部队伍，及时掌握学生信息。掌握学生的动态是辅导员开展工作的基础。建立良好的沟通渠道，才能更好地掌握学生的思想动态。由于国情的不同和管理方式的差异，留学生的学生干部队伍建设尚不完善。在留学生中逐渐建立一支可靠的学生干部队伍，掌握学生的状态，以老带新，帮助预防突发事件，有利于做好预防工作。

（二）经验启示

随着改革开放的深入和高校国际教育的持续发展，将会有越来越多的留学生前来进行文化交流。留学生远离自己的国家、亲人，心理负担和学习压力比较重，更需要心理上的呵护与关怀。不同的社会背景、思维方式与风俗习惯势必会给留学生教育管理工作带来一些障碍。当下，高校思想政治辅导员工作在我国已经得到明确的定位，辅导员在大学生培养教育中扮演着非常重要的角色。由于来华留学生的国际化、多样化，及其身份的重要性和敏感性，留学生的管理较中国学生的管理存在着较大的差异。作为留学生辅导员应做到以下几点，才能做好留学生的教育管理工作。

1. 了解不同文化，尊重文化差异。例如，组织留学生学习疾病控制的相关知识，学习如何安慰患病学生；遵守"求同存异、相互理解"的原则，在日常管理中，了解每位留学生的个性特点及其国家的意识形态、文化传统、生活习惯、宗教信仰等文化背景；尊重留学生的文化习惯、生活习惯、思维方式、兴趣爱好及人格、信仰和隐私权。

2. 贴心关怀学生，强化服务意识。始终坚持"外事无小事"的原则，强化服务意识，把留学生当作服务主体而不是管理对象，从积极预防的角度着手，将日常检查和宣传学习活动相结合，切实帮助他们解决实际问题，让学生在千里之外感受到"家"的温暖。学生回国治疗期间，与学生医院保持密切联系，了解学生病情，掌握治疗效果，让学生感受到我们的"不离不弃"。

3. 高度重视问题，健全预防机制。认真学习留学生的相关法律法规和政策，分析留学生管理和中国学生管理的差异，有针对性地开展工作。重视新生入学体检工作，及时排查安全隐患。建立健全留学生传染病突发应急预案，发现问题，及时汇报。在相关部门和学院领导的专业指导下，启动应急预案，结合学生的国家文化背景，及时处理突发情况。

（彭喆）

被 "放鸽子" 引发的争执

一、案例概述及问题本质

（一）案例概述

2016 年 6 月 17 日晚 10：00 后，在台北某公寓内发生大陆某高校赴台学生与本院学生因原定双方进行一场篮球友谊赛没有如约进行（由于天气、上课、考试等因素）而导致发生争执冲突。大陆某高校学生因感觉被 "放鸽子" 而不爽，气势汹汹地一间间宿舍挨个找本院参与比赛的学生讨要说法。因人没有找齐，就在楼梯口把人堵住，扬言晚上必须打一架或者找个馆子喝个够，否则誓不罢休。某高校学生中有些是来自北方的同学，人高马大，站在楼梯口叫嚣。不知是同学还是周围的当地邻居报警引来了警察。

（二）问题本质

因双方未沟通好而一方被爽约导致情绪不满，激发引起的学生群体间冲突的危机事件。

二、解决思路及解决方案

1. 第一时间到达现场处理。"远志社" 的成员（学生党员）向辅导员报告了情况，辅导员立即赶过去，在过去的路上向学院副书记汇报了情况，刚好在公寓楼下碰到警察，并向警察表明了身份（带队教师），说明可以处理好矛盾，强调如若有需要会及时请求警察协助处理，随即警察离去。成功制止了后续可能引发新闻媒体报道，以及其他不良的影响。

2. 多方了解冲突原因，把控冲突现场。在确认双方还未曾动手，更无学生受伤，辅导员同学生表明了身份后，劝学院学生保持冷静，克制自己不要有过激的行为，感觉到对方同学很强势，情绪也很激动，必须以中立的态度（不偏不倚、就事论事）多方了解才行。经过了解，主要的问题是双方之间都没有沟通好导致的误会，恰巧这段时间是大家最忙的阶段，学生进行各种考试、报告是双方都没有预料到的，而对方学生为了打这场篮球赛不断地挤时间和放弃一些出行，现在却没能打成，觉得很不满。辅导员劝解期间尽量引导几位情绪特别激动的学生来诉说，让他们把不满、愤怒的情绪发泄出来。虽然双方僵持不下，但紧张的气氛有所缓和。

3. 主动道歉求和解，关注后续动态。在调解进程不顺的情况下，辅导员想到住在同一栋楼里有该所高校在台读博的教师（不是他们的带队教师），就请其一同进行调解，用了将近两小时，最终以我院学生积极诚恳地道歉结束了冲突事件。为了防止之后摩擦的再次出现，辅导员留在公寓，边找本院同学了解情况边观察对方学校学生的动静。召集组织打篮球赛的队员们强调了之后若有同学邀约出去喝酒的绝对不可以去，以及后续不要再约打球，做好温书备考工作，同时也强调了诚实守约的重要性，不能如约要提前跟对方说清楚，有情况要第一时间通知，并说明其中的利害关系。

4. 及时向学院领导汇报事件的进展，让领导放心。

三、案例总结及经验启示

（一）案例总结

这是该辅导员担任辅导员第一个年头后，首次以带队教师和学院在台总联络人的身份带领学生前往台湾地区合作高校就读。这次事件也是辅导员在台期间处置问题中较为深刻和棘手的案例。此次事件能顺利平息，得益于自身在部队的经历、同学们的配合、领导教师的支持。

（二）经验启示

1. 赴台行前教育是非常必要的。学院在学生赴台前都会安排各类教育讲座，包括台风地震灾害避险，台湾地区的法律法规、风土人情、政治生态，以及在台学习生活等各方面的注意事项，让学生或多或少产生比较直观的相关印象和认知。

2. 对于信息员、安全员的整合和调动。选择政治立场坚定、作风优良、思想上进的同学作为在台期间协助带队教师管理维护是至关重要的。校舍远、学生分散，仅靠一位带队教师是无法完全顾及的。学院就此创设性地组建了"远志社"，由学生党员整合成的社团组织，负责协助带队教师日常管理维护以及晚间点名等工作。"远志社"成员的付出为学院学生在台期间的安全稳定发挥了重要作用。

3. 辅导员第一时间到达现场处理。对于冲突危机事件发生后，作为辅导员无论如何都要第一时间赶到现场。不要因为三更半夜有各种理由借口，因为自己的学生只有自己了解，如果没有第一时间处理，可能会引发不良的影响。

4. 及时向上级汇报情况。不管是危机事件发生中还是平息后，都要时时向上级领导汇报情况。这既利于对危机事件全局把控以及对事件发生程度的研判，更利于调动各方资源进行处置。

5. 制订应急处置方案。为有效预防、及时控制和消除学生突发事件的危害，保障在校学生身心健康和生命安全，维护正常的校园秩序，营造良好的育人环境，要根据形势、环境、人为等各方面情况制订相应的应急处置实施方案。

6. 辅导员（带队教师）要加强业务水平和能力的提升。特别是危机事件应对方面知识的学习与掌握，培养良好的心理素质以及随机应变的能力，才能在处置过程中临危不乱，把握好分寸。

（龚匡贤）

由 "代购" 引发的学生境外宿舍冲突

一、案例概述及问题本质

（一）案例概述

小朋（化名），男，某院闽台合作 "3+1" 学生，独生子，家庭条件优越，性格外向，有一定的小聪明，但对学习不感兴趣，绩点排名专业倒数第一，从小父母溺爱，情商较低，非常自私，与舍友和班级同学的关系差，甚至被孤立。

大三赴台湾交流学习期间，小朋私下从中代购，有一段时间，经常晚点名后偷偷离开宿舍，到台北某品牌专卖店通宵排队抢购，以代购获得高额收益。由于他总是在凌晨 3 点到 4 点间返回宿舍，声音和动作又比较大，影响舍友休息，且不听舍友劝告，被带队教师严肃批评和教育。

事后，小朋不但没有虚心接受批评，反而认为是舍友出卖，断了他的财路，多次与舍友吵架，并威胁利用黑社会报复教训舍友，甚至发生肢体冲突，但被劝止。临近期末，宿舍关系紧张，导致舍友无法正常学习和复习，多名舍友强烈要求换宿舍或让小朋搬出，并明确表示，如果继续与小朋同住，他们已经做好打架的准备，将会暴发流血事件。

（二）问题本质

这个案例的本质是由代购为导火索，引发的宿舍同学间人际关系矛盾冲突事件。之所以上升为危机事件，是因为矛盾积累时间长，涉及经济利益大，当事双方对立严重，事件不断升级，并且可能导致学生在境外发生治安事件，情况特殊且敏感，影响恶劣。

引发冲突的根本原因有：小朋家庭教育不到位，固执，自我感觉特别好，听不进任何劝告；小朋对学习没有兴趣，爱耍小聪明，自认为有混社会的经验，想通过境外代购获取高额收益；小朋与舍友关系很差，生活方式和习惯严重影响他人的学习和生活，导致矛盾积累并最终爆发。

二、解决思路及解决方案

本案例解决思路是：确保安全、化解矛盾、消除影响、加强防范。

由于事件发生在台湾地区，所处的环境与在福州不同，如果爆发激烈冲突，当地警方介入，后果将非常严重，对学院、学校和台湾合作高校的声誉都有严重的负面影响，所以处理上更为慎重，需要台湾合作高校协助支持。具体处理的方案和过程如下。

1. 学生安全最重要，首先确保安全。辅导员应立即赶到该校区和带队教师一起处理该事件，在学生党员和干部协助下隔离冲突双方，避免危机升级，及时与学院领导汇报情况和事件处理的进展，并告知学生家长。

2. 由学院领导出面与台湾合作高校陆教处协商，找到一间宿舍进行临时的过渡和安置，缓解宿舍矛盾冲突，使事态归于平静。

3. 待双方平静下来后，对当事双方学生分别进行了批评和教育，并让小朋认识到：（1）非法代购是一种变向走私，有可能触犯当地的法律被罚款或受更严重的法律制裁；（2）晚点名后私自外出非常危险，属于晚归不归，要受到处分；（3）生活中自私自利，不顾及舍友感受，影响舍友学习生活是低素质和低情商的表现。对舍友威胁更是违反规定，要受到处罚。

4. 要求小朋进行反省，写检讨和承诺书，并告知将在其返回大陆后做出相应处分。安抚、教育舍友，让他们不要冲动，严禁以暴制暴，打架斗殴都将被处分，答应进行宿舍的临时调整，缓解他们的焦虑和愤怒。与台湾合作高校协调，查明小朋半夜离开宿舍的情况，查找出现这种管理漏洞的原因，督促合作高校修改完善宿舍楼门禁和夜间外出管理制度。对负责晚点的我院学生干部进行指导和督促，加强晚点管理，避免类似事件发生。

5. 利用此事对所有学院在台学生进行安全教育，加强晚归零汇报的检查和管理，禁止学生在台学习期间从事代购行为。学院领导与小朋家长联系告知事件详情，要求家长不要继续提供从事代购的大量资金，并告知家长小朋已违反学校学生管理相关规定，将在返校后进一步处分。

三、案例总结及经验启示

1. 应进一步完善和落实学生赴台交流学习的晚归管理制度。学生在赴台交流学习期间安全问题更加突出，晚点名工作必须切实执行，以便准确掌握学生在台活动的基本情况，能有效避免学生安全和危机事件。虽然台湾地区高校在学生管理理念上与本院有所不同，规定比较宽松，但带队教师和驻点辅导员应本着对学生负责的态度，内紧外松地做好监督管理工作。学院赴台学生晚归零汇报从第一届学生赴台开始一直执行得很扎实，有效地确保了在台学生的安全稳定。但此次事件也暴露出存在的一些漏洞，个别学生晚点名后偷偷离开宿舍没有被发现，干部知情不报。因此，需要辅导员和带队教师等加强巡视、抽查和监督，全力做好安全宣传、教育和管理，让学生安全意识入脑入心，杜绝类似事件发生。

2. 应在行前教育中加强法律法规的宣传教育，明确禁止代购等行为。学生在从事代购存在法律风险和偷税漏税的情况，如果被查到并定性为走私，将面临处罚甚至更严重的法律制裁。学生往往只看到获利的一面而忽视了风险，所以要在行前教育中加大宣传和引导，让学生认识问题的严重性和风险，制定相关制度，明确禁止从事此类活动。同时，也要向学生家长做好宣传，共同督促学生努力学习，不要把心思花在影响学业的其他方面。

3. 宣传并教导赴台交流学习学生注意自身形象，展现良好的素质，禁止打架斗殴，以免造成恶劣影响，也损害学校的声誉。

4. 发挥学生党员和干部的作用，协助辅导员和带队教师做好教育管理工作。此次事件，学生党员和干部在现场第一时间拉开冲突双方，避免事态升级和恶化，及时向辅导员和带队教师报告，争取到了处理时间。但一些学生党员和干部警惕性和安全意识不足，知情不报，未能有效劝阻制止，导致小朋代购活动越演越烈，造成矛盾爆发。因此，要做好学生党员和干部的教育和指导，提高他们大局意识、发现问题和分辨是非的能力，成为学生工作中的好帮手。

（张帆）

第五篇

05

大学生思想政治教育

就地取"暖"，润物无声

一、案例概述

学生许强（化名），男，单亲家庭。该生综合表现良好，能自觉遵守学校各项规章纪律，积极参加班级活动，集体荣誉感强，学习积极努力，乐观开朗，同学关系友好融洽。有一天，许强找辅导员请假，吞吞吐吐地说父亲病了要回去照顾，辅导员追问具体情况他才说是医院打电话来，通知他马上赶回去，还说时间紧迫急着买票要立刻就走，言语中神态烦躁不安。第二天下午，辅导员估计许强已经到家，便给许强家里打电话，电话始终无人接听，打给许强手机也一直无法接通直至变为关机，第三天依然如此。四处打听无果，"失踪"时间已超过 24 小时。情急之下，辅导员联系了当地民政局，在民政局的热心帮助下，终于联系到许强姨妈弄清原因。许强出身于警察世家，母亲于高考前在一次办案中死亡，与母亲患难与共的父亲相思成疾，产生了抑郁症，常年郁郁寡欢。许强家中还有一位 76 岁高龄的爷爷，身体欠佳，长期住院疗养，其父亲一边警务在身，一边起早摸黑照顾老人，劳累过度。这一次，在照顾爷爷时突然晕倒，被送往急诊治疗，医生诊断为突发脑溢血，不治身亡。该生回去后，在医院里为了照顾两位亲人，忙前忙后，也没注意手机响起，之后手机没电了。

许强返校后的表现与之前大为不同，被发现连续两天晚归，宿舍有电脑，但仍跑到校外网吧上网，班委反映其表面上跟同学仍有交流，但神情低落，目光无神，常常发呆，主动交流很少，常常词不达意；有时会离开宿舍单人独处，不愿与人接近，参加活动明显减少；课堂上也表现消极，一言不发，拖欠作业，甚至开始出现旷课等现象……

二、问题分析

这是一个典型的因家庭变故造成人生态度迷失的案例，中学时母亲过世，大学时父亲又离开，这对任何一个孩子来说都会造成重大心理影响，随之会产生心理困惑、学习乏味、生活无趣、悲观迷茫、举止失常等一系列问题。遇上此类问题，不仅要安抚学生的情绪，更要帮助学生立足长远调整提高，使其正视现实，勇于接受，并通过舍友、班委、积极分子及教师等多方"润物无声"的关怀，着眼未来，一起努力进步，让其在和煦、自然的"阳光"下健康成长。

同时，我们还发现，辅导员在其中起着十分重要的作用。如果辅导员当时忽略了对这一请假情况的警觉和跟踪，可能许强返校后的事态恶化程度就比较严重，甚至可能造成惨重的后果。但发现及时，则对学生后续问题的分析处理起到十分重要的作用。因而，辅导员在处理学生请假问题时，应注意确认以下几个方面的问题：

（1）学生请假的真实原因。

（2）学生请假后的去向及事情处理的进展情况。

（3）学生请假后是否按时返校。若无，立即查明原因，理由正当的，办理续假手续。

（4）学生返校后在校表现情况。

三、解决思路及实施办法

（一）解决思路

1. 自控性差，缺乏情绪管理和调节能力。该生原本家庭完整，生活和睦幸福，已经习惯了父母疼爱的生活常态，缺乏正视不幸和应对困难能力。在母亲、父亲相继辞世后，许强长期封闭自我，没有自我调整适应。

2. 缺乏求助意识，缺乏释放压力和注意力转移的方式。没有主动与人沟通或寻求教师帮助的意识。许强在接到医院病危通知后，不愿意跟同学、教师们沟通，不寻求他人对自己的帮助，甚至在请假时也不愿意说明具体情况。

3. 自强意识薄弱。时事新闻关注较少，缺乏自强示范和模范引导，觉得自己特别不幸，感慨世事不公，久而久之，陷入自卑和自闭的恶性循环，而没有及时化悲痛为力量，乃至返校后陷入情绪低落，状态低迷，出现学习一直落后的情况。

4. 人生目标迷茫，缺乏找寻并实现梦想的意识和动力。对于个人未来几乎没有主动思考过，还在"享受"得过且过的校园生活，多次交流时，发现其前后想法矛盾。

5. 周围环境积极影响因子低。该生所在寝室学习氛围不是很浓厚，爱玩乐，在大一时期经常出现一个寝室集体出去包宿打游戏的情况。

6. 意志品质薄弱，在学习上存在"畏难"心理，忍受不了长期枯燥乏味的专业学习。平时学习能积极努力，但持续性不强，不能通过自学思考和请教教师等方式提高自己。

（二）实施办法

在开展大学生思想政治教育工作中，一旦发现学生因各类变故而产生厌学弃学现象的，应从多方面关怀解决，全面开展"温暖行动"。

1. 加强师生关爱，落实"暖冬计划"。本案例中，许强返校后陷入焦虑与压抑状态中。为了不给好强的他增添心理压力，辅导员没有立即找他，而是发挥朋辈的帮扶作用，悄悄部署了"暖冬计划"：舍友们主动邀请他一起去食堂、一起运动、一起娱乐、一起参加各项校园活动等，消除其可能产生心理问题的隐患，使其继续感受"家的温暖"；学习委员负责提醒其按时交各项作业，还安排奖学金获得者经常与其一同交流学习体会，对其进行辅导等；生活委员时刻关注许强的经济状况，及时组织同学给予照顾，并介绍各类校内外经济资助政策；入党积极分子们主动跟其交谈时事新闻、校园新鲜事及近期党团组织活动等，逐步引导其积极的思想认识，并通过优秀党员先进事迹、身边的感动中国等优秀大学生事迹等，帮助其树立人生目标。在部署大家做好行动计划之余，还提醒大家要自然、真诚，真正做到"润物细无声"，取得实效。由于许强请假时间长，学习进度跟不上，为了帮助许强补课改进，在让学委帮助辅导的情况下，辅导员还主动联系了所有科任教师，介绍许强在校的表现情况及目前存在的困难，积极寻求专业教师的关心辅导，共同帮助其学习提高。

2. 加强家校联系，继续"家庭送暖"。本案中，许强的父母双双去世，但关心他的姨妈、爷爷等仍在。辅导员加强与其亲戚的沟通，多次联系了许强的姨妈，告之其有关资助政策及学校师生对许强的帮扶情况。许强的姨妈表示一定会在生活上多关心许强，主动跟他联系，让他继续体验"一家人的温暖"。

3. 注重价值引导，树立职业目标，不断寻找"暖源"。人生道路唯有自强，才有希望。在学生日常思想政治教育管理活动中，加强英雄人物和感动中国人物历经艰辛仍坚持人生观和价值观的理想信念教育作用，逐步引导许强树立自己正确的价值观念。通过职业规划谈心的方式，约谈了部分同学，帮助同学树立职业目标，提高学习动力，其中包含许强（故意），借机引导许强立足当前，奋力拼搏，并要求拟订一份符合自己实际需要的大学学业生涯规划书，详细制定了大学各阶段的学习目标，扎实努力。此外，从宿舍中挑选 3 位学习优秀的学生，与许强一同组成4人学习小组，4个人集体上课、集体下自习，集体交流探讨，增强团体动力效果。

4. 借助班集体活动，重塑"家庭主人翁"感，持续"暖流"。班委在开展活动时，有意识地安排其负责有关小组工作，如借助"团日活动""班班有歌声"及许强感兴趣的篮球比赛等活动的举办，让许强领悟到团队的重要和责任意识，鼓励其主动参与到班集体活动中来，挖掘其潜能，收获工作成就感。

5. 多渠道跟踪引导，广泛激励"自我取暖"。辅导员出于工作需要，经常会与学生接触，要借机不定期地找他谈心、与他发短信、在校内网、QQ上给他留言等，让他时刻感受到我对他的密切关注。同时不断激励他朝目标持续努力，立志成才，"自我取暖"，并向其推荐一些优秀书籍、优秀事迹给他，陶冶情操，增加文化积淀，"取材补暖"。

四、案例总结及经验启示

经过一个学期的共同努力，许强的情况乐观许多，不再出现晚归、旷课等现象，几次与许强谈话中他都表现轻松自然。这与许强刚返校时的悲戚、沮丧、茫然、无所适从的状态截然相反，寝室关系也比以前密切许多。偶尔许强也会犯一些"错误"，但是在有意识地控制调整自我。成绩提高了，许多任课教师都表扬许强的进步，在上学期期末的各科考试中，除了许强的薄弱项英语不及格外，其余全部通过，英语经过补考也达标了。

目前，许强与辅导员之间已经建立起一种信任，很多时候会主动发短信关心教师的健康或者是询问心情，路上偶遇更是会主动与辅导员打招呼。在最近跟许强的接触中，许强表示自己已基本从家人的不幸遭遇中解脱出来，他认为，只要自己决心努力，一切困难都会给自己让步。现在他正在朝着自己的学业规划目标一点点迈进，准备参加研究生考试，进一步提高学历，为自己将来走向社会打好基础，增强竞争力。

辅导员要把学生请假作为发现学生各类问题的重要途径，在批假时本着"客观、慎重"的原则，明察秋毫，严格把关，重在核实，对于理由充分、正当且确有所需的予以批假，这样才能防微杜渐，避免因学生请假背后更深层次的问题，影响学生，造成后果。

1. 请假事小，弄清假由事大。学生常因害怕教师不批假而编造各种理由请假，要注意观察学生请假时的神态，如果学生编造谎言请假，那么他神情犹疑，前后矛盾，必有破绽。身为辅导员，既要客观理解学生，让其阐述理由，更要亲和善导，设法让学生讲出真正原因，防患未然。此外，还可以充分发挥宿舍长、班委作用，侧面排查其他可能的各种情况。

2. 假后跟踪，信息畅通。学生请假后，要及时进行跟踪，了解其去向及事态进展情况，表示关心，防止学生因遭遇各种变故而影响学业，并提醒其保持信息畅通。一旦联系不上，可通过家庭电话、QQ、邮箱及当地民政局等多渠道进行联系，确保安全。家里发生不幸遭遇的，要安抚学生情绪。

3. 确认返校，防范"假后综合症"。假期结束后，应立即核实其是否安全返校。未返校的，立即联系，确认事由，理由正当的予以续假，并及时向上级汇报。已经安全返校的，也不可掉以轻心，必须安排班委及时关注其近期动态表现，情况异常的，掌握原因后，巧妙帮助解决。

（张宗榜）

浅谈如何帮助复学学生融入与适应

一、案例概述

郭顺顺（化名），男，某专业 2011 级学生。2014 年该生因身体原因（睡眠障碍）休学，2015 年复学时，原辅导员将该生情况向现任辅导员进行了详细介绍。该生不仅患有身体疾病，还存在着一定的心理问题，具体表现在性格孤傲，不愿与身边同学交流，人际关系较差。

二、解决思路及实施办法

每个新学期伊始，各年级专业学生均存在动态调整的情况，辅导员或多或少会接收一些因各种原因休学后复学的学生，这些学生如何重新融入一个已经成型的集体成为一个问题。如何把握这部分学生的思想动态、做好日常管理工作成了辅导员工作的重点和难点之一。

针对该生的情况，辅导员主要分阶段开展了以下工作。

一是接管该生后，辅导员并没有选择直接先和学生交谈，而是选择先与学生家长进行交流，全面了解学生休学至今的情况后，安排该生进入了总体氛围较好的班级，召集班级班长、团支书与其见面，同时开班会欢迎新同学到来。

二是就该生编入、管理问题，召开班级班委开会，强调班级和年段所有活动都必须通知该生参加，不得遗忘。如利用开学初一次篮球赛，他通过代表班级参赛感受到了班级凝聚力，以期其尽快融入年段。

三是期中考后邀请了家长来校交流，共同感化学生。坚持每个月通过电话或者面谈的方式以朋友的身份与该生交流，经过一段时间，该生由被动变主动与师生交流，相互信任的关系逐步建立起来。

四是该生在某些专业科目较弱，有较多课程未通过，辅导员还安排两名学习成绩好的保研同班学生专门进行补习。

通过以上工作的开展，师生之间建立起了良好的关系。遇到困难，该生会第一时间联系辅导员。至当年毕业时，虽然该生还有几门专业选修课正在修读，但后续顺利通过考试并于9月领取到毕业证书，并且顺利拿到了用人单位的录取通知。

三、案例总结及经验启示

（一）案例总结

1. 充分研判问题，建立信任关系。

该生虽然表面上性格孤傲，内心其实非常需要别人关心。作为辅导员，要通过合适的方式找一些较为清静、不受打扰的地方与学生进行深层次的沟通（在宿舍、咖啡厅），了解其真实想法，适时给予学习生活上的关心。该生一直觉得没人能理解他，导致不愿与身边的同学交流，这一困扰问题从入学开始就存在。对于这个问题，辅导员针对该生自认为对未来有清晰规划为突破口，通过交流让其明白未来的规划如果要实现需要具备哪些基本条件，其中与人交流就成为必要条件之一，在得到其认可的情况下，长时间灌输这种理念后，他会去尝试着和人交流，发现与人交流的好处，同时开始信任辅导员。

2. 积极正确地联合同学和家长的力量。

在处理过程中，与家长的沟通非常重要。通过与家长的电话交谈、面谈，一方面让家长掌握学生的在校状态，另一方面也通过家长了解学生的真实想法。通过这种交谈，动员家长给孩子多一些正面引导，多鼓励孩子，尤其当孩子心理出现问题时，家长的关心鼓励显得非常必要。另外，身边的同学、朋友的态度也很重要。通过积极发动同学，尤其是班干部，要求其发挥好带头作用，号召其他同学对"外来学生"报以一颗包容、宽容、关爱的心。

3. 教师的期望对学生进步产生的巨大作用。

发挥好教师的期望对学生成长的作用。有部分学生在缺乏自我规划的同时，会感觉生活缺少动力。而在"问题学生"当中，这样的现象更为普遍。辅导员要有意识地向其灌输对其的期望，通过情感、语言和行为传染给学生，如观看年段羽毛球赛时，辅导员特意给他打电话，会询问他是不是忘了有比赛，怎么没到现场来加油。对于就业问题，告诉他你不会让辅导员失望等，推动其尽快落实就业单位。同时，针对其英语口语好的优势，让其帮助班上希望提高英语口语水平的同学进行辅导，一方面多了一个信息收集渠道，另一方面又加强了沟通和交流。

（二）经验启示

1. 建立信任关系，消除疑虑和恐惧。

大部分人面对一个新的环境会带有疑虑和恐惧，不知道要如何去融入，而对于一个人际交往能力较差的同学，去融入显得更加困难。作为辅导员，也作为这个大家庭的家长，必然要起到凝聚每位成员、带领大家营造和谐家庭氛围的作用。目前多数辅导员与学生的年龄相差不大，沟通并不是大问题，而情感投入和方法的采用等因素就显得更为重要的了。对于特殊关注学生，找准问题根源，用一颗爱心去关心学生，建立信任关系很重要。在此过程中作为辅导员本人更不应该对他们产生抵触心理，觉得这种学生本来就不是自己带的，复学给自己带来麻烦，更不愿意与他们接触。

2. 永远对自己的学生抱有希望。

辅导员是大学生的领路人，他所影响的不只是学生的智力发展，还有品德的发展。同时，对20岁左右的学生而言，个人人格的自我建设还未完成，在大学四年的时间里，他人对其的影响将是深远的。作为师长，我们必须对他们抱有希望，尤其对这些需特别关注的学生抱有希望。同时，这期望应该是合情合理的、有可行性的，更是有针对性的。

3. 信息共享的重要性。

在复学学生交接过程中，原辅导员共享信息非常重要，对于一个新加入这个集体的特殊学生，我们很难做到像大一新生那样慢慢去了解。因此，要在最短的时间内找准问题的关键，掌握了此类学生大量的信息，将会对做好该生的思想教育工作提供非常重要的支持。

（王涛）

让学生感受到温暖和关爱

一、案例概述

大二的沈同学找到辅导员申请寒假留校，坚持要在学校附近打工。辅导员询问原因，该同学一直不予以回答。辅导员发现该生学习成绩不好，有好几门课程挂科，平常在班级里表现也很不积极，辅导员决定长期跟进这名学生的动向，并常常约该生吃饭、散步、聊天。经过多次聊天，沈同学终于告知辅导员父母远在深圳打工，家里只有奶奶，从小沈同学就是留守儿童，和父母感情很淡薄。父母、哥哥长期身欠赌债，远赴深圳打工躲债，春节家里也没有人，所以寒假不想回家，不如寒假留下来打工赚钱为自己赚取学费，减轻家里的负担。

本案例的核心问题是沈同学因家庭问题寒假不回家过年。而造成这一问题的原因在于：沈同学与父母感情淡薄，父母身欠赌债远离家乡躲债，对该生不闻不问，家庭的诸多问题对沈同学内心造成了伤害，致使他不愿回家面对，本能选择了逃避和远离，并且想通过自己的努力去赚取学费。

二、解决思路及解决方案

针对以上问题的分析，该生的辅导员采取了如下措施。

首先，在了解情况后，第一时间和学生本人谈话了解学生的真实感受，对父母的不满情绪和想法能够得以表达和抒发。辅导员应在谈话中运用共情技巧，表达对学生情况的理解和同情，并进行安抚，同时尝试询问如果寒假回家，更愿意去爸爸还是妈妈那里；如果都不愿意，询问是否家里还有其他亲人，是否愿意前往。

其次，辅导员在和沈同学谈话后，应尽快联系学生家长，分别打给父亲和母亲，把孩子寒假不想回家的情况告知家长，并把孩子内心的困扰和问题转达家长，让孩子父母尽快协商出一个结果后，告知辅导员，并让家长主动联系沈同学告知寒假的去处，平时也应多打电话关心孩子，不要让孩子胡思乱想，左右为难，影响学习和生活。如果家长与孩子沟通存在障碍，及时告知辅导员。

再次，根据情况提出解决方案。

一方面，如果家长和孩子沟通顺畅，并且孩子同意父母提出的解决方案，辅导员应再找沈同学进行一次谈话，询问沈同学对于父母提出的方案的看法，并且进行心理疏导，希望沈同学能够理解父母感情不和的客观事实，用客观的态度去面对父母的离异，应学会感激父母的养育之恩，学会自己独立，因为已经年满18周岁，并鼓励沈同学前往学校的心理中心进行咨询，进行心理疏导。

另一方面，如果家长和孩子沟通不顺畅，孩子不同意家长提出的解决方案，那么辅导员也应再次与沈同学谈话，询问不同意父母提出方案的原因，如果原因仍然是情感上的不接受，并且学生情绪激动，态度坚决地要求留校，那么应跟学生做好安抚工作，表达理解。并给学生两个方案：一是寒假留校，辅导员陪同居住，可以去外面打工，但是要遵守学校的晚归晚点名的要求，并按照学校要求办理相关留校手续；二是辅导员陪同沈同学回家，共同帮助学生面对家庭的问题，协调一个让沈同学满意的方案。

最后，根据事件进展，再次联系家长。

如果沈同学按时回家，辅导员应再次联系学生家长，告知学生何时返家，希望家长能抽时间多陪孩子，让孩子感受到父母的爱和温暖，缓解家庭关系；如果沈同学寒假不回家，辅导员应联系家长反馈孩子的态度，询问家长的意见，若家长同意则将学生留校相关事宜告知家长，并希望家长可以在春节的时候来校陪孩子过，若家长不方便将会由辅导员陪同沈同学过，并且留校期间辅导员会全程陪同住宿，可要是家长仍希望孩子回家，则由辅导员陪同孩子一起回去，希望家长能够配合做好孩子的安抚工作。

三、案例总结及经验启示

1. 面对存在家庭问题的学生时，辅导员首先要做的是得到学生情感上的信任，并且愿意与辅导员倾诉，这需要辅导员在平常工作中做足情感投入。

2. 在处理这类家庭问题的学生事件时，辅导员要做到全程陪同，尽量让学生能够感受到辅导员的温暖和陪伴。

3. 辅导员应和家长保持密切的沟通，准确传达孩子的需求和问题，并且引导父母共同讨论商量解决方案。在这个过程中，辅导员应有自己的思路和想法，避免被学生和家长牵着鼻子走。

（刘旭莹）

关注贫困学生，精细化开展学生工作

一、案例概述及问题本质

（一）案例概述

小杨（化名），女，大一学生，贫困生，父亲是一名保安，母亲是工厂的一名普通工人，家有一个弟弟，目前弟弟读小学。

小杨平时话比较少，性格比较内向，经常独来独往。学期末临近放暑假的一天，班级同学反映，小杨在晚上 10 点晚间点名后，独自一人离开宿舍，未及时返回。舍友考虑到该生平时比较内向，与宿舍同学交流较少，宿舍负责点名的同学发现后及时上报辅导员，辅导员第一时间与该生进行联系。经劝导，辅导员要求该生马上返回学校，并在宿舍门口等其回校。该生安全返回学校后，发现该生戴着口罩，并无感冒。经了解，临近暑假，该生在外面租房，想要暑假在外住宿打工，当晚也是刚送完外卖，怕被人认出来所以带了口罩。从该生同班同学处得知，该生经常利用课余时间去送外卖，人很瘦小，皮肤被晒得很黑。同时，辅导员在走访课堂时，发现该生上课打盹，课程成绩下滑严重，从中等成绩退步至倒数第三。

（二）问题本质

1. 因家庭贫困，想要通过送外卖兼职赚取生活费，贴补家用。

2. 性格内向，不善于与人交流。

3. 课余时间送外卖导致课堂学习经历不够，学习成绩退步。

二、解决思路及实施办法

（一）解决思路

1. 安全第一，首先联系学生，确定取得联系，确保学生安全。

2. 找到学生后，及时了解学生情况，做好管理工作。安排同宿舍舍友和同学注意她的动向。

3. 第二天向学院分管学生工作副书记汇报，并告知学生家长。

4. 对该生进行深度访谈，进行批评教育，做出相应处分。

5. 加强日常晚点名工作，特别注意晚点名后再外出的。

（二）实施办法

首先是先确保学生安全，先与学生取得联系，通知其迅速返校，先稳住学生。学生安全返校后与该生谈心，了解其内心，是什么原因导致其要外出。如果是因为经济贫困，可以参加学校的勤工俭学。由于学生已平安回来，当晚未向副书记汇报。在搞清楚原因后第二天上班时间汇报给党委副书记，并电话通知其家长。考虑到该生安全返回，事后在段会上进行批评教育。另外，重点做好晚点名后的相关抽查工作，防止晚点名后再外出的行为。

三、案例总结及经验启示

1. 要常下宿舍、下课堂。下宿舍关注学生安全和作息时间，下课堂观察学生的举动，是否专心听讲。通过走访宿舍和课堂，及时掌握学生的学习和生活状态，并根据状态开展学生工作，做到"对症下药"。

2. 要重点关注家庭贫困生的学习和生活。面对部分贫困生内向、自卑等问题，重点关注，帮助其身心健康发展。鼓励贫困生积极主动地参加集体活动，推荐其到学校机关部（处）勤工俭学，帮助其实现自立自强、健康成长。

3. 要加强管理，特别晚间点名后再外出的问题。晚间点名是学校一项常规性的工作，一直以来对于学生管理具有十分重要意义。但是晚间点名后再外出的事情仍有发生，要加强力量做好晚间点名后的排查工作。

（齐朝阳）

如何对新生进行导心、导行

一、案例概述及问题本质

（一）案例概述

徐某某，在新生入学教育周的学习中玩手机，辅导员看到后让其上交手机，但该生直接将手机放入口袋，坚决不上交。辅导员让其拿出笔记本做学习记录，该生无任何反应，态度差。

（二）问题本质

发生师生僵持的情况，如果处置不好就会削弱辅导员的威信，将学生推到辅导员的对立面，让学生产生对抗情绪，更会滋长学生漠视校纪校规的风气。新生之所以不尊重教师，主要是受"大学就可以为所欲为的想法"所影响，认为来到大学应该追求自由和个性，所以面对辅导员的教育管理会出现不服气、不服管教的情况。

二、解决思路及解决方案

事件发生后，辅导员没有当场对该生进行批评，而是让其先冷静，后由班导先与其谈心。班导谈心后发现该生在高中时期压抑太久，来到大学不愿被管理，想要自由独立，并且他认为自己没有影响别人所以拒不认错。班导与其沟通很久也没有效果，而且其拒绝跟辅导员交流，于是班导征求辅导员意见后叫来了该生的家长。在家长的沟通和坚持下，该生终于愿意来跟辅导员沟通，刚开始沟通时，辅导员明显能感觉到该生负面情绪较大，虽然在认错，但是完全不服气。沟通中，该生告诉辅导员，高中时教师把他的手机收走后就没有归还，以为大学教师也是这样，所以就不想交手机。辅导员对其澄清不会没收手机，会在课后归还，该生才愿意敞开心扉与辅导员交流。之后辅导员告知他自由与自律的关系，真正的自由是随心所欲而不逾矩，个性的彰显不是通过叛逆，而是展现自己优秀的一面，同时希望他能够遵守规章制度，互相尊重。该生表示认同并真诚地跟辅导员道歉。在之后的入学教育中，辅导员经常会找该生聊天，并在对学生的入学教育中刻意展示自己以前比较优秀的地方，以及对国家大事的了解，并要求每个学生都积极承担责任，把个人梦想与中国梦相结合。经过教育引导，该生看到辅导员会主动打招呼，每次课程也都会全神贯注地倾听。自此，一个"叛逆"新生不再叛逆。

三、案例总结及经验启示

1. 面对学生不服管教的情况时，不要急于用高压手段，迫使学生服从，辅导员首先要控制自己的情绪，同时让学生自己冷静并愿意交流时再进行教育，如果直接在公开场合直接点名批评或者让学生当场承认错误的话就会造成双方僵持、激化矛盾，甚至无法收场的局面。

2. 无论学生做出怎样的行为，辅导员都应该保持冷静，控制好自己的情绪，不要轻易被学生激怒并在盛怒之下做出反应或者过激的教育。这样只会导致冲突升级，把学生彻底推向自己的对立面。

3. 要深入了解学生的特点并把握规律，对刚刚经历过高考还涉世未深的大一新生来说，他们很相信高中教师所说的大学就是狂欢的说法，并且其思维方式还很不成熟，看待问题比较片面且容易钻牛角尖，有时候甚至拒绝一切批评教育，所以在与其沟通交流的过程中要时刻把握其心理特点。

4. 重视朋辈教育，在学生拒绝与辅导员交流的时候，与他们同龄的班导们就可以深入其中，与其深入交流了解其真实想法并反馈给辅导员，这样辅导员就能够在与学生交流前及时了解学生的真实情况和想法，用正确的方式化解矛盾。

5. 加强家校沟通，家长是学生和辅导员沟通的桥梁，特别是当学生拒绝沟通的时候，家长的介入能推进辅导员与学生交流的进程。

6. 辅导员可以适当地跟学生展示自己优秀的一面，这样可以帮助辅导员快速地在学生中建立一定的威信。

7. 大一新生心智还不够成熟，会有一些不合理的信念，只有帮其澄清这些不合理的信念之后，辅导员和学生才能开始真心地交流，建立良好的师生关系是做好学生思想政治教育工作的前提。

8. 坚持底线，对于校规院规，必须"不打折扣"地执行，只有这样才能做好教书育人的工作。

（滕培秀）

学生干部的自我锻造

一、案例概述与问题本质

小许，大二，主要担任学生干部，该生平时承担较多学生工作，勤勤恳恳。有一天很委屈地来找辅导员谈心，表示有同学私下议论他："只知道折腾活动浪费同学时间，却不好好反省作为学生，挂科1门，没有奖学金，综合测评也不如其他同学优秀……"这些议论让他很苦恼是不是要继续坚持做学生工作，要如何实现自我调整。

综合该生的情况，所反映出的问题本质是如何处理学生工作影响学习进步，如何实现二者的协调发展。

二、解决思路与实施办法

1. 充分肯定该生在学生工作中的积极表现及其给学院、班级做出的贡献。特别是结合该生组织策划的几项在校内有影响力的活动，对其日常工作表现和个人能力加以肯定。

2. 告诉他做学生干部是对个人综合素质的全面锻炼。作为一名学生，要想全面发展，就必须学会用"两条腿走路"：一方面要在学业上勤奋钻研，刻苦学习，获得必要的专业知识；另一方面要不失时机地锻炼自己各方面的能力。担任学生干部，既可以通过开展工作得到锻炼，又在与同学的交往中加深友谊，可使学生时代的生活更加美好温馨，在毕业就业时也更有竞争力。

3. 循循善诱，转变学生的观念。当学生干部不会影响学习，反而会对自己一生的发展打下很好的基础，可以例举一些身边优秀学生干部同时又成绩优秀的案例。当学生干部虽然会占用一些时间和精力，但这个时候也促进我们学会管理自己的时间和行为，而这是一个终身受益的习惯和能力。

4. 从学生的抱怨出发，引导学生分析自己存在的问题，换位思考，并提供意见。如果是因为所有工作都是自己完成，占用了大量时间，就要引导他学会团队协作，培养骨干，合理分配工作，处理好学习和工作的关系。提醒他一定要尽快把挂的课程补回来，并且给他提供一些处理学习工作关系的技巧和建议，鼓励他向优秀学长学姐请教。

5. 综合测评没有其他同学优秀，说明小许可能是由于把精力过多地向学生会倾斜而忽略了自身向班集体的融入，鼓励其加强这方面意识，今后多参加班级活动，多与班级同学交流互动。

6. 指导学生干部既要做好学生工作，又要学会处理同学之间的关系。在做学生工作中难免会遇到各种各样的问题，有些可能还会很棘手，这个时候要学会从积极的角度看问题，而不是退缩和灰心丧气。要积极地寻找解决的办法，解决问题的过程就是提升自我管理能力的过程。如果仍存在苦恼，可以随时与教师沟通，教师会帮忙理清思路，答疑解惑。

7. 在结束此次谈话之后，继续保持对学生的阶段性了解与跟踪，了解该同学在学业方面能否迎难而上，是否已协调好学业与学生工作之间的关系。

三、案例总结与经验启示

1. 强调学生干部，首先是学生，要学好专业知识与技能。

2. 重视学生干部的队伍建设，强化其组织纪律性和服务意识，鼓励学生干部主动融入同学。

3. 要重视学生干部的自我管理，帮助其继续生涯规划，努力培养德智体美劳全面发展的优秀大学生。

4. 要鼓励青年学生不仅学好专业知识与技能，还要主动融入青年大学习的热潮，努力按照习近平总书记对广大青年的要求，要爱国，忠于祖国，忠于人民；要励志，立鸿鹄志，做奋斗者；要求真，求真学问，练真本领；要力行，知行合一，做实干家。

（林敏）

重拾信心，现在开始永远不晚

一、案例概述

徐同学，大四学生。该生自制力较差，爱玩网络游戏，常常逃课。时常宅在寝室，不爱跟着大伙儿一块玩。由于过度迷恋网络游戏和对大学生活的无计划性，导致他在大学两年里，有 5 门以上的课程出现了挂科且补考未通过的现象，面临着毕业困难。

二、问题分析

大三第一学期开学，徐同学得知自己将面临毕业困难的消息时，心里很不是滋味，曾多次找到辅导员，希望学院能再给他一次机会，并立下保证书。但学校的原则不能改，他的处境非常严峻。因此，辅导员特意找到他，针对他的情况进行了分析，并与他进行深层次的心理交流，之后发现：原来徐同学以前在中学时期非常上进，成绩也比较优秀，但是上大学以后看到更多优秀的同学，心里产生了自卑感，于是就以沉溺于游戏的方式逃避现实，选择了堕落。这是一个内心力量感不足的同学，他冷漠的外表只是为了掩饰自己的自卑，其实内心非常渴望别人的关怀、肯定和支持。

三、解决思路及实施办法

这是一个大学生在学习过程中中断学习、自信心受挫又如何重新振作起来的案例，问题的关键在于如何对学生进行信心重建。由此，辅导员通过一系列举措以期帮助该生重新找回"自我"。

1. 了解并帮助学生分析当前问题，给以相应的解决方法指导。学生在遇到困难时，因缺乏经验和全局观念，常常会出现如自暴自弃等较为极端的行为。作为辅导员，要通过合适的方式，如找一个较为清静、不受打扰的地方与学生进行较深层次的沟通等。只有切实了解到学生的真实情况，才能采取更好的措施。案例中的徐同学，在问题发生时，曾有过"找不到努力的方向""没有动力"等迷茫的想法，此时，辅导员会在与他的聊天中，将现有的问题一一分解成各个阶段的小问题，鼓励他在不同的阶段将问题一一解决。一口吃不成大胖子，帮助学生将问题分解，反而能让他享受解决问题的过程。

2. 安排了优秀的心理学教师对他进行心理辅导，并且多次跟他沟通，鼓励他，说出对他的期待，给予他关怀和支持。辅导员还安排他身边的同学多多主动与他交流，多带其参加户外活动，不要总是沉溺于网络。

3. 辅导员还与徐同学家长取得联系，让他们一起参与帮助徐同学的队列之中。几个月下来，效果很显著，徐同学脸上的笑容明显多了，缺课率下降，身边的朋友也多了起来。他还主动补考相关课程，积极复习，很多门课已经通过。现在的他已经不把网络游戏作为唯一爱好，根据同学的反馈，目前他正活跃在好几个社团，积极参加活动，把丢失的自信重新找了回来。

四、案例总结及经验启示

自信心是心理健康的需要，自信心是人际交往的需要。自信的人更勇敢、更果断、更谦虚。而这些因素都是一名优秀大学生应当具备的素质。

（一）积极正确地联合同学和家长的力量

在处理徐同学情况的过程中，辅导员没有回避与家长的沟通。家长既然将孩子放心交给学校，学校就有责任和义务适时向家长反映情况。当发现徐同学问题之初，辅导员就通过与其家长时常互相反映孩子的表现和心理状态，并积极动员家长给孩子加油打气。当孩子出现问题时，有的家长恨铁不成钢，会责备孩子。此时，辅导员应同时做好家长的心理工作，联合家长一起给予孩子正面的鼓励。

校园生活中，同学之间的关系是最密切的。当徐同学出现问题时，身边的同学、朋友的态度也很重要。此时，辅导员要积极发动同学，尤其是学生所在班级的班干部，要求其发挥好带头作用，号召其他同学对"问题学生"报以一颗宽容、关爱的心。

（二）用爱创造良好的环境，促进学生健康发展

可以通过组织丰富多彩的文化娱乐活动，开展各种形式的教育活动，如开班会、心理专栏、心理讲座、公益劳动等，使学生在生动活泼的学习中克服不良的心理障碍，重新认识自我，培养健康的心理素质，使学生在轻松愉快的氛

围中成长，在活动中培养兴趣、发展特长、陶冶情操、开阔眼界，最大限度地满足他们的心理需要，为学生健康地成长提供广阔的空间。

（三）永远对自己的学生抱有希望

徐同学就是很好的例子，这不分基础的好与坏。正如"罗森塔尔效应"所证明的，学生的智力发展与教师对其关注程度成正比。辅导员，同时也是学生的教师，他所影响的不只是学生的智力发展，还有品德的发展。辅导员有必要对他们抱有希望，也有理由对他们抱有希望。同时，这期望应该是合情合理的、有可行性、有挑战性和持久性，能帮助学生在大家的期望下塑造健康的人格，克服遇到的困难，使他们感受到自己被重视，变得更加自尊、自爱、自信、自强，从而使包括心理健康在内的各方面得到新的变化。

（罗奕帆）

学生党员从内向、自卑到自信的转变

一、案例概述及问题本质

（一）案例概述

王某，女，曾为班级党支部书记，同时兼任班级团支部书记。该生入学前在高中已被确立为入党积极分子，入学时性格单纯、内向、自卑。

该生家庭贫困，从读书起学费几乎都到快要放假的时候才能交清。一到各种阶段考试时，总是特别紧张，显现出明显的自卑心理。还会经常失眠，睡不着觉，曾因此找到学校的心理辅导教师寻求帮助。

由于该生高中就被确立为入党积极分子，因此自入学起便受到了重点培养。尽管性格依然内向，缺乏自信，但是做事情非常负责任的特点也给教师和同学们留下了深刻的印象。

大二阶段对该生而言，其自述是经受了"严峻考验"的一学年。因感情问题辞掉了两份学院部门的工作，后来性格变得很情绪化。根据她的情况，开支部组织生活会的时候，辅导员会让她在会上帮忙做些事情，并鼓励其主动发言，参与讨论学习，这在很大程度上锻炼了她的胆量和做事情的主动性。在工作方面，虽然该生没有再担任学院部门的工作，但也以党员的身份表态想多为班级做事情，帮助班委开展工作，同时也更有耐心地帮忙处理党建事务。大三时，该生成了该年级第一个"支部建在班上"的支部书记，开始"独挑大梁"。该班级支部成立的那次会议，辅导员也参加了，并告诉她：带领班级同学共同进步是你作为党支部书记的责任，要时刻记住这一点。事后，在与其谈话中，她告诉辅导员，那番话让身为班级党支部书记的她备感责任重大。

自入学以来，她对自身的要求越来越严格，学习上刻苦努力，先后获得校综合奖学金、国家励志奖学金等，工作中更是"党团一肩挑"，在支部及班级工作中处处起到了组织领导和模范带头作用，生活中勤俭节约，团结同学，带领宿舍成员连续3年获得"校级文明宿舍""院级文明宿舍"称号。

回首王某的成长经历,更令人感到欣喜的是她个性方面的转变。性格方面,她逐渐从一个内向到一句话都不说的人,转变成一个积极主动、乐观向上的人。她会举手主动回答问题,站到讲台演讲时再也不会两腿发抖了,敢两眼直视周围的教师、同学了……她自述,以前,街头发生再大的事情,她都会不闻不问,但是现在她会主动去探寻了。她觉得生活不再像以前那么拘束,那么不自然,反而是一种自由。也懂得培养自己的兴趣,多读点书,多了解点事,多长点见识。她在渐渐改变着,并不断成长着。后来,该生考取本院研究生,在求学的道路上更进一步,希望自己作为新时代的女大学生能够走得更远、更好。

(二)问题本质

该生自卑、内向的个性与贫困的家庭环境有一定关系,作为家庭经济困难学生,最容易产生三个方面的心理问题。一是较强烈的自卑意识和失落感。经济上的困难使贫困学生容易在学习上、生活上自我否定,认为自己是弱势群体而感到自卑。在校期间家庭经济困难学生与其他同学有着明显的区别,他们生活节俭、学习认真;但是由于成长环境、教育环境的不同,他们往往知识面较窄,学习上有困难,而且大多性格内向,这让他们产生了强烈的失落感,遇到打击容易产生自卑意识。二是敏感的人际关系和孤独感。家庭经济困难学生在心理健康状况上表现对人际关系很敏感,家庭经济困难使他们不愿意参加集体活动和加入学生组织,他们往往自我封闭、交往面狭窄。三是迷茫的择业心态和恐惧感。随着社会竞争日趋激烈,家庭经济困难学生需要面对的一个重要问题便是就业,在做职业选择和人生规划时他们不但要考虑自己的发展,更倾向于考虑家庭的经济问题,这给他们带来了现实的压力,限制了他们的发展。

二、解决思路与实施办法

(一)工作过程中要用心用情

辅导员工作要求我们以心换心,用情换情,只有付出真心才会换来真情。有时辅导员无意间说的一句话就可能影响到学生。在平日,辅导员要经常主动去关心同学的生活,多去跟同学沟通,增进相互了解程度,也可以增加师生之间的感情,从而容易获得学生的信任。尤其要特别关注那些性格比较内向的同学,一般情况下,如果没有什么事情他们是不会主动找教师的,这就需要我们去主动关心、了解、帮助他们。案例中,该生来自一个贫困的家庭,由于自卑心理等因素导致学习成绩平平、人际关系面狭窄,大学生活并不快乐。知道这一情况后，辅导员多次找她谈心，开导她，鼓励她，通过用心用情地与她交流，该生成绩有了大幅度的提高，对待人和事的态度也渐渐好了起来。由此，辅导员体验到了一种无比的喜悦。诚然，对辅导员来说，没有做不好的工作，关键看有没有用心，有没有用情，有没有花时间。

（二）要善于观察、善于学习、善于总结

细节决定成败，这句话适用于辅导员的工作，也适用于观察学生。平时在与学生打交道的过程中要细心，从他们的言行中了解其个性及最近的状况，这样就可以及时帮助他们调适自己的心情或解决一些问题。如本案例中的同学大二时遇到了对其造成极大困扰的感情问题，如果辅导员没有及时得知这件事情，没有进行及时的处理和正确引导，那对处在她这个特殊年龄阶段的学生来讲，就可能会造成严重的后果，更甚者使得学生从此"一蹶不振"。总之，周围有很多东西值得我们去学习，要虚心学习自己所欠缺的方面。学生工作非常细碎，处理方式也多种多样，如果不注意总结就不能及时提炼和提高。

（三）为学生提供一个可以展示自己，从而最终提升自己的平台

卢梭说："教育即生长。"是的，教育就是要发现并雕琢出璞玉最具光彩的一面，让每个人的天性和与生俱来的能力得到健康生长，教育的目的是让学生摆脱现实的奴役，从而促进学生的成长，促进学生的发展。家庭经济困难学生普遍对人际关系很敏感，使他们不愿意主动积极参加集体活动和加入学生组织，他们往往自我封闭、交往面狭窄。因此，我们更要设身处地地为学生着想，千方百计地帮助他们解决生活上、学习上的实际问题，把是否有利于学生拓宽知识、增长能力、搞好素质、健康成长作为衡量我们工作成败得失的标准和尺度，最有效的方法是主动去提供一个适合此类学生展示自己，使自己的能力能够得到提升和锻炼的平台，从对成功经验的不断获得中去得到对自身素质的肯定，最终的目的还是要增强其自信心和自尊感。

（四）让学生悟得"自古英才出寒门"的道理

王某在大一入学伊始，辅导员询问其是否想过将来要从事什么样的工作时，她的回答是"不知道，反正先随便找份工作，家里供我读大学也不容易，要报答父母。"这种迷茫的择业心态和对现实的恐惧感确实值得教育工作者们去关注和重视。随着社会竞争日趋激烈，大多数家庭经济困难学生在职业选择和人生规划时考虑更多的是倾向于家庭的经济问题，这给学生带来了来自现实的重大压力，最终限制了他们的发展。针对这种情况，辅导员应与其深入探讨将来的就业问题。该生在大二下时已逐步找到自己的意向所在，那就是想继续读书，

继续深造，但最担心的还是自小就印象深刻的学费问题。于是，辅导员与其进行了关于考研的"投入与产出比"的一番细致的讨论，并要其永远记住一句话：我虽出自寒门，但我将尽全力使我的人生更丰富、更美好！最终，该生决定去努力实现自己的梦想。

三、案例总结及经验启示

1. 工作中应注重严爱结合，亲切、随和更能够拉近和学生之间的距离。但在日常管理过程中，辅导员有时存在"过于严格，疏远距离"的现象，所以还要遵循思想政治教育规律，逐步改进方式方法，从而更好地开展工作。

2. 要注意遵循大学生成长成才的规律，不断在工作中总结提升，因此需要做到"兼听则明"，并注重具体问题具体分析，毕竟"世界上没有两片完全相同的树叶"。

（刘燕）

关于学生在校传教的案例分析

一、案例概述及问题本质

（一）案例概述

学生小李受家庭影响信仰基督教，在家人的带领下偶尔会去教堂做礼拜，并劝导同寝室同学入教，希望周末和寝室同学一起到校外参加基督教团体活动。

（二）问题本质

该案例属于大学生意识形态教育问题。

二、解决思路及实施方法

针对该案例的解决思路，一是要厘清事件本质，二是要依法依规处理，三是要加强教育管理，四是要完善机制。

1. 与学生深入谈话，了解其真实想法，并对之进行严肃教育，告诉其在学校范围内进行传教是违反校规校纪的行为，应马上停止。

2. 通过深入谈话、走访宿舍等方式，以及通过学生干部党员对其的平时了解，准确判断其是否受校外非法组织的利用，如有发现相关情况，应第一时间上报上级领导。

3. 了解该学生舍友，同班同学及其关系密切的学生的思想动态，防止其他同学受其影响。

4. 对该生加以教育、引导和关心，避免其因为产生抵触情绪而引发其他事故。发挥班级学生干部、党员的作用，对其加以密切关注。

5. 在全体学生中进行理想信念教育。利用主题班会或学生喜闻乐见的活动形式，加强学生思想政治教育。利用 QQ、微信等新媒体平台推送相关信息，增强大学生思想政治教育的针对性和实效性。

6. 在学生中培养践行社会主义核心价值观，通过教学教育、社会实践、校园文化活动等活动形式，创新内容供给、创新宣传载体，使社会主义核心价值观内化于心，外化于行。

7. 准确区分尊重民族风俗活动和宗教信仰活动，宣传中华优秀传统文化。

三、经验启示

1. 辅导员工作要精细化，要深入学生、了解学生，牢牢把握学生思想动态，强化把握学生意识形态教育的主动权。

2. 应加强党的建设工作，发挥党支部战斗堡垒作用和党员的模范先锋作用，加强学生党员的教育，使其从思想上、行动上真正入党。

3. 建立重点学生信息档案，建立学生信息员队伍，及时准确掌握学生思想动态。

4. 辅导员自身应坚定理想信念，以身作则，以马克思主义、中国特色社会主义理论武装头脑，自觉践行社会主义核心价值观。

（王薇薇）

用心助人脱贫立志，用爱育人解困扶智

一、案例概述及问题本质

（一）案例概述

小力（化名），一名大二的男生，来自新疆，家庭经济特别困难。

小力家境贫寒，家中有 6 人，他排行老大，除父母外，还有一个弟弟，两个妹妹。弟弟在高中就读，两个妹妹年龄比较小，一个 8 岁，一个 4 岁。母亲平时务农加照顾两个妹妹，收入微薄。其父亲因某些原因 13 年不能回家。家中失去了一个主要的经济来源，家庭经济情况一度陷入困境。小力由于地域问题，学习基础较为薄弱，学习起来也比较吃力，又恰巧碰到家庭突发变故，于是想申请退学出去打工，减轻家庭经济负担。

（二）问题本质

通过了解小力的家庭情况及其成长经历，初步判定小力是由于家庭突发变故，使得家庭经济一度陷入困境，引起想要退学打工减轻家庭经济负担的念头。另外，父亲的变故，使得学生思想也发生了一些微妙的变化。问题的本质是由家庭经济困难等原因造成的学业问题、心理问题等。因此要抓住以下问题的关键点：

（1）政治思想困惑，爱国主义思想波动；

（2）家庭经济困境，基本生活失去保障；

（3）学业基础薄弱，无法安心专业学习；

（4）心理自卑产生，学习生活失去信心；

（5）多面压力汇集，陷入消沉自暴自弃。

二、解决思路及解决方案

（一）解决思路

1. 分析问题诱导因素。

（1）社会因素。贫寒家境，问题未得到及时解决，加上家中一个主要的劳动力终止，使得生活陷入困境。

（2）心理因素。存在不良认知，认为通过个人退学就可以解决困难，殊不知这可能只是看到当前情况，没有长远看问题。自卑，家境贫寒和本身的学业基础薄弱。

2. 分析解决思路。

（1）将此情况第一时间告知学院分管学生工作的副书记。

（2）给予小力做必要的临时困补，并提供其他资助信息和勤工岗位。

（3）与其家长取得联系，详细了解家庭变故情况。

（4）安抚好小力的情绪和心理，让其重拾信心。

（5）安排专门的学生干部对小力进行学习帮扶，随时汇报后续情况。

（二）解决方案

1. 安抚思想波动，加强思想政治工作。坚持立德树人，加强小力的爱国主义思想教育。通过与其谈心谈话，一周一次定期的思想谈话和书面思想汇报，了解小力对国家基本政策的思考，加强祖国统一教育和国家安全法思想学习等，坚定小力的理想信念。

2. 帮扶当前经济困难，保障基本物质生活水平。坚持以生为本的原则，用心助人，用爱育人，从物质和精神上给予小力帮扶。物质上，通过设立学院勤工岗位，给予小力自食其力的帮助。同时，给予临时困难补助，进一步解决生活费用问题。

3. 解决学业基础薄弱，建立帮扶小组完成学业。物质上帮助小力解决后顾之忧之后，应该从学业上给予帮扶，"扶困"与"扶学"，"扶困"与"扶智"相结合，建议一对一的学习帮扶互助小组，安排专人对小力的专业基础课和高数等公共课进行补习。通过一学期的坚持，大一下学期，小力各科目分数虽然不高，但是又成了年级唯一一个偏远少数民族学生中不挂科不补考的学生。

4. 安抚心理自卑问题，树立生活学习建立信心。引导小力进行合理的情绪宣泄和调适。小力喜欢运动，是学校足球队的成员之一，因此鼓励他在不耽误学业的同时，进行积极的体育锻炼，劳逸结合可以放松心情。同时，加强小力的自信心训练，通过其增强学习上的信心来摆脱不良情绪。小力学习上虽然基础薄弱，但是总体还行，让他看到自己的优点与长处，平时也跟小力多沟通交流，多鼓励他、赞扬他。

5. 提高综合能力素养，构建全面发展复合人才。对于小力的情况进行后续的跟踪反馈，培养其各方面的能力。四年的大学可以学习非常多的知识，未来社会的打拼也需要非常多的技能。鼓励小力积极参加院校各类文体、科技、创新类活动，培养其各方面的能力，全面发展自己，帮助其找到不足与优点，告诉他只有在大学期间不断积累学习历练自己，毕业后才可能更有能力去帮助家庭。

三、案例总结及经验启示

党的十九大报告提出"健全学生资助制度，使绝大多数城乡新增劳动力接受高中阶段教育、更多接受高等教育"，这对学生资助工作提出了新的要求。早在 1988 年习近平在福建宁德工作期间，在《摆脱贫困》一书中专门研究了宁德脱贫工作的思路，提出"弱鸟先飞"和"滴水穿石"的精神、扶贫先要扶志、要从思想上淡化"贫困意识"等精准扶贫思想。

由此案例可见，对家庭经济困难，特别是偏远少数民族的贫困学生来说要继续完成学业是一个比较大的难题。他们既成熟懂事又无奈生活艰辛，他们想发展自我有时又显得苍白无力，他们也想跳出来看看世界，却被各种压力束缚。因此，对于这类学生案例，做好资助育人，高校思想政治教育工作者应该做好以下几方面的工作。

1. 围绕一个中心——以学生为中心。资助育人工作本质上是做人的工作，以学生为中心，是立德树人的体现。通过建立相应的资助机制，成立专门的资助工作小组和学生资助队伍，从制度上保障贫困学生。宣传资助政策，让学生知晓政策，并会使用政策，从精神上引导学生树立信心，立志成才。通过围绕一个中心，以情动人，用心助人，用爱育人，开展工作，有效预防贫困学生因贫不学、因贫退学的不良现象。

2. 培育两种精神——"弱鸟先飞""滴水穿石"。通过"扶困"与"扶志"，"扶困"与"扶智"相结合，培养贫困学生先飞的意识、敢飞的胆识，帮助他们丰满羽翼，立鸿鹄之志，正所谓因材施教，"一生一教"。同时，要培养贫困学生滴水穿石精神，让学生立足于实际又胸怀长远目标、一步一个脚印的实干精神。从思想上让学生形成摆脱贫困的意识。

3. 立足三个主体——学生本人、思想政治教育工作者、学校。学生方面，资助工作"立"字当头，树立自强自立，立鸿鹄志，做奋斗者。思政工作者，资助工作"善"字为本，只有以善字为本，才能以生为本，才能真正从学生最需要解决的问题出发真正给需要帮助的人，确保精准扶贫。学校方面，资助工作"严"字为先，坚持立德树人，才能保障贫困学生的切身利益。

4. 搭建四位平台——国家资助、学校奖助、社会捐助、个人自助。2017 年发布的《高校思想政治工作质量提升工程实施纲要》将"资助育人"作为育人基本任务的十大质量提升体系之一，要求建立"四位一体"的发展型资助体系，构建育人长效机制，形成"解困—育人—成才—回馈"的良性循环。

5. 坚持五化原则——资助工作人性化、精细化、标准化、规范化、专业化。资助工作坚持人性化原则，每学期初对寒暑假家庭发生突发变故等情况的学生进行摸底调查，做好临时困补工作。资助工作应精细化、标准化和规范化建立，对各类奖助贷学金无错发、误发、漏发、延迟发送，对每笔资金的发放都是专款专项专人负责。同时，资助工作专业化，要求从做工作中学习，从学习中思考，从思考中提升，把职业做成专业，以更加专业的姿态做好学生资助工作。

综上，资助工作是构建和谐校园，促进贫困学生健康成长的有效保证。辅导员工作责任重大，任重道远。为此，应精益求精、以人为本，切实落实好党和国家的各项资助政策，在扶贫的路上，不能落下一个贫困家庭，不能丢下一个贫困学生！

（梁艳华）

管理还需管心，管心还要共情

——大学生情感问题处理案例分析

大学生进入大学后，情感世界迅速发展，自我成熟感强烈，开始期待并追求爱情。现在大学里恋爱已经成为普遍现象，但学生的心理还未成熟，往往有恋爱至上的观念，对爱情憧憬的向往大于对现实的认识，一旦发生分手失恋后往往难以自拔，无法正常地处理学习和生活，有的开始深陷过往的回忆，对生活失去信心，最终出现精神萎靡，甚至自杀等严重后果；有的则由爱生恨，对对方追求不放，甚至做出伤害对方和自己的严重事件。因此，辅导员对待大学生的情感问题不应简单化，应及时介入干预，及时排除和转移他们因失恋带来的不良情绪，使其尽快恢复正常的生活。

一、案例概述

（一）案例一

高某某，女。该生个性活泼开朗，形象较好。在班级担任班级文艺委员，参加学院礼仪队。工作和生活中表现较为成熟，成绩中等。大二下，开学一段时间，辅导员发现该生上课有旷课情况出现，并常以身体不适为由请假。多次发现该生旷课后，辅导员要求信息员给予关注，发现该生晚上在宿舍一改往常，不爱交谈，喜欢一个人独处，有时无人时会有哭泣的现象。

关注一周后，辅导员找其谈话。该生坚持说自己只是身体不适。辅导员遂从生活方面关心该生，询问该生的家庭变化情况、学习情况和人际情况。在问及恋爱与否的时候，该生情绪变化，突然陷入沉默。辅导员询问是否恋爱出现问题，该生保持沉默，不予回答。此时，辅导员开始转变话题，开始跟该生介绍自己的大学生活，谈自己在大学期间的恋爱趣事以及自己在恋爱道路上的曲折故事。同时积极与该生做好互动。这时，该生慢慢放开包袱，向辅导员坦诚自己恋爱4年，正面临分手，心里非常难过，做什么都提不起精神。辅导员遂慢慢结合自己的恋爱经历和感悟，慢慢引导学生认识：大学生有恋爱经历是正常的情况，恋爱分手也是多数人人生道路上必经的挫折，需要正确地认识它。在交谈中，该生压抑的感情得到释放，哭泣后表示接受这个现实，并表示会慢慢调整并回到正轨中。交谈结尾，辅导员建议该生回家休养几天，好好与父母交流，帮助自己调整。该生表示同意。

该生回校后，逐步恢复正常，时间上更多地投入学习和工作上，现在生活积极正常。

（二）案例二

小林，女，本地人。小杭，男，2009级学生，外省人，同班同学。

国庆后一周，一天傍晚，辅导员接到小林电话，小林在电话中哭泣，并连续说道："你快点过来救我，小杭威胁我，我在学校南门。"辅导员意识到事态严重，迅速给在附近的同事电话，前往控制事态，保证学生安全。辅导员赶到现场后，发现同事在与小杭交流，小林在边上哭泣。辅导员先与小林交谈，了解事情经过。

小林与小杭于大二下开始恋爱，恋爱后小林发现小杭性格较为火爆，容易生气。今年6月小林提出分手，但小杭一直不同意。暑假小杭以了心愿为由，一再要求小林随其去家乡一趟。今年7月，小林随同小杭回家看望了小杭的外公。开学后，小杭反复骚扰小林。小林认为自己能解决，并考虑是同班同学，不希望事情闹大，没有上报。此次，小杭以彻底说清为由，约小林到学校南门交涉。交谈中，小杭反应激动，与小林产生肢体冲突，将小林推倒，并称要让小林尝到痛苦。小林遂打电话给辅导员，请求帮助。

了解情况后，辅导员先让舍友带小林到医院去检查受伤情况，同时开始做小杭的思想工作。在交流期间，小杭表现激动，且逻辑混乱，一直纠缠在自己被欺骗这一论调上。辅导员让其先慢慢发泄自己的不满，诉说自己的想法。然后慢慢解释，恋爱是双方自愿的行为，恋爱付出的前提是不计回报，对于分手应该理智，人生是一个漫长的过程，后面他会找到真正属于自己的女孩的。在多番工作后，小杭情绪慢慢平复，表示接受分手现实，但还需要时间。辅导员同意这一观点，让其先回宿舍休息，并同其舍友和班级信息员联系，要求关注，并积极同其交谈，强化积极观念。

辅导员建议小林当天回家，并休息几天。在送小林回家路上，辅导员进一步了解了事情的经过。小林答应小杭的追求，是因为小杭对其很好，并多次赠送礼物。辅导员意识到小林对于感情上有虚荣的成分。在见到小林父母后，辅导员解释了小林的恋爱问题，建议家长少批评，多谈心，并将这虚荣的问题反馈给父母，希望父母帮助女儿建立正确的恋爱观。

第二天，辅导员邀请小杭的父亲到福州，一同与小杭交谈。交谈中一度碰到沉默的情况，辅导员改变方法，先从大学生活的认识开始聊起。在交流中，辅导员也谈起自己的大学经历，以及情感经历，并谈起自己周边朋友在失恋后的失态和处理。在这一过程中，小杭逐步意识到自己的过激行为，开始对父亲和辅导员承认错误。

第三天，小林主动找辅导员谈话。在开始谈话中，小林只是一味地讲述事情的经过，以及男生在这过程中的过错。辅导员询问女生自己在其中是否有处理不当时，小林开始沉默。在交流中，辅导员还发现，小林开始害怕与同班同学的交往，认为班级同学会异样看待自己。辅导员同其讲述自己的大学生活，并在其中讲述一个朋友与女生交往的故事。在故事中，男生一再表示热情和赠送礼物，女生都接受，但当要求成为男女朋友时，女生一再拒绝，男生备感痛苦。女生小林在故事的互动中，逐步意识到自己在处理中的不当，同时也放开心理包袱，和辅导员建立了良好的朋友关系。

接下去几周，男生和女生都无接触，冷淡相处。但两个学生都保持与辅导员联系，男生一段时间内有找辅导员叙述痛苦，其后，开始正常生活。辅导员保持对女生的关注，女生从阴影中走出，目前已能和班级其他同学正常交往。

二、案例思考

1. 情感问题已是现在高校的普遍问题，辅导员如何第一时间获得学生情感问题信息并及时介入干预？

现在学生个性强烈，重视个人隐私，不太喜欢教师直接询问其恋爱关系。因此在日常生活中，辅导员必须通过观察，以及班委和其他同学的反馈来了解学生的情感关系。对于此类关系，辅导员平时要在班委例会上强调对于该类恋爱关系的反馈的目的，不是为了阻碍或告密，而是为了关注其情感变化以及在这个过程中发生不适时能及时给予帮助。此外，辅导员可以通过微博、QQ等网络空间关注学生的情况，做到学生恋爱情况心中有数。一旦学生情绪或行为异常时，能及时有效地找到原因，及时介入干预，防止事情的恶化发展。

2. 情感问题发生后，尤其是女生，因害怕和畏惧流言等因素，在交流中会存在沉默等阻抗发生，辅导员对此该如何解决该问题，更好地引导？

现在学生多为独生子女，且网络接触多，不太擅长与人面对面交流自己的私人问题，尤其是面对比自己年长的人。在初高中时，面对问题和错误，教师一味地道理说教，让学生已感到反感，在无法反抗的前提下，自然习惯用沉默或说谎等来回避问题，阻碍谈话的深入。在这个过程中，发挥交谈中共情的作用，即在交谈中，要积极地换位思考，站在学生的角度考虑问题，感同身受，表示理解。这是让学生首先感受到师生是一起的一个前提。这样，学生对接下来的交流才会放松固有的抵制。理解认同学生的感受并表达出来，是第一步。此后，辅导员可选择自我暴露的交流技巧，即在交谈中，分享自己的大学经历，讲述自己大学期间类似的经历和周边的故事，让学生意识到人人都有类似的"糗事"发生，避免谈话尴尬的发生。此外，学生能在这种经历和故事中发现自己的影子，即塑造"镜我"形象，启发学生自我思考，从而正常对待和处理情感问题。

三、案例总结

（一）管理还需管心，管心要重细节

在日常工作中，管理不仅要落实到工作上，更要落实到学生的心理上。面对学生人数多的现实，决定了辅导员无法做到一一谈话，一一跟踪的可能，这就要求辅导员在日常工作中要关注细节。在每个学期开学时，要规定课堂点名，宿舍晚间点名制度，并一再强调，工作不是为了处罚学生，而是为了了解学生，为了在需要的时候给予学生最及时的帮助。第一个案例中，班干部发挥了很好的作用，第一时间反馈了学生的旷课信息。而在多次的信息反馈后，就需要辅导员的细心了。对于细节的变化，如果我们多个心，很多时候，就可以及时地介入干预，从而帮助学生尽早尽快走出困境。在第二个案例中，小林起先认为能自我解决，在发现问题无法解决时，也会意识到第一时间反馈给辅导员，避免了事态的恶化，也为后期的处理提供了较多的帮助。因此，在日常工作中，辅导员的管理更要管心，要积极发挥学生干部的作用；管心要重视细节，从细节发掘学生的变化，及时了解学生的思想动态。

（二）管心需要信任，信任首要理解

管心的一项重要工作是谈心，在谈心中了解学生的问题所在，并帮助学生解决问题，引导学生正确处理问题。而初高中以来，学生习惯甚至反感了教师作为长者对于自己一味说教的谈心方式，极易在谈话过程中，发生沉默、说谎等阻抗。这是因为学生认为辅导员或教师根本不理解自己，也不信任自己。学生自然在无法反抗的前提下选择消极面对。而站在学生角度，表达对目前学生情绪状态的认同，则有利于促进谈话的继续和深入。这就是理解。通过理解，学生认为辅导员能明白他此刻的心情，听到辅导员对他的认同，自然也会对辅导员产生一定的认同感，从而减少了谈话中的阻抗。所以，在情感问题谈话中，首要是建立信任，而建立信任的方法，首要是表达认同和理解。

（三）管心还需共情，分享意味进步

在谈心中，建立信任后，对学生适当地表达共情，分享自己的经历，能更好地引导学生，帮助学生。在与多个学生谈话后发现，现在学生多为独生子女，且有父母的交流不畅，对于情感问题，学生不习惯与年长的人分享和交谈。而这一缺失，导致部分学生对于情感问题的认识还处于不成熟甚至幼稚的状态。因此，在谈心谈话中，可以多些互动，在互动中，辅导员先主动分享自己的大学成长经历，多说说自己身边的情感故事，让学生以旁观者的身份去看待和感受这些情感故事。在这互动的过程中，辅导员和学生可以建立起良好的信任关心。此外，学生可以在这些分享中看到自己的影子，这就是"镜我"的塑造，如同在镜子中看到自己，从更客观的角度意识到自己的失误或冲动，从而启发学生自我探索和自我反思，帮助学生进步。

（翁谦）